교실을 바꾸는
48가지
수업 디자인

교실을 바꾸는
48가지 수업 디자인

초판 1쇄 · 2019년 1월 14일
초판 2쇄 · 2020년 3월 9일

지은이 | 전국도덕교사모임(울산)
(이해규, 권숙자, 남대호, 박상욱, 박진호, 박혜선, 이언주, 이연수, 이호중, 장보영, 전선영, 정창규)
펴낸이 | 송영석

개발 총괄 | 정덕균
기획 및 편집 | 조성진, 최기혁
마케팅 | 박재영, 이원영
도서 관리 | 고인재, 박진숙
표지 디자인 | 디자인 뭉클
본문 디자인 | 디자인 뭉클

펴낸곳 | (주)해냄에듀
신고번호 | 제406-2005-000107
주소 | 경기도 파주시 회동길 57-9 푸른숲빌딩 1층
전화 | 편집 (031)955-7553~6 / 영업 (031)955-7551
팩스 | (031)955-7550
홈페이지 | http://www.hnedu.co.kr

ISBN 978-89-6446-162-4

• 파본은 (주)해냄에듀나 구입하신 서점에서 교환하여 드립니다.

교실을 바꾸는 48가지 수업 디자인

전국도덕교사모임(울산) 지음

해냄에듀

들어가는 말

학교 현장에서 아이들과 부대끼며 지내다 보니 어느덧 훌쩍 한해가 지나가고 있습니다. 최근 교육 현장에서는 입시 체제 개혁이라는 거대 담론과 더불어 수업 혁신이 주요 담론이 되고 있습니다. 수업 혁신의 중요한 방향은 교사와 학생이 즐겁게 협력하는 관계를 만들고 이를 통해 핵심 역량을 함양하는 것입니다. 이러한 흐름은 개별적 연구 활동을 넘어 교사 간 연대를 통해 보다 더 정교해지고 체계화될 수 있다고 생각합니다.

울산도덕교사모임은 이러한 실존적 고민에서 출발하였습니다. 다양한 수업 사례를 공유하고 현장에서 느낀 애로 사항이나 부족한 점을 나누며 완성도 높은 수업을 만들어 나가고자 노력하고 있습니다. 이를 위해 한 달에 두 번 이상 정기적으로 모임을 가지면서 서로의 수업 사례를 공개해 왔습니다. 그리고 지난 2년간의 연구 결과를 다듬고 보완해서 책으로 엮어 내게 되었습니다.

누구나 책을 펼쳐 보면 바로 활용할 수 있도록 필요한 내용만 넣으려고 노력했습니다. 이 책은 수업 사례마다 여섯 가지 흐름으로 안내하고 있습니다. 맨 처음 '수업을 준비하면서 생기는 고민'으로 시작하여 '수업 디자인 과정', '수업 엿보기', '수업에 대한 반성과 성찰', '수업 TIP', '수업 활동 자료' 순으로 기술되어 있습니다. 좀 더 구체적으로는 다음과 같이 구성되어 있습니다.

1 이런 고민을 했어요

교사 개개인의 경험과 실패, 고민이 담겨 있습니다. 왜 이 수업을 기획하게 되었는지, 그 이전의 수업에서 어떠한 어려움과 실패가 있었는지를 있는 그대로 드러내려고 했습니다.

2 수업 디자인 과정

수업을 디자인하게 된 과정을 구체적으로 보여 주고자 했습니다. 저자가 어떤 의도로 이러한 활동을 생각하게 되었는지를 알 수 있습니다. 만약 다른 수업이나 연수에서 아이디어를 얻었다면 그 출처도 담았습니다. 독자들은 저자의 의도를 정확하게 이해하고 자신들의 방식으로 수업을 재구성할 수 있습니다.

3 수업 엿보기

전체적인 수업 흐름을 한눈에 볼 수 있도록 했습니다. 독자들이 짧은 시간에 수업의 흐름을 파악하고 자신의 교실에 적용하는 데 도움이 될 수 있도록 했습니다.

4 수업에 대한 반성과 성찰

이 책에 실린 수업들은 성공 사례들만 있는 것이 아닙니다. 있는 그대로의 수업 실천 사례를 담았기 때문에 아쉬운 점도 많이 있었습니다. 이러한 점을 숨기지 않고 보여 주려고 했습니다. 이를 통해 독자들은 좀 더 발전된 형태의 수업을 구상해 볼 수 있을 것입니다.

5 수업 TIP

모든 교실에 일반적으로 적용하기는 어렵겠지만 수업을 하면서 유용하게 쓸 수 있는 노하우를 담았습니다. 이 역시 실제 수업을 진행해 왔던 저자들이 수년간의 실천 속에서 연구한 것들이기 때문에 유용하게 참고할 수 있을 것입니다.

6 수업 활동 자료

수업 활동 자료는 실제 수업에서 저자가 사용한 활동지와 평가 계획 등을 실었습니다. 선생님들의 수업 여건에 맞도록 적절히 변형하여 사용하면 됩니다.

이 책에 실린 수업 사례들은 단순히 학생 활동 중심의 수업을 넘어 핵심 역량을 길러 내는 데 중점을 두었습니다. 〈2015 개정 교육과정〉의 특징은 역량 중심 교육과정이라는 점입니다. OECD에서는 역량을 지식이나 기술 그 이상의 것으로, 세계화와 현대화로 인해 복잡해진 요구들을 충족시킬 수 있는 능력, 기술, 태도, 가치로 정의하고 있습니다. 또한 세계적 석학 마사 누스바움(Nussbaum, M.)은 역량을 가리켜 "이 사람은 무엇을 할 수 있고 무엇이 될 수 있는가?"라는 물음에 대한 대답이며 '실질적 자유'이자 선택하고 행동할 수 있는 기회의 집합이라고 했습니다.

〈2015 개정 교육과정〉에서는 우리가 수업을 통해 길러 내야 할 6가지의 핵심 역량을 제시하고 있습니다.

1. 자아 정체성과 자신감을 가지고 자신의 삶과 진로에 필요한 기초 능력과 자질을 갖추어 자기 주도적으로 살아갈 수 있는 **자기 관리 역량**

2. 문제를 합리적으로 해결하기 위하여 다양한 영역의 지식과 정보를 처리하고 활용할 수 있는 **지식 정보 처리 역량**

3. 폭넓은 기초 지식을 바탕으로 다양한 전문 분야의 지식, 기술, 경험을 융합적으로 활용하여 새로운 것을 창출하는 **창의적 사고 역량**

4. 인간에 대한 공감적 이해와 문화적 감수성을 바탕으로 삶의 의미와 가치를 발견하고 향유하는 **심미적 감성 역량**

5. 다양한 상황에서 자신의 생각과 감정을 효과적으로 표현하고 다른 사람의 의견을 경청하며 존중하는 **의사소통 역량**

6. 지역·국가·세계 공동체의 구성원에게 요구되는 가치와 태도를 가지고 공동체 발전에 적극적으로 참여하는 **공동체 역량**

이 책에서는 각 수업 사례마다 그 속에서 길러 낼 수 있는 핵심 역량을 제시했습니다. 물론 각 수업을 통해 길러 낼 수 있는 역량은 다차원적입니다. 수업 활동 속에서 학생들은 다양한 역량들을 구현하고 성장시켜 나갈 수 있습니다. 각 수업별로 제시된 역량은 수업의 특징과 주요 활동으로 볼 때 가장 적절하고 핵심적인 역량을 선별하여 제시한 것입니다.

비단 도덕 교사들뿐만 아니라 다양한 교과에서 손쉽게 적용될 수 있는 다양한 수업 사례들이 담겨 있습니다. 이 땅의 모든 교사들이 이 책을 함께 읽고 토론하면서 즐거운 수업을 만들어 갔으면 합니다. 이 책에 소개된 수업 사례들은 그대로 적용해도 좋지만 더 좋은 수업 방법의 단초와 아이디어를 얻는 데도 도움이 될 수 있을 거라고 생각합니다.

이 책이 나오기까지 열한 분의 울산도덕교사모임 회원들의 고민과 열정이 있었습니다. 모임의 중심을 잡아 주는 이호중 선생님, 배움의 공동체를 통한 도덕 수업에 에너지가 넘치는 권숙자 선생님, 치밀한 연구를 바탕으로 현장에서 완성도 높은 수업을 시도하는 남대호 선생님, 이 책의 산파의 역할을 다해 준 우리 모임의 브레인 연구국장 박상욱 선생님, 꼼꼼함으로 모임의 모든 행정적 업무를 잘 이끌고 가는 정창규 선생님, 고등학교에서 새로운 수업에 대한 고민을 수업에 잘 녹여 내고자 노력하는 전선영 선생님, 늘 모임에 좋은 아이디어를 제공해 주는 이연수 선생님, 차분함으로 모임의 살림살이를 책임지는 총무 이언주 선생님, 늘 에너지가 충만해서 모임에 기를 불어넣어 주는 장보영 선생님, 항상 성실한 참여와 준비로 모임 활동의 모범이 되어 주는 박진호 선생님, 올해 모임에 가입하여 어리둥절한 상태에서도 최선을 다해 준 박혜선 선생님, 이 열한 명의 회원들의 노력으로 이 책이 만들어졌습니다. 앞으로 우리 모임은 연구에 더욱 매진하여 협업을 통한 교육과정 연구, 수업 방법, 평가 등에 대한 고민을 멈추지 않을 것입니다. 끝으로 양질의 책을 출판하면서 우리의 부족한 책을 출간하는 데 처음부터 마지막까지 조언과 성원을 아낌없이 보내 준 해냄에듀 관계자들께 다시 한 번 감사의 말씀을 드립니다.

2018년 11월의 끝자락에서
울산도덕교사모임 대표 이해규

이 책의 차례

I 관계 맺기

- **01** 배움과 관계의 시작 – 삶 나누기 (이호중) — 012
- **02** 학급 서클을 통한 수업 약속 세우기 (권숙자) — 016
- **03** 친구 손 그리기 수업 (이연수) — 020
- **04** 친구 얼굴 자세히 보고 그리기 (이언주) — 023
- **05** 친구의 특징을 찾아 상장 만들어 주기 (이언주) — 026
- **06** 우리 반이 그린 그림으로 이야기 들려 주기 (이언주) — 030
- **07** 꿈을 담은 버킷리스트 만들기 수업 (이해규) — 033

II 수업 놀이

- **01** 인터뷰 게임을 활용한 2학기 수업 열기 (이연수) — 040
- **02** 저절로 되는 고차적 사고력 훈련 1 – Because 게임 (이호중) — 043
- **03** 저절로 되는 고차적 사고력 훈련 2 – Secret Box 게임 (이호중) — 047
- **04** 저절로 되는 고차적 사고력 훈련 3 – Give and Get 게임 (이호중) — 051
- **05** 저절로 되는 고차적 사고력 훈련 4 – Secret 게임 (이호중) — 055
- **06** 사진 뜨개질을 활용한 통일 수업 (장보영) — 059
- **07** 새우 잡기 게임을 활용한 환경 수업 (장보영) — 063
- **08** 덕목 카드를 활용한 도덕 수업 (이연수) — 070
- **09** 역 브레인스토밍을 활용한 학교 폭력 예방 수업 (장보영) — 074
- **10** 마피아 게임으로 수업 되돌아보기 (이언주) — 078

III 예술과 감성

- **01** 영화 「4등」을 통해 공부의 의미 찾기 (정창규) — 084
- **02** 슈퍼 히어로와 함께하는 도덕 수업 (남대호) — 088
- **03** 광고 만들기 (정창규) — 094
- **04** 3컷 정지극 (정창규) — 098

05 영화와 교과서가 만났을 때 기쁨 두 배! 윤리 수업(이해규)   102
06 비주얼 싱킹(Visual Thinking)으로 수업하기(전선영)   108
07 오감으로 느끼고 생각하는 여름날의 도덕 수업(박상욱)   112
08 '행복' 개념 지도 만들기(박진호)   116
09 가족 관계 성찰 수업(박진호)   119
10 '인간의 존엄성과 인권' 프로젝트 수업(박진호)   125

Ⅳ 독서와 글쓰기

01 독서 발표를 활용한 수업(박상욱)   136
02 그림책을 활용한 자아 탐구 수업(박상욱)   141
03 고전과 함께 하는 '윤리와 사상' 수업(이해규)   147
04 모두가 윈윈(win-win)하는 '비경쟁 토론'을 활용한 수업(이해규)   152
05 자전적 글쓰기로 '나만의 도덕책' 만들기(이연수)   156
06 독서 연계 디베이트 수업(이연수)   159
07 자유 글쓰기를 활용한 수업(박진호)   164
08 내 삶과 도덕을 이어 주는 이야기 쓰기 수업(박진호)   168
09 '나는 내 인생의 주인공' 자존감 UP 수업(박진호)   171
10 신문을 활용한 수업(이언주)   175

Ⅴ 발표와 토론

01 모의 대선 토론 수업(박상욱)   180
02 매니페스토(정책 평가하기) 수업(정창규)   184
03 모두가 참여하는 피라미드 토론 수업(정창규)   188
04 철학적 탐구 공동체 수업(정창규)   191
05 인물 탐구 공동체 수업(이해규)   198
06 원인을 분석하고 해결책을 제시하는 생선 뼈 토론 수업(남대호)   203
07 불만 가득한 학생들을 위한 도덕 수업(남대호)   208
08 '대한민국, 제 점수는요?' 수업(박혜선)   212
09 '갤러리 워크'를 활용한 모둠별 발표 수업(전선영)   215
10 5분 말하기로 과정형 평가하기(전선영)   218
11 LiD를 활용한 도덕 수업(박상욱)   222

I
관계 맺기

"자신을 완성하려면 다른 사람과 관계도 잘 맺어야만 합니다. 다른 사람들과 교제하지 않고, 다른 사람과 영향을 주고받지 않고서는 자신을 살찌워 나갈 수 없기 때문입니다." (톨스토이)

01 배움과 관계의 시작 - 삶 나누기
02 학급 서클을 통한 수업 약속 세우기
03 친구 손 그리기 수업
04 친구 얼굴 자세히 보고 그리기
05 친구 특징 찾아 상장 만들어 주기
06 우리 반이 그린 그림으로 이야기 들려 주기
07 꿈을 담은 버킷리스트 만들기 수업

의사소통 역량

01 배움과 관계의 시작 – 삶 나누기

이런 고민을 했어요

적잖은 학생이 수업 시간에 자신의 생각을 제대로 말하지 못합니다. 전에는 이런 것이 문제가 되지 않았습니다. 왜냐하면 수업 중에 학생들의 생각을 물어보지 않아도 수업하는 데 지장이 없었기 때문입니다. 그러나 이제는 학생 중심 수업이 일반화되어 이런 상황이 생기면 참 난감합니다.

학생들의 말문을 트기 위해 여러 가지를 시도해 보았습니다. 모둠 학습, 발표 수업, 디베이트도 해 보았습니다. 찬반 입장이 갈리는 토론 주제에서 자신의 입장을 정하고 토론 절차에 맞게 근거를 대며 말하도록 합니다. 처음에는 잘 못하지만 시간이 지나면 어느 정도 성장하는 것을 볼 수 있습니다. 그리고 개인 연구 과제 발표도 여러 번 하다 보면 남들 앞에서 준비한 자료를 보며 설명을 꽤 잘 합니다.

그런데 디베이트나 발표 후에 소감을 물어보면 피상적으로 말하거나 토론하고 발표했던 내용을 알게 됐다는 식의 답변을 합니다. 특히, 조사 연구한 내용을 발표한 다음에 "그래서 너의 생각은 뭐니?"라고 물어보면 대부분 당황하여 말을 못합니다. 자료를 보고 자신의 머릿속에 정리한 것이지 자신의 생각은 아닌 것입니다. 그리고 토론하고 발표하는 내용과 실제 삶이 다른 학생들도 쉽게 볼 수 있는데, 이런 것이 그 이유일 것입니다.

그리고 자유 토론 과정에서 자신과 거리가 있는 사실, 객관적인 사건에 대해서는 말을 잘 하지만 정작 자신의 이야기, 가족, 친구에 대한 이야기는 잘 못합니다. 표현을 하지 않으려 합니다. 어색하기 때문이기도 하지만 진짜 할 말이 없는 것 같습니다. 왜 그럴까요?

수업 디자인 과정

최대한 편안한 분위기가 되도록 하는 것이 중요합니다. 서로 얼굴을 마주볼 수 있도록 'ㄷ'자로 둘러앉게 합니다. 자신의 생활 중에서 친구들과 함께 나누고 싶은 것을 정해서 자유롭게 말하도록 말합니다. 돌아가면서 말하게 합니다. 물론 준비가 안 되면 '패스(pass)' 할 수 있도록 하고, 한 바퀴 돌고 난 뒤에는 아직 말하지 않은 학생에게 다시 기회를 줍니다.

자유롭게 말할 수 있게 해 주어야 합니다. 이것이 제일 중요하고 어려운 일입니다. 학생들은 너무 막연해 합니다. 처음에는 그냥 하고 싶은 대로 말하게 두는 것이 좋습니다. 돌아가면서 말하다 보면 제법 취지에 맞게 말하는 학생이 나옵니다. 그때 '사실'과 '의미'를 구분해서 인지시켜 주면 조금씩 나아집니다.

단원 주제에 맞추어 실시할 수도 있습니다. 예를 들면, 단원이 '인터넷 리터러시' 관련 내용이면 스마트폰이나 인터넷, 게임 등을 주제어로 제시하고 말하게 하는 것입니다. 주제어를 제시하면 오히려 범위가 분명해져서 말이 더 쉽게 나옵니다. 이렇게 나온 사례들은 수업 내용과 연관되기 때문에 유용하게 활용될 수도 있습니다.

수업 엿보기

예찬: 중간고사가 끝났다. 후회를 잘 해야 한다. 그러나 자책 없이 후회해야 더 나은 미래가 있다.

혜영: 집에 달팽이를 키운다. 볼 때마다 달팽이가 느려서 답답하다고 느끼는데 달팽이 스스로는 빠르게 움직이고 있을 것이라는 생각을 하며 보이는 것이 다가 아닐 것이라는 생각을 한다.

영훈: 이번 시험에 놀았는데 전반적으로 성적이 다 올랐다. 친구들도 성적에 너무 연연해 하지 않았으면 좋겠다.

주명: 옛날에 거북이를 키웠는데 생각보다 빨라서 기억에 남는다.

민석: 옛날에 토끼를 키웠는데, 이리저리 도망 다니다 집을 나가버려 기분이 좋지 않았다.

아현: 지난 주말에 강아지와 산책을 했다. 그런데 사람을 볼 때마다 짖어서 걱정이다.

정윤: 지난 주말에 공원에 갔는데, 작은 강아지가 계속 쫓아오더니 내 휠체어 바퀴에 오줌 싸고 도망갔다.

수경: 고양이가 혼자 있는 시간이 많았는데 일찍 마친 날에 같이 있어 주었다. 그랬더니 고양이도 내 곁에 계속 붙어 있었다.

예리: 알레르기 때문에 고생했는데 약을 개발했으면 좋겠다. 완전히 낫는 약이 있었으면 좋겠다.

성식: 어제 ○○대 행정학과 체험을 했는데 그 학교 2학년 학생의 강의를 듣고 많은 생각을 하게 되었다.

다희: 어제 ○○대 체험해 보니 대학교에 가고 싶어졌다. ○○대 체험 때는 가고 싶다는 생각을 못했었다.

혁준: 이번 시험을 보고 ○○이보다 성적이 낮게 나와서 더 공부해야겠다는 생각을 했다.

유진: ○○대에 다녀와서 공부를 더 해야겠다고 생각했다. 내가 진학하고자 하는 학과에서 체험을 해 보니 꼭 들어가고 싶다는 생각이 들었기 때문이다.

예찬: 요즘 댄스 학원에 다니는데 엄청 힘들다. 그래도 끝나고 땀에 젖은 내 얼굴을 보면 뿌듯하다.

효정: 요즘 초콜릿을 많이 먹었는데 안 좋다고 해서 다른 먹을거리를 찾으려고 한다.

세영: 공부 열심히 하겠다고 학원을 다녔는데 시험 기간에 귀찮아서 안 간 것이 후회된다.

수민: ○○대 체험 다녀와서 열심히 공부해서 대학에 가야겠다고 생각했다.

주희: 친구들과 '써○○이' 가서 샌드위치 먹었는데 맛있었다.

지철: 지난 주말에 혼자 있는데 갑자기 이런 생각이 들었다. 벌써 고교 시절이 많이 지나갔구나 하고. 그래서 후회할 일은 하지 말자는 생각을 했다.

솔비: 오랜만에 쫀드기 먹었는데 맛있었다. 그리고 옛날 생각이 났다.

태걸: 어제 치킨 햄버거를 너무 많이 먹었다. 그런데 사진을 보니 더 먹고 싶고 어제 더 많이 못 먹은 것이 후회된다.

희진: 길 가는 개를 쓰다듬으려 했는데 개가 내 손을 물어 버렸다. 너무 황당했다.

상헌: 18년 동안 놀았는데 남은 1년은 의미 있게 보내야겠다는 생각이 들었다.

주성: 주변에 아는 형들이 다 군대 가고 없다. 왠지 내가 늦다는 생각이 들었다. 마음이 급해졌다. 좀 더 알차게 시간을 보내야겠다는 생각이 들었다.

주영: 공부한 만큼 성적이 안 나와서 자신감이 떨어졌다. 그래서 좀 불안한데 마음을 회복할 계기를 만들어야겠다고 생각했다.

은호: 사회 탐구 과목을 열심히 했는데 성적이 안 나와서 포기하려고 한다.

성은: 무용 학원 다니는데 힘들지만 뿌듯하다.

영지: 시간이 참 잘 가는 것 같다. 고3 되기 전에 공부를 좀 더 열심히 해야겠다고 생각했다.

현식: 이번 시험에서 꼴찌인 줄 알고 기분이 나빴는데 ○○이가 그 자리를 채워 줘서 뿌듯하다. ○○아, 고마워!

○ 교실에서 삶 나누기 수업을 하는 모습

윤지: 지난 주 ○○대 대학 체험 갔을 때, 쉬는 시간에 카페랑 편의점 찾는다고 시간을 다 보냈다. 대학이 넓다는 것을 깨달았다.

태헌: 학교 다니면서 버스 타는 게 싫다. 그런데 최근 버스에서 옛날 친구를 만나서 좋았다. 그래서 버스 타는 것이나, 좋아하고 싫어하는 것에 대한 생각이 좀 달라졌다.

✅ 수업 되돌아보기

효과 및 배운 점	아쉬웠던 점
• 처음에는 서먹해 하지만 몇 번 하면 금세 익숙해짐. 앞 사례를 보고 빨리 배우게 됨. • 실제로 감동적인 이야기, 공감하는 이야기가 나옴. • 개인적인 이야기, 부모나 형제 이야기 등 쉽게 할 수 없는 이야기도 하는 학생이 나옴. • 이야기 과정에서 많은 학생의 관심사, 생활 모습, 힘든 점, 특히 가정사까지도 드러나서 학생을 이해하는 데 많은 도움을 줌. • 다른 사람의 이야기를 듣고 자신의 삶을 되돌아보면서 힘도 얻고 지혜도 얻게 됨. • 의외로 좋은 수업 소재를 발견할 수 있음.	• 학생들이 처음에는 어떤 말을 해야 할지, 어떤 소재를 가지고 말을 해야 할지 감을 잡지 못해 당황함. • 아예 말을 하지 않는 학생에 대한 대책이 필요함. 무슨 이야기를 해야 할지 통 모르는 학생이 몇 명씩 있음. • 타인의 이야기를 외면하거나 잠자는 척하면서 듣지 않는 학생들도 있음. • 학생 수가 많은 경우에 다 들어 볼 수 없는 문제가 생김. • 여러 번 하다 보면 할 이야기가 너무 많아지는 학생들이 나오는데 시간을 너무 많이 잡아먹는 문제가 생김. 적절하게 제한을 두어야 함.

교사 TIP

❶ 예외 없이 돌아가면서 말하는 것이 중요합니다. 예외 없이 기회를 주는 것은 자연스럽게 표현하게 하는 힘이 있습니다.
❷ 억지로 말하게 하지 않습니다. 할 말을 못 하거나 안 하는 학생은 그냥 넘어갑니다. 한 바퀴 돌고 나서 다시 기회를 주면 대체로 하게 됩니다.
❸ 학생이 짧게 이야기 할 때 교사가 약간의 설명을 요구하거나 질문을 할 수 도 있습니다. 그러나 번번이 그렇게 하면 분위기를 망칠 수 있습니다.
❹ 교사도 중간에 한 번씩 자신의 삶을 이야기하면서 의미를 부여하며 말하는 것이 무엇인지 은연중에 알게 합니다.
❺ 다른 친구들의 이야기를 들으면서 궁금한 내용이 있으면 질문을 할 수 있도록 합니다.
❻ 학기 초나 정기 고사 후의 자투리 시간, 학생들의 삶에 대해서 들어 볼 필요가 있는 단원 등을 활용하여 지속적으로 하면 좋습니다.
❼ 너무 오래된 이야기는 좋지 않습니다. 처음에는 자유롭게 이야기하도록 내버려 두는 것이 좋지만, 한두 번 한 다음에는 비교적 최근에 일어난 일을 말하게 하는 것이 좋습니다. 그래야 느낌이 살아납니다.

| 공동체 역량 |

02 학급 서클을 통한 수업 약속 세우기

이런 고민을 했어요

해마다 수업을 어떻게 시작할지는 늘 고민이었습니다. 첫 시간에 들어가 대충 교사 소개를 마치고 나면 일방적으로 내가 하고 싶은 이야기만 전달하고서는 수업을 시작했습니다. 학생들이 어떤 수업을 원하는지, 무엇을 배우고 싶어 하는지는 관심조차 없었습니다. 수업의 주인은 학생이라고 말은 하면서도 실제 수업의 주인은 교사인 나였습니다.

그러다 몇 년 전 배움의 공동체 수업을 시작하면서 그렇게 해서는 안 된다는 것을 깨닫게 되었습니다. 그래서 시작하게 된 것이 '학급 서클을 통한 수업 약속 세우기'였습니다. 학생들 스스로 자신들이 원하는 수업을 만들어 가기 위해 서로를 어떻게 대하면 좋을지를 솔직하게 이야기했습니다. 이렇게 수업 약속을 세우는 과정은 그 자체만으로도 큰 의미가 있었습니다. 학교나 교사가 일방적으로 정해 준 규칙만을 따르도록 강요받던 학생들이 스스로 수업 약속을 세워 가는 과정은 민주 시민 교육으로도 훌륭하다고 생각합니다.

🌱 수업 디자인 과정

수업 첫 시간에 학급 전체 학생들이 서클을 만들어 다 같이 얼굴을 볼 수 있도록 앉습니다. 교사는 서클의 중앙에 앉아 진행자로서의 역할을 합니다. 서클 중앙에는 학생들이 자연스럽게 시선을 둘 수 있도록 빨간 보자기를 펴고 그 위에는 꽃 화분을 올려놓습니다. 모든 학생이 자리에 앉으면 교사가 서클 모임에 대한 안내를 한 후에 시작을 합니다. 간단한 자기소개와 함께 현재 자신의 마음과 자신이 원하는 도덕 수업에 대한 이야기를 '토킹 피스(발언권을 상징함.)'를 활용하여 돌아가면서 합니다. 진행자인 교사부터 시작해 왼쪽으로 돌아가면서 이야기를 하는데, 하고 싶지 않은 학생은 이야기하지 않아도 됩니다. 하지만 대부분의 학생들은 자기 차례가 되면 건너뛰지 않고 이야기를 합니다.

학생들이 원하는 수업을 들어 본 후에는 그런 수업을 위해 우리가 서로를 어떻게 대하면 좋을지 붙임쪽지를 하나씩 나누어 주고 적도록 합니다. 다 적을 때까지 기다렸다가 진행자인 교사부터 시작해 쪽지에 적은 내용을 소개한 뒤 서클 중앙에 가져다 놓습니다. 같은 내용이거나 비슷한 내용은 중앙에 먼저 가져다 놓은 쪽지에 붙입니다.

발표가 끝나면 학생들에게 스티커를 다섯 개씩 나누어 준 후 도덕 수업 약속으로 정하고 싶은 내용이 담긴 쪽지에 붙이게 합니다. 스티커가 많이 붙은 것을 수업 약속으로 세워도 좋을지 합의의 과정을 거칩니다. 단 이때 소수의 의견이라도 무시되지 않도록 다른 의견에 포함시킬 것인지 또는 따로 둘 것인지에 대해 의견을 제시한 학생의 의사를 물어봅니다. 학생들이 합의한 내용을 도덕 수업 약속으로 정하고 활동지에 적게 합니다.

매 수업의 시작 전, 수업 약속을 함께 읽어 본 후 수업을 시작합니다. 학생들은 합의의 과정을 거쳐서 세운 약속이기 때문에 교사가 일방적으로 지시하거나 명령하는 것보다는 더 큰 책임감을 가지게 됩니다.

수업 엿보기

수업 절차	내용
서클 준비하기	① 의자만으로 둥글게 앉아서 서클을 만듦. ② 원 중심에 센터 피스를 놓음.
서클 / 센터 피스의 의미와 말하기 방법 안내	③ 서클: 둥그렇게 모여 앉아 '토킹 피스'를 활용하여 동등하게 돌아가면서 말하는 방식임. ④ 센터 피스: 공동체를 상징하는 것으로 서클의 가운데에 놓음. 대체로 꽃, 초 등 따뜻한 느낌을 주는 것들을 많이 활용함. 서로 마주볼 때 자연스럽게 시선을 둘 수 있음. ⑤ 서클에서 지켜야 할 약속: 깊이 있게 듣기, 솔직하게 말하기, 말하는 중간에 끼어들지 않기, '통과'를 선택할 수 있기, 사적인 비밀을 지켜 주기, 모든 사람의 목소리가 들리도록 하기● 등이 있음.
침묵으로 초대 후 자기소개 및 마음 나눔	⑥ 주제에 대하여 잠시 생각한 후 자기소개를 하고 현재 자신의 마음을 솔직하게 이야기함.
내가 원하는 수업에 대해 이야기하기	⑦ '토킹 피스'를 활용하여 돌아가며 이야기함.
내가 원하는 수업이 되기 위한 수업 약속 정하기	⑧ 붙임쪽지에 한 가지씩 적고 센터 피스에 둥글게 붙이고 같은 내용이 있으면 그 내용 밑에 붙임.
스티커 붙이기	⑨ 스티커를 5개 나누어 주고 자신이 동의하는 의견에 스티커를 붙임.
유목화 하기	⑩ 스티커가 많이 붙은 것을 중심으로 유목화하기(비슷한 것끼리 모으기).
엄지 동의를 통해 약속 확정하기	⑪ 👍(동의), 👎(반대), ✋(수정) 수정이나 반대 의견이 있으면 다시 대화를 통해 합의의 과정을 거침.
수업 약속 적기	⑫ 정해진 약속을 각자 활동지에 옮겨 적고, 약속을 세운 소감을 나누어 봄.

● 박숙영, 「회복적 생활교육을 만나다」(좋은교사, 2014)

○ 서클 진행 모습

○ 스티커 붙이기

행복한 도덕 수업을 시작하기 위해

■ 우리 도덕 수업의 철학은 'with 도덕 – 서로의 마중물이 되자'입니다. 서로의 마중물이 되기 위한 도덕 수업의 약속을 정해 봅시다.

첫째, 다른 사람이 발표할 때에는 경청한다.
둘째, 서로 의견을 존중하며 도움이 필요한 친구는 도와준다.
셋째, 수업에 관련된 이야기만 하고 서로에게 피해를 주지 않는다.
넷째, 수업에 적극적으로 참여한다.
다섯째, 상대방을 존중하는 언어를 쓴다.
여섯째, 갈등이 생겼을 때에는 차분히 대화로 풀어 나간다.

☞ 도덕 수업에서 (   )은/는 배려와 경청의 자세로 함께 배우겠습니다.

✅ 수업 되돌아보기

효과 및 배운 점	아쉬웠던 점
• 학생들이 원하는 수업이 어떤 수업인지를 알 수 있음. • 학생들에게 자신이 수업의 주인임을 인식시키고 책임감을 길러 줌. • 학급 서클 활동을 통해 민주적 절차를 배우고 합의를 이끌어 내는 과정을 연습함. • 교사와 학생이 동등한 인격체로서 대등한 관계임을 깨달을 수 있음.	• 한 시간에 전 과정을 다하기에 시간이 부족해 쫓기는 경향이 있음. • 학생들이 서클로 앉았음에도 친구들의 이야기를 잘 경청하지 않는 경우가 있음. • 교사가 진행자로서 중립적인 자세를 취한다고 하면서도 어느 순간 서클에 개입해 이끌어 가려고 하는 문제점이 있음.

　교사도 학생들도 서클 모임을 처음 해 보았기 때문에 많이 어색하고 쑥스러웠습니다. 하지만 교사가 모임의 취지를 안내하고 진행을 해 나가자 학생들도 진지하게 자신의 이야기를 하기 시작했습니다. 어떤 수업을 원하는지, 그런 수업을 만들어 가기 위해 서로가 어떻게 대하면 좋을지 굳이 교사가 이런저런 규칙을 내세우며 강요하지 않아도 학생들은 이미 알고 있었습니다. 학생들이 스스로 수업 약속을 세우고 그 약속을 지켜 나가려는 노력을 하는 것만으로 충분히 가치가 있다고 생각합니다.

교사 TIP

❶ 꼭 서클을 만들지 않아도 모둠에서 수업 약속을 두 가지씩 정하게 한 후 비슷한 것끼리 모아 수업 약속으로 정하는 방법도 있습니다.
❷ 반드시 학생 전체의 동의 과정이 필요합니다. 만약 동의하지 못하겠다고 하는 학생이 있거나, 수정을 요구하는 학생이 있으면 그 학생들의 의견을 반영해 다시 논의의 과정을 거칩니다.
❸ 수업을 시작하기 전에 수업 약속을 다함께 읽고 수업을 시작하면 학생들이 그만큼 수업에 대한 책임감을 가지게 됩니다.

| 의사소통 역량 |

03 친구 손 그리기 수업

이런 고민을 했어요

자유 학기제를 시작하면서 주당 2시간이던 도덕 시간이 1시간으로 줄었습니다. 그래서 한 중단원을 3~4시간에 수업할 수 있도록 교육 과정을 재구성하였습니다. 각 중단원 별로 몸과 마음을 풀어 주는 활동을 1~2시간 하고, 생각하는 탐구 활동을 2~3시간 하는 것으로 계획하였습니다.

그러면서 '친구 관계와 도덕' 시간에 몸과 마음을 풀어 줄 수 있는 활동에는 무엇이 있을까 고민하다가 '친구 손 그리기' 활동을 떠올리게 되었습니다. 우선 내 옆에 있는 친구들과 친밀감을 느낄 수 있는 활동을 한 후에 우정에 대한 탐구 활동을 시작하고 싶었습니다.

수업 디자인 과정

'친구 손 그리기'는 예전에 집단 상담 자료집에서 보았던 활동입니다. 이 활동은 친구들끼리 서로의 손을 잡고 그려 주면서 자연스럽게 이야기를 나눌 수 있어 마음 열기 활동으로 적합합니다. 먼저 옆에 앉아 있는 친구와 2명에서 한 팀을 이룹니다. 학생 수가 홀수일 경우 한 팀은 3명이 되도록 교사가 조정합니다. 한 팀당 8절지를 한 장씩 나누어 주고 친구의 손을 대고 연필로 그리도록 안내합니다. 그러면 도화지에 내 손 하나, 친구 손 하나 이렇게 두 개의 손 그림이 그려집니다. 사인펜 등으로 윤곽을 따라 그리고, 서로의 강점(장점, 칭찬할 점, 잘하는 점 등)을 친구 손가락에 적어 주도록 합니다. 친구의 강점은 혼자서 생각해서 적어도 되지만 가급적이면 서로에게 질문을 해 가며 다양하고 구체적으로 적을 수 있도록 지도합니다.

친구가 적어 준 강점을 보고, 이번에는 자신의 손가락 사이에 자신의 꿈, 희망 등을 적습니다. 그리고 친구의 꿈과 희망을 읽어 보고, 서로 꿈을 이룰 수 있기를 바라는 마음을 담아 친구 손과 배경을 꾸며 주고 제목을 정하도록 합니다. 시간이 남을 경우 뒷면에 간단히 소감을 쓰도록 지도할 수도 있습니다.

수업 엿보기

수업 절차	내용
팀 구성(2명)	① 2명이 한 팀이 되도록 구성함.
8절지 배부 및 친구 손 그려 주기	② 친구 앞에 자신의 손이 놓이도록 8절지 위에 서로 손을 교차하여 놓음. ③ 자기 앞에 놓인 친구 손의 윤곽을 따라 그림.
친구 강점 적어 주기	④ 친구와 이야기를 나눈 후, 친구 손 그림의 손가락 부분에 친구의 강점 5가지를 적음.
자신의 꿈 적기	⑤ 친구와 자리를 바꿔 앉아 자신의 손 그림을 살펴봄. ⑥ 자신의 강점을 읽고 떠오르는 자신의 꿈 4가지를 손가락 사이에 적음.
친구 손 꾸며 주고 작품 제목 정하기	⑦ 다시 자신의 자리로 돌아와서 친구 손과 배경을 꾸며주고 작품 제목을 함께 정함.
손 그림 전시회	⑧ 다른 팀의 작품을 감상하고 친구들의 강점을 발견함.

○ 친구 손 그리기 학생 작품

수업 되돌아보기

효과 및 배운 점	아쉬웠던 점
• 중단원 도입 단계에서 몸 풀기 및 마음 풀기 활동으로 유용함. • 친구의 손을 잡고 그려 주는 활동을 함으로써 분위기가 화기애애해 짐. • 자유 학기제와 연계하여 강점을 통한 꿈 찾기 활동으로 확장해 볼 수도 있음.	• 학급 구성원들 간의 관계가 좋지 않을 경우 교사의 추가적인 지도나 조정이 필요함. • 친구의 강점을 적을 때, '잘생겼다', '착하다' 등 막연한 단어로 표현하는 경우가 있음. • 손을 꾸미는 것에 치중하여 활동 시간이 지나치게 길어질 수 있음.

수업 전에는 '관계가 서먹해서 활동이 잘 이루어지지 않는 학생들이 있으면 어떡하나?' 하는 걱정이 있었습니다. 하지만 학생들은 제 걱정과 달리 편안하고 즐거운 마음으로 수업에 참여했습니다. 학생들에게 큰 부담을 주지 않으면서도 자연스럽게 친밀감을 형성할 수 있어 만족한 수업이었습니다. 친구 손 그리기 활동은 손 그림에 적는 내용에 따라 여러 단원에서 활용할 수 있습니다. 예를 들어 도덕적 자아를 주제로 한 수업에서는 내가 되고 싶은 나의 모습, 친구가 보는 나의 모습, 나만 알고 있는 나의 모습 등을 손 그림에 적도록 할 수 있습니다. 또 삶의 목표 설정을 주제로 한 수업에서는 여행하고 싶은 곳, 해 내야 할 일, 앞으로 배우고 싶은 것 등을 적어 볼 수도 있습니다.

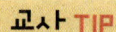 **교사 TIP**

❶ 1시간은 활동, 1시간은 발표 및 공유 활동으로 수업을 구성하는 것이 가장 효과적입니다.
❷ 친구의 강점을 모른다고 할 경우 '너는 뭘 좋아해?', '네가 제일 잘하는 것 세 가지는?' 등의 질문을 서로 주고받으며 대화를 할 수 있도록 안내합니다.
❸ 내용이나 제목을 장난치듯 적지 않도록 충분히 이야기합니다.
❹ 도입 활동에 해당하므로 활동 시간이 지나치게 길어지지 않도록 교사가 단계별로 속도를 조절해 주어야 합니다.
❺ 잘하고 싶은 마음에 자기가 자기 손을 그리는 친구들이 있는데, 서로의 손을 그려 주는 것이 중요하다고 설득합니다. 정 마음에 들지 않으면 약간의 수정을 요구할 수 있도록 규칙을 정하는 것도 좋습니다.

| 심미적 감성 역량 |

04 친구 얼굴 자세히 보고 그리기

이런 고민을 했어요

그동안 남녀 분반이었는데 올해 처음 남녀 합반이 되었습니다. 한 달 정도 지나면서 자연스럽게 친해지는 반이 많았지만 어색한 분위기가 지속되는 반도 있었습니다. '친구 얼굴 자세히 보고 그리기'는 어색한 분위기를 풀고 관계를 세우기 위한 활동 중 하나입니다.

서로의 얼굴을 그려 주다 보면 절로 웃음이 날 것 같았고, 눈을 맞추게 되고 이런저런 이야기를 하지 않을까 싶었습니다. 무엇보다 친구 얼굴을 자세히 보기를 원했습니다. 평소에 짝의 얼굴을 자세히 볼 일이 잘 없는데, 그리기 위해 자세히 보다 보면 그 친구만의 특징을 알게 되고, 그런 발견을 하면서 가까워지지 않을까 하는 생각을 했습니다.

🌱 수업 디자인 과정

4인 모둠을 구성하고 마주보고 앉은 사람이 짝이 됩니다. 짝 활동이지만 4인 모둠을 구성했을 때 학생들이 좀 더 편안해 하고 반 분위기도 부드러워집니다. 무엇보다 모둠을 구성하면 모둠 구성원들이 그리는 것을 보면서 자연스럽게 참고가 되기도 합니다.

모둠 구성 후 종이를 나누어 주고 짝 얼굴을 보고 자세히 그리도록 합니다. 잘 그리는 것보다는 친구의 특징을 잘 드러나도록 그리는 것이 중요하다고 설명해 줍니다. 그리기 전에 짝의 얼굴을 바라보는 시간을 잠시 가져 부끄러워하거나 서먹한 분위기를 풀어 주면 좋습니다.

친구 얼굴을 그린 후 뒷장에는 친구의 특징과 그린 소감을 쓰도록 합니다. 그림을 그리면서 찾은 친구의 특징이나 친구에 대해 알게 된 점 등을 자세히 쓰도록 합니다. 활동에 대한 소감도 같이 적게 합니다.

그리기 활동이 마무리 되면 교사에게 제출합니다. 모두 제출하면 학생들에게 그린 그림을 하나씩 보여 주고, 누구인지 물어봅니다. 학생들이 누구인지를 맞히면 뒷장에 적힌 친구의 특징과 그린 소감을 말해 줍니다. 그림을 모두 보여 준 후에 학생들이 그린 그림은 그림의 주인공에게 돌려줍니다.

수업 엿보기

수업 절차	내용
모둠 구성	① 4명이 한 팀이 되도록 구성함.
활동 안내 및 종이 배부	② 활동을 안내하고 A4용지를 나누어 줌.
친구 얼굴 그리기	③ 마주 보고 앉은 친구의 얼굴을 자세히 보고 그리도록 함.
친구의 특징 및 소감 쓰기	④ A4용지 뒷장에 친구의 특징과 그린 소감을 씀.
전체 발표	⑤ 학생들에게 그린 그림을 보여 주며 누구인지 맞혀 보도록 함.

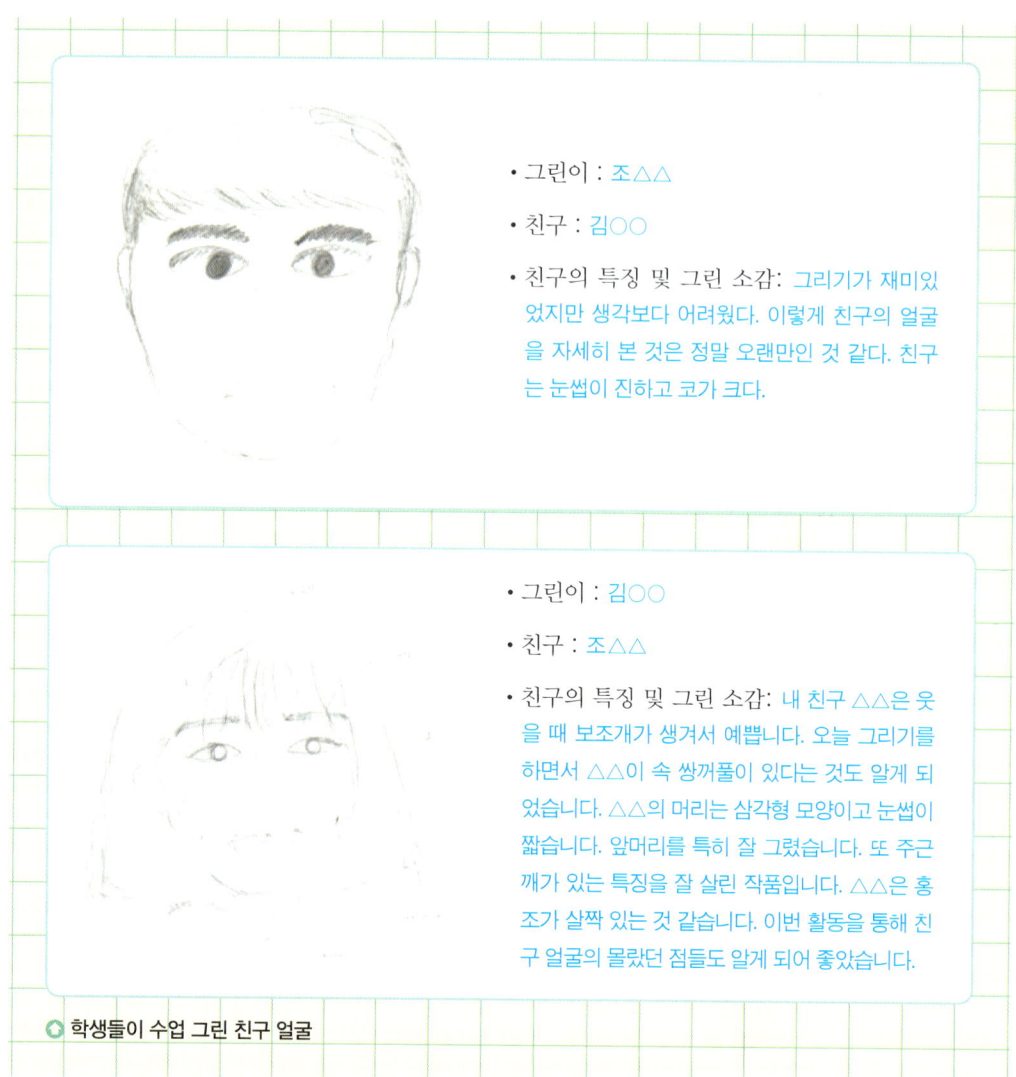

- 그린이 : 조△△
- 친구 : 김○○
- 친구의 특징 및 그린 소감: 그리기가 재미있었지만 생각보다 어려웠다. 이렇게 친구의 얼굴을 자세히 본 것은 정말 오랜만인 것 같다. 친구는 눈썹이 진하고 코가 크다.

- 그린이 : 김○○
- 친구 : 조△△
- 친구의 특징 및 그린 소감: 내 친구 △△은 웃을 때 보조개가 생겨서 예쁩니다. 오늘 그리기를 하면서 △△이 속 쌍꺼풀이 있다는 것도 알게 되었습니다. △△의 머리는 삼각형 모양이고 눈썹이 짧습니다. 앞머리를 특히 잘 그렸습니다. 또 주근깨가 있는 특징을 잘 살린 작품입니다. △△은 홍조가 살짝 있는 것 같습니다. 이번 활동을 통해 친구 얼굴의 몰랐던 점들도 알게 되어 좋았습니다.

○ 학생들이 수업 그린 친구 얼굴

✅ 수업 되돌아보기

효과 및 배운 점	아쉬웠던 점
• 친구의 얼굴을 자세히 보면서 서로 가까워지는 효과가 있음. • 서로의 얼굴을 그려 주고, 자기 얼굴이 어떻게 그려지나 궁금해 하면서 반 분위기가 활발해짐. • 자기 얼굴이 소개되거나 자신이 그린 그림이 나오면 집중하게 됨.	• 활동 과정에서 친구의 외형적인 부분을 놀리는 경우가 있었음. • 친구 얼굴을 장난스럽게 그리는 경우도 있었음. • 전체 발표를 할 때 학생이 아닌 교사가 그림을 모두 소개한 점이 아쉬움.

학생들이 친구의 얼굴을 그리는 것을 무척 재미있어 했습니다. 그리고 자신의 얼굴을 친구가 어떻게 그리는지 궁금해 하면서 친구의 얼굴을 그려 나갔습니다. 서로의 얼굴을 그려 주면서 자연스럽게 친해지는 느낌이 들었습니다. 하지만 간혹 서로의 얼굴을 그려 주다가 마음 상하는 일이 있었습니다. 친구의 얼굴을 그리기 전에 어떤 부분을 강조했으면 좋겠냐고 서로 물어보거나 친구의 장점이 드러나도록 그리면 마음 상하는 일이 줄어들 것입니다.

그림을 다 그린 뒤 발표할 때에도 학생들의 집중도가 높았습니다. 서로의 얼굴을 어떻게 그렸는지 궁금해 하고 어떤 그림은 똑같이 그렸다며 즐거워했습니다. 그리고 그린 소감을 들을 때는 가까이 앉아 있는 친구의 솔직한 마음을 들을 수 있어서 좋아했습니다. 발표할 때 전체 학생들이 자신이 그린 친구를 소개하는 시간을 가지는 것도 좋습니다. 친구 얼굴을 그리기 전에 '짝 인터뷰'를 간단하게 진행한 후 활동을 진행하면 친구를 소개할 때 도움이 됩니다.

교사 TIP

❶ 친구의 얼굴을 자세히 보고 그리도록 안내하면 간단하게 그리는 학생이 줄어듭니다. 혹시 빨리 끝내는 학생이 있으면 간단하게 그린 경우가 많으니 하나하나 보고 자세히 그리도록 다시 안내합니다.
❷ 그린 소감을 발표할 때 친구들의 솔직한 마음이 표현되어 학생들이 잘 듣습니다. 그림뿐만 아니라 그린 소감을 적을 시간도 충분히 주면 좋습니다.
❸ 그리는 사람이 어떻게 보느냐에 따라 친구 얼굴이 다르게 표현된다고 하면 학생들이 더 잘 그리려고 합니다.

| 심미적 감성 역량 |

05 친구의 특징을 찾아 상장 만들어 주기

이런 고민을 했어요

중학교 학생들은 사춘기 아이들의 특징을 잘 보여 줍니다. 학생들은 감정적이고, 말과 행동을 충동적으로 하는 경향이 있습니다. 이런 상황에서는 친구들과 긍정적인 관계를 맺기가 어렵습니다. 상대를 부정적으로 바라보게 되고 친구들의 단점을 아무렇지 않게 공격하기도 합니다.

저는 학생들이 친구들의 좋은 모습을 발견하는 시간을 마련해 주고 싶었습니다. '오래 보아야 예쁘다.'라는 말처럼 친구들을 자세히 관찰하고 좋은 점을 찾아보게 해야겠다고 생각했습니다. 친구를 따스한 시선으로 자세히 관찰하고 좋은 점을 찾아 서로 이야기한다면 학생들의 관계도 더욱 좋아질 수 있다고 생각했습니다.

우정 단원을 수업을 할 때 이런 시간을 마련해 주는 것이 좋을 것 같았습니다. 그리고 단순하게 좋은 점을 찾기만 하는 것이 아니라, 친구의 좋은 점을 '상장'이라는 근사한 방법으로 칭찬해 주도록 하면 좋겠다고 생각했습니다. 그래서 친구의 특징을 자세히 관찰하고 이를 상장으로 만들어 주는 수업을 하게 되었습니다.

🌱 수업 디자인 과정

4명이 모둠을 구성하여 앉습니다. 개별 활동이지만 모둠을 구성하게 되면 모둠 친구의 활동을 보고 참고할 수 있기 때문입니다. 모둠을 만든 후 친구들을 둘러보는 시간을 가집니다. 같은 반에 있는 친구들을 한 명 한 명 바라보게 하면서 편안한 분위기를 유도합니다.

이후 활동지를 나누어 주고 활동지에 있는 사람을 찾아봅니다. 책임감이 강한 사람, 긍정적인 사람, 친구를 존중하는 사람과 같은 덕목의 특징과 행동들을 생각해 보고 해당하는 친구들을 적습니다. 빈칸을 두고 학생들이 직접 상을 주고 싶은 부분을 쓰기도 합니다. 이 활동은 교실에 있는 친구들을 둘러보고 어떤 부분에 대해서 상을 줄지 고민하는 과정이 중심이 됩니다. 활동지를 다 작성하면 모둠원들과 이야기를 나누어 봅니다.

이야기를 나누면서 각자 상장을 줄 친구와 이유를 정하고 상장을 만들도록 합니다. 상장을 만들 때는 활동지를 참고하여 상장을 주는 이유를 구체적으로 쓰도록 합니다. 예시로 상장을 몇 개 보여 주면 도움이 됩니다. 상장을 못 받아 소외되는 학생이 생길 수 있으므로 모둠원끼리 상장을 고르게 주도록 하는 것도 좋습니다.

상장 만들기까지 끝이 나면 상장 수여식을 합니다. 상장 수여식은 앉아 있는 순서대로 발표하며, 자신이 만든 상장을 읽고 해당하는 친구에게 가서 전달합니다.

수업 엿보기

수업 절차	내용
모둠 구성	① 4명으로 모둠을 구성한다.
반 친구들 둘러보기	② 친구들과 한 명 한 명 눈을 맞추는 시간을 가진다.
활동지 작성하기	③ 활동지를 나누어 주고, 칭찬하고자 하는 사람의 특징과 이름을 적어 본다. 적은 내용은 모둠 구성원들과 공유한다.
상장 만들기	④ 활동지를 참고하여 상장을 제작한다.
상장 수여식	⑤ 앉은 순서대로 자신이 만든 상장을 읽고 친구에게 가서 전달한다.

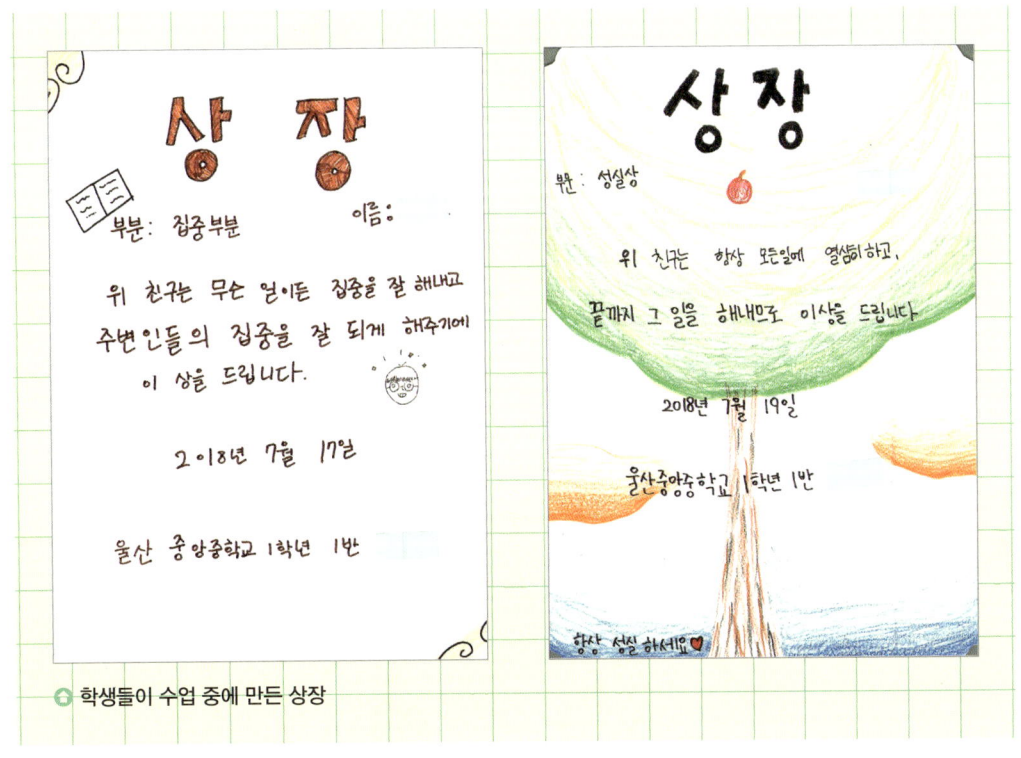

🔼 학생들이 수업 중에 만든 상장

수업 되돌아보기

효과 및 배운 점	아쉬웠던 점
• 반 친구들을 더 잘 알게 되고, 자신을 돌이켜 보는 계기가 됨. • 친구들의 장점을 칭찬하면서 교실 분위기가 따뜻해짐. • 상장을 받은 학생들이 뿌듯해 하면서 자신감을 갖게 됨.	• 몇몇 학생들에게 상장이 몰리거나 상장을 못 받는 학생들이 생기기도 함. • 상장을 주는 이유가 구체적이지 않을 때 상장 내용이 식상해지기도 함.

    서로 상장을 만들어 주면서 즐거웠습니다. 학생들이 활동지에 나와 있는 예시 외에도 다양한 이유로 서로에게 상장을 만들어 주었습니다. 아침마다 인사를 잘해서 상장을 받은 학생, 큰 소리로 웃어서 '기쁨상'을 받은 학생, 성실한 모습을 칭찬받은 학생, 유머 감각으로 상을 받은 학생 등 다양했습니다. 상장 수여식의 분위기도 훈훈했습니다. 하지만 간혹 장난으로 상장을 만들어 주는 학생과 받는 학생이 별다른 감흥을 느끼지 못하는 경우도 있었습니다. 상장을 만드는 이유에 대하여 잘 설명해서 학생들이 진지하게 참여하도록 하는 것이 중요할 것 같습니다.

교사 TIP

❶ 상장은 여러 개 만들 수 있다고 알려 주고, 상장 수여식 때 상을 받지 못한 친구에게 상을 주도록 유도하면 많은 친구들이 상장을 받을 수 있습니다.

❷ 2차시로 여유롭게 진행하면서 상장을 최소 2개 이상 만들도록 해서 모둠 안에서 상장 주기 시간을 따로 가지면 모두가 상장을 받을 수 있습니다.

❸ 상장을 받는 사람의 입장이 되어 정성껏 상장을 만들도록 하면 상장 수여식 분위기가 더 좋아집니다. 상장을 정성껏 만들 수 있도록 색연필과 사인펜을 준비해 주면 좋습니다.

❹ 교사도 함께 상장 만들기에 참여하여 많은 학생들이 상장을 받을 수 있도록 하면 좋습니다.

수업 활용 자료

'어떤 친구에게 상장을 만들어 주고 싶나요?'

※ 교실 안의 친구를 둘러보며 다음 표를 작성해 봅시다.

책임감이 강한 사람의 특징 및 행동은?	
우리 반 친구 중 책임감이 강해 보이는 사람은?	
긍정적인 사람의 특징 및 행동은?	
우리 반 친구 중 긍정적인 사람은?	
친구를 존중하는 사람의 특징 및 행동은?	
우리 반 친구 중 친구를 존중하는 사람은?	
_____ 사람의 특징 및 행동은?	
우리 반 친구 중 평소 _____ 친구는?	
_____ 사람의 특징 및 행동은?	
우리 반 친구 중 평소 _____ 친구는?	

Ⅰ 관계 맺기

의사소통 역량

06 우리 반이 그린 그림으로 이야기 들려 주기

이런 고민을 했어요

교실에서 다 함께 할 수 있는 활동을 고민했습니다. 모두가 참여하는 재미있는 활동이면서 학생들 한 명 한 명이 활동의 주인공이 되면 좋을 것 같았습니다. 학생들이 종종 낙서 삼아 그림 그리는 것을 보고, 다 같이 그림을 그려 보면 어떨까 생각했습니다.

그림을 그릴 때 서로 기다려 주면서 배려하는 방법을 배우고, 친구들이 그림 그리는 것을 지켜 보면서 서로에게 관심을 가지는 시간이 될 수 있다고 생각했습니다. 그리고 그림을 그리다 보면 학생들이 마음껏 상상력을 발휘할 수 있을 것 같습니다. 친구들이 그린 그림에 이어서 그림을 그리다 보면 그림을 그리는 상황이 조금씩 달라지고, 자연스럽게 상상력을 발휘하여 그림을 그리게 됩니다. 그리고 내가 어떻게 그리느냐에 따라서 전체 그림이 달라질 수도 있으니 학생들이 흥미를 가지고 참여하겠다고 생각했습니다.

학생들이 모두 참여하여 그린 그림은 의미가 있을 것 같았습니다. 다 함께 하나의 작품을 완성하는 것이고, 또 작품 속에서 자신의 역할도 되돌아보게 될 것입니다. 그리고 완성된 그림으로 이야기를 만들어 보게 하면 그림에 의미 부여도 될 것 같았습니다.

수업 디자인 과정

학생들에게 칠판이 도화지가 된다고 알려 주고, 다 같이 그림을 그릴 것이라고 말했습니다. 그리고 그리는 순서와 방법을 안내했습니다. 그림을 그리는 순서는 앉은 자리대로 진행하였습니다. 그리는 방법은 두 가지 조건을 제시했습니다. 하나는 앞의 친구들이 그려 놓은 그림을 지울 수 없다는 것이었고, 또 하나는 글자는 쓸 수 없다는 것이었습니다.

앞의 친구들이 그려 놓은 그림을 보고 이어서 그림을 그리도록 했습니다. 그림은 그리고 싶은 만큼, 그리고 싶은 것을 그렸습니다. 처음 그림을 그리는 학생이 무엇을 그릴지 몰라 힘들어 하면 교사가 먼저 하나를 그려서 시작합니다. 크게 그리는 학생, 작게 그리는 학생, 많이 그리는 학생, 선만 하나 그리는 학생, 전혀 생각하지 못했던 모양을 그리는 학생, 그림의 전체적인 흐름을 바꾸어 놓는 학생 등 다양하게 그림을 그리면서 하나의 작품을 완성해 갑니다.

모든 학생이 그림을 다 그리고 나면 그림을 보면서 잠시 이야기합니다. 이때 교사는 작아서 지나치기 쉬운 그림들을 주로 언급합니다.

이제 그림을 보며 이야기 만들기를 합니다. 학생들에게 빈 종이를 나누어 주고 '우리 반이 함께 그린 작품'을 보며 이야기를 만들어 보도록 했습니다. 그림의 전체적인 느낌을 살려서 이야기를 만들거나 칠판에서 최소한 3가지 장면이 들어가는 이야기를 만들도록 했습니다. 그리고 만든 이야기를 전체 발표하면서 공유하였습니다.

수업 엿보기

수업 절차	내용
활동 소개	① 우리 반이 모두 한 명씩 나와서 그림을 그리고, 다 같이 그린 그림을 보고 이야기를 만든다고 소개함.
그림 이어 그리기	② 앉은 자리 순서대로 한 사람씩 나와서 그림을 그림. 앞 사람이 그린 그림은 지울 수 없고 글자는 쓸 수 없음을 안내함. ③ 그림이 완성되면 잠시 그림을 감상함.
이야기 만들기	④ 그림이 완성되면 그림을 보고 이야기를 만듦.
전체 공유	⑤ 친구들에게 이야기를 발표함.

◐ 학생들이 함께 그림을 그리는 모습

✅ 수업 되돌아보기

효과 및 배운 점	아쉬웠던 점
• 자신의 순서가 다가올수록 친구들이 그려 놓은 그림을 보면서 같이 고민하게 됨. • 친구들이 어떻게 그림을 그릴지 궁금해 하면서 집중을 잘하게 되고, 특히 창의적으로 그림을 그린 학생들이 환호를 받음. • 다 같이 그린 그림을 보면서 뿌듯해 함.	• 목소리가 큰 친구들이 어떤 그림을 그리라고 주문하는 경우 그림을 그리려는 학생의 아이디어가 묻혀서 아쉬움. • 그림이 완성되면 흥미가 떨어져서 이야기 만들기 활동에서 집중력이 낮아짐. • 난해한 그림이 완성되었을 경우 어떻게 이야기를 만들어야 할지 막막해 함.

　다 같이 그림을 그리는 활동에 학생들이 집중력을 보이며 적극적으로 참여했습니다. 평소에 그림 그리기를 좋아하거나 창의적으로 그림을 그린 학생들이 친구들의 환호를 받고 뿌듯해 했습니다. 하지만 친구들의 반응을 보며 그림을 그리다 보니 다소 재미 위주로 그림을 그리게 되어 아쉬웠습니다. 그리고 목소리 큰 학생들의 말에 따라 그림을 그리는 경우도 있어 아쉬움이 있었습니다. 이 부분에 대해 학생들에게 조언을 해 주고 시작한다면 모두가 편하게 나와서 자신의 생각대로 그림을 그릴 수 있을 것입니다.

교사 TIP

❶ 그림을 그릴 때 '그림을 보는 사람의 입장도 생각해서 그려 보자.'라고 말하면 학생들이 한 번 더 생각하고 그리게 됩니다.
❷ 처음으로 다 같이 그림을 그릴 경우 완성된 그림을 보며 아쉬워할 수 있습니다. 이럴 때에는 한 번 더 그려도 좋습니다.
❸ 이야기 만들기 시간이 부족할 때에는 학생 몇 명을 지목하여 즉흥적으로 이야기를 만들어 보게 하는 것도 좋습니다.

자기 관리 역량

07 꿈을 담은 버킷리스트 만들기 수업

이런 고민을 했어요

우리는 꿈을 꾸면서 살아갑니다. 건강하고 행복한 삶, 부유한 삶, 마음이 평화로운 삶 등 모든 사람들은 저마다 꿈을 꾸면서 오늘을 살아가지요. 우리 아이들의 꿈은 과연 무엇일까요? 보통 꿈이라고 하면 크나큰 바람이나 기대로 여겨 이루어 내기 어렵고 힘들다고 생각할지 모릅니다. 하지만 우리가 조금만 시간을 내어 일상을 돌아보면 우리가 이루어 낼 수 있는 작고 소박한 꿈들이 많이 있습니다. 우리는 그 작고 소박한 꿈에서부터 미래를 설계해야만 할 것입니다.

최근 우리 사회에서 '소확행'이라는 신조어가 유행하고 있습니다. '소소하지만 확실한 행복'이라는 말입니다. 일상생활을 통해서 소소한 행복을 찾아가자는 말인데, 우리 아이들도 자신의 버킷리스트를 만들어 보고 실천해 가면서 자신의 삶을 가꾸고 행복해졌으면 하는 의도에서 이 수업을 하게 되었습니다.

수업 디자인 과정

삶의 의미, 행복, 자아실현 등 여러 단원과 연계해서 수업을 합니다. 이 수업은 교사가 학생들에게 수업의 취지를 잘 설명하는 것이 중요합니다. 자칫 숙제를 위한 숙제가 되거나 이벤트성 수업으로 흘러가지 않도록 자신의 삶을 성찰해 보고 삶에 의미를 부여하기 위한 의도에서 준비해 둔 수업임을 학생들에게 이해시키는 것입니다. 그러한 취지를 충분히 설명하면 그 이후의 과정은 절차대로 진행하면 됩니다.

아이들에게 2주 정도 충분한 시간을 주고 버킷리스트를 작성 용지에 적어 오도록 합니다. 이때 아이들에게 당장, 몇 년 후 혹은 평생 동안 실천할 수 있는 것들을 적어 오게 합니다. 그리고 자기 계발, 건강, 부(富), 봉사, 인간관계 등 다양한 분야에서 자신이 하고 싶은 것들을 적게 합니다. 특히 핵심이 되는 목표(자신이 하고 싶은 일)를 적을 때 구체적으로 적도록 합니다. 예를 들어 '돈 많이 벌기 → 40세까지 10억 만들기', '봉사 활동 많이 하기 → 2030년까지 헌혈 20번 하기', '해외 여행하기 → 2년에 한 번 씩 해외 여행하기', '공부 열심히 하기 → 영어, 수학 1등급씩 올리기', '좋은 대학교에 진학하기 → ○○대학교 □□과 가기', '부모님께 효도하기 → 내 손으로 부모님 저녁식사 차려 드리기' 등으로 수정하여 적게 합니다. 그리고 실천할 수 있는 목표를 적도록 해야 합니다. 우리의 일상생활에서 충분히 실천할 수 있는 목표가 많이 있다는 점을 아이들에게 강조합니다. 이렇게 해서 작성한 과제물을 2주 후에 취합해서 교사가 충분히 읽어 본 후 다시 학생들에게 돌려주게 됩니다.

마지막으로 본시 수업에서는 학생들 중심으로 버킷리스트 목록을 발표하게 하고 발표한 내용에 대해서 학생들이 질문도 하게 합니다. 학급 친구들 앞에서 자신의 꿈을 발표함으로써 실천 의지와 책임감을 높일 수 있습니다.

수업 엿보기

수업 절차	내용
버킷리스트 배부	① 작성 요령 및 수업 방법, 수행 평가의 채점 기준을 공지함. 본시 수업 2주 전에 안내함.
취합 및 채점	② 채점 후 활동지 여백에 격려 글을 적어 주면 아이들에게 많은 힘이 됨.
발표와 질문	③ 원하는 아이들을 중심으로 버킷리스트 발표를 하되, 편안하고 자유로운 분위기에서 할 수 있도록 함.
소감 나누기	④ 교사의 버킷리스트도 소개해 주면서 작성 소감을 먼저 말하면 자연스럽게 아이들도 돌아가면서 말을 하게 됨.

○ 학생이 작성한 버킷리스트

수업 되돌아보기

효과 및 배운 점	아쉬웠던 점
• 자신의 꿈을 정리하고 친구들 앞에서 발표함으로써 삶에 대해서 진지하게 생각해 봄. • 다른 친구들의 꿈을 들어 보고 나의 꿈과 비교해 보면서 다양한 삶의 방식과 목표가 있다는 것도 깨닫게 됨. • 꿈이 없는 아이들에게 자신의 꿈에 대한 고민의 시간을 제공함.	• 버킷리스트를 활용한 수업이 삶에 대한 진지한 계획 수립과 실천으로 연결되어야 하는데, 숙제로 그치거나 일회성 행사로 흐르는 경향도 일부 있었음. • 개인 과제물 형태로 수업을 진행했는데 모둠 단위로 적고 서로 의견을 나누는 수업을 했으면 하는 바람을 가져 보았음.

　소감 나누기 시간에 대부분의 학생들은 대체로 "새로운 삶을 시작하는 기분이다.", "여태껏 꿈 없이 살았는데 이제는 내 삶이 달라질 것 같다.", "너무 행복하다.", "(적을 것이 없어서) 내가 이렇게 한심한 존재인 줄 몰랐다.", "이렇게 꿈 목록을 적고 나니 한편으로는 지금의 나의 처지에 너무 과분한 꿈이 아닌가 생각하게 된다."라고 소감을 밝혔습니다. 희망과 열정, 반성과 자책의 감정이 복합적으로 생기는 듯 했습니다.

　요즘 아이들은 성적에만 매달리거나 스마트폰에 빠져, 안타깝게도 자신의 꿈이 무엇인지 제대로 생각해 보지 못하는 경우가 많습니다. 아이들이 버킷리스트에 기록한 바람들은 짧게는 몇 개월에서 길게는 평생에 걸쳐 노력해야 이룰 수 있는 것들입니다. 아이들이 차근차근 꿈을 이루어 가면서 삶의 성취감과 보람을 느끼게 되기를 기대해 봅니다.

머릿속에 담아 둔 생각을 글로 써 두면 자신과의 약속이 되고, 의식적으로 그 약속을 지키기 위해 노력하게 됩니다.

교사 TIP

❶ 교사도 학생들과 함께 사제 동행의 의미에서 함께 활동합니다. 몇 개라도 선생님의 버킷리스트를 소개해 보는 것도 유익하고 재미가 있습니다.
❷ 구체적이고 실현 가능하며 가까이 할 수 있는 것들을 중심으로 작성해 보도록 합니다.
❸ 가급적이면 자신의 꿈을 발표해서 공언을 함으로서 자신의 말에 책임을 질 수 있도록 합니다.
❹ 버킷리스트 내용에 대해서 '잘했다, 잘못했다'의 평가보다 '어떻게 이루어지게 할 것인가?', 이루기 위해 '무엇을 준비해야 할까?' 등의 질문을 통해서 학생들이 자극을 받도록 유도합니다. 작성한 버킷리스트는 가급적 칭찬해 주고 격려해 주도록 합니다.
❺ 영화 「버킷리스트: 죽기 전에 하고 싶은 것들(The Bucket List)」(2007)을 함께 보고 활동해도 시너지 효과가 있습니다.

버킷리스트 양식

※ 각 영역이 모두 포함되도록 44가지 목표를 적어 봅시다.

번호	분류	목표(진실로 마음이 원하는 일을 써 보세요.)	목표 기한	중요도	달성 여부	달성 연도
예	여행	제주도 올레길 전 코스 걷기	2022	3		

버킷리스트 작성 시 유의점 안내

※ 학생들에게 꿈 목록표를 작성하게 할 때 정해진 양식을 주는 것이 좋습니다. 왜냐하면 채점을 효율적으로 할 수 있고, 학생들이 일목요연하게 표를 볼 수 있기 때문입니다.

❶ 순번

　순번은 44번까지 있는데 학생들이 44개를 모두 채우기는 결코 쉽지 않습니다. 평생을 살아가는데 하고 싶은 것 50개도 못 적을 정도면 인생에 대한 진지함과 도전 의식이 결여되어 있는 것이 아닌가 하고 아이들을 다독여 줍니다.

❷ 분류

　학생들이 꿈을 정할 때 15가지 영역에 고르게 배분해서 적도록 합니다.
　– 버킷리스트 전문가 김수영의 분류표: 여행, 자리 잡기, 자기 계발, 가족, 창의성, 재산, 모험, 인간관계, 지혜, 여가, 더불어 살기, 봉사, 건강, 개인적 성취, 공동체

❸ 목표

　계량화할 수 있고, 구체적이면서, 실천 가능한 목표를 적도록 합니다.

❹ 목표 기한

　목표 기한을 적도록 합니다. 짧게는 올해 안에 실천할 수 있거나 5년이 걸리는 것도 있을 수 있고, 장기 기증이나 재산 기증과 같이 평생에 걸쳐 실천해야 하거나 사후에 가능한 일도 있습니다. 목표 기한을 정함으로써 자신이 목표 달성 년도에 몇 살이 되는가를 가늠하게 해서 시간의 소중함을 느끼게 합니다.

❺ 중요도

　중요도는 반드시 해야 하는지, 간절히 바라는지에 따라서 1~5(클수록 중요하고 간절함.)까지 숫자로 표시하게 합니다.

❻ 달성 여부 및 달성 연도

　달성 여부는 현재 진행 중이면 현재 진행형으로 쓰고, 아직 실행하지 않았으면 비워 놓도록 합니다. 장기 기증 같은 경우는 사후에 가능하기 때문에 평생을 두고 달성 여부를 점검해 나가도록 합니다. 일생을 두고 달성 여부를 점검해 나가면서 자식들에게도 보여 주면 많은 가르침을 주리라 생각합니다. 그리고 달성 연도를 적도록 함으로써 하나하나 성취해 나가는 기쁨을 느끼게 할 수 있습니다.

II

수업 놀이

"성숙이란 어릴 때 놀이에 집중하던 진지함을 다시 발견하는 데 있다." (니체)

01 인터뷰 게임을 활용한 2학기 수업 열기

02 저절로 되는 고차적 사고력 훈련 1 – Because 게임

03 저절로 되는 고차적 사고력 훈련 2 – Secret Box 게임

04 저절로 되는 고차적 사고력 훈련 3 – Give and Get 게임

05 저절로 되는 고차적 사고력 훈련 4 – Secret 게임

06 사진 뜨개질을 활용한 통일 수업

07 새우 잡기 게임을 활용한 환경 수업

08 덕목 카드를 활용한 도덕 수업

09 역 브레인스토밍을 활용한 학교 폭력 예방 수업

10 마피아 게임으로 수업 되돌아보기

의사소통 역량

01 인터뷰 게임을 활용한 2학기 수업 열기

이런 고민을 했어요

여름 방학을 보내고 학생들을 처음 만나면 훌쩍 자라 버린 모습에 다소 어색할 때가 있습니다. 학생들도 친한 친구들과는 방학 내내 연락을 하고 지내겠지만, 친하지 않은 친구들과는 서로 어색해 하는 경우가 많습니다. 그래서 수업 시작 전에 방학 동안의 삶을 나누는 시간이 필요하지 않을까 생각했습니다. 자연스럽게 서로의 안부를 물으며 친밀한 관계를 다시 맺어 갈 수 있기를 기대했고요. 그래서 '울산 놀이 교사 모임 연수'에서 배웠던 인터뷰 게임을 응용해서 2학기 첫 수업을 준비해 보았습니다.

수업 디자인 과정

우선 학생들이 흥미 있어 할 만한 연예인이나 운동선수의 인터뷰 기사를 예로 듭니다. 그리고 모든 학생들이 연예 전문 기자가 되어 다른 친구들을 인터뷰하는 상황을 제시합니다. 학생들은 동시에 인터뷰에 응해야 하는 연예인이 된다고도 이야기합니다. 그러면서 인터뷰어(인터뷰하는 사람, 기자)와 인터뷰이(인터뷰에 응하는 사람, 연예인)의 역할에 대해 간략히 설명합니다. 좋은 인터뷰가 이루어지기 위해서는 인터뷰어가 식상하지 않은 질문을 던져야 한다는 것, 또 인터뷰이는 솔직하면서도 구체적으로 답변해야 한다는 것 등을 이야기합니다.

학생들에게 평소 접해 왔던 연예인의 인터뷰 기사를 떠올려 보게 하며, '나쁜 인터뷰 기사는 어떤 것이고, 좋은 인터뷰 기사는 어떤 것인지'를 물어봅니다. 학생들은 '인터뷰이를 상처 주는 기사, 사실을 과장하거나 왜곡하는 기사, 본인이 밝히기를 원하지 않는데도 사생활을 끄집어 내는 기사'가 나쁜 인터뷰 기사라고 하였습니다. 이러한 대답으로부터 '친구가 곤란해 할 만한 민감한 질문을 하면 안 된다는 것, 직접 확인하지 않은 허위 사실을 마치 인터뷰한 것처럼 써서는 안 된다는 것' 등을 인터뷰 게임의 규칙으로 연결하여 자연스럽게 숙지할 수 있도록 하였습니다.

그리고 커다란 빙고 칸이 스무 개 그려진 활동지를 나누어 주고 자유롭게 돌아다니며 친구들을 인터뷰할 수 있도록 합니다. 한 친구 당 총 2회의 질문을 할 수 있고, 한 칸당 한 친구를 인터뷰할 내용을 써야 합니다. 그러니 빙고 칸을 다 채우려면 스무 명의 친구들을 인터뷰해야 합니다. 인터뷰 주제는 '여름 방학 동안 일어난 일'로 제시합니다.

약 20분 정도 활동 시간을 주고 주어진 시간 동안 최대한 많은 인터뷰를 할 수 있도록 안내합니다. 활동이 끝나면 각자 자리로 돌아가게 한 후 인터뷰 내용을 발표합니다. 한 학생을 지정하면 그 학생을 인터뷰한 기자들이 각자 취재한 인터뷰 내용을 발표합니다. 이때 중복된 내용은 발표할 수 없고 다른 학생이 발표하지 않은 내용만 발표할 수 있습니다. 처음 지목된 학생이 다음 학생을 지목하는 방식으로 모든 학생들에 대한 취재 발표가 이루어질 수 있도록 합니다.

수업 엿보기

수업 절차	내용
인터뷰 게임 및 인터뷰 윤리 안내	① 인터뷰 게임에 대해 설명함. ② 인터뷰할 때 지켜야 할 윤리와 예절 등을 이야기함.
인터뷰 주제 제시	③ 인터뷰 주제(여름 방학 동안 일어난 일)를 제시함.
인터뷰 준비	④ 활동지를 한 명당 한 장씩 배부함. ⑤ 인터뷰 게임 활동 방법을 안내함.
인터뷰 활동	⑥ 주어진 시간(약 20분) 동안 최대한 많은 인터뷰를 할 수 있도록 안내함.
인터뷰 내용 발표	⑦ 한 인터뷰이를 지정하면 그 학생을 인터뷰한 학생(인터뷰어)들이 각자 인터뷰한 내용을 발표함. ⑧ 모든 학생들에 대한 취재 내용을 돌아가며 발표함.

수업 되돌아보기

효과 및 배운 점	아쉬웠던 점
• 2학기 첫 수업으로 관계 세우기를 즐겁게 할 수 있음. • 방학 동안 일어난 일에 관해 같은 반 친구들과 자연스럽게 이야기를 나눌 수 있음. • 상대방의 답변을 이끌어 내기 위해 어떤 방식으로 질문을 던져야 할지 고민하고 연습해 볼 수 있음.	• 게임에 너무 몰입하여 무조건 남보다 빨리 끝내려고 대충 질문하는 경우가 생길 수 있음. • 장난치듯이 질문하거나 대답하여 분위기를 우스꽝스럽게 만드는 학생이 생길 수 있음. • 의욕 없이 앉아만 있거나 활동에서 소외되는 학생이 생길 수 있음.

    2학기 첫 주부터 바로 수업을 시작하기보다는 오랜만에 만난 반 친구들과 자연스럽게 방학 동안의 삶을 나누는 시간을 만들어 줄 수 있어서 좋았습니다. 학생들도 흥미를 가지고 즐겁게 인터뷰 게임에 참여했습니다. 다만 각 반의 분위기에 따라 인터뷰 게임에 참여하는 태도가 많이 달랐기에 활동의 단계나 수위를 적절하게 조절하는 것이 필요하다고 생각했습니다. 의욕이 없고 활동을 꺼리는 반의 경우에는 활동에 대한 보상을 주어 분위기를 돋우기도 하였습니다. 또 밝고 활동적인 분위기가 강한 반의 경우에는 지나치게 장난스러운 분위기로 흘러가지 않도록 사전에 정했던 인터뷰 규칙을 다시 한 번 강조해서 안내했습니다.

    인터뷰 내용 발표 시에는 시간이 조금 걸리더라도 모든 학생들의 발표를 들어 보는 것이 좋습니다. 모두가 주인공이 되는 시간이기 때문입니다. 친구들의 인터뷰 발표를 듣는 학생들도 즐거워했습니다.

교사 TIP

❶ 인터뷰 활동 시간과 발표 시간을 최대한 확보하는 것이 좋습니다.
❷ 꼭 모든 학생들을 인터뷰할 필요는 없으며, 좋은 질문과 답변을 만드는 것이 더 중요함을 안내합니다.
❸ 장난스럽게 질문하거나 답변하지 않도록 사전에 충분히 안내합니다.
❹ 의외로 인터뷰 게임에서 소외되는 학생은 거의 없습니다. 학생들이 최대한 많은 학생들과 인터뷰하고 싶어 하기 때문에 가만히 앉아 있는 친구에게도 찾아가서 적극적으로 질문하는 경우가 많습니다. 혹시나 소외되는 학생이 있다면 교사가 적절히 개입하여 인터뷰에 참여할 수 있도록 도와주어야 합니다.
❺ 인터뷰만큼 중요한 것이 그 후의 발표 활동입니다. 발표 활동 시간을 충분히 확보하여 다른 친구들이 인터뷰한 내용을 반 학생들 모두가 공유할 수 있도록 하는 것이 좋습니다.

지식 정보 처리 역량

02 저절로 되는 고차적 사고력 훈련 I – Because 게임

이런 고민을 했어요

'그냥요!' 교사가 수업 중에 학생이 제시한 의견에 대해 이유를 물었을 때 자주 듣게 되는 말입니다. 어떻게 학생들이 논리적으로 말하도록 할 수 있을까요? 말을 하게 하는 것도 쉬운 일이 아닌데 논리적으로 말을 하게 한다는 것은 더 어려운 일입니다. 발표하고 토론하는 수업을 할 때면 이런 부분에 대한 교육이 필요함을 더욱 절감합니다.

어떻게 해야 논리적 사고를 재미있게 훈련할 수 있을까요? 그렇다고 논리학을 가르칠 수도 없습니다. 국어 시간, 윤리 시간에 연역법, 귀납법을 가르쳐 본 선생님은 학생들이 이렇게 배우는 것을 매우 싫어 한다는 것을 알 것입니다. 마치 수학을 싫어하는 것과 같습니다.

실생활에 그대로 적용할 수는 없을까요? 학생들에게 교실에서 배우는 대부분의 내용이 재미없는 이유는 실생활과 관계가 없기 때문입니다. 대학 입시 준비의 목적 외에 실생활의 문제를 해결하는 데 유용하지 않기 때문입니다. 친구와 말을 할 때나 다툼이 일어났을 때, 발표와 토론 중에, 글을 쓸 때 이런 논리적인 사고와 표현이 가능하다면 문제를 합리적으로 해결할 수 있고 상대를 효과적으로 설득할 수 있을 것입니다.

🌱 수업 디자인 과정

놀이는 수업의 좋은 대안이 될 수 있습니다. 재미가 있기 때문입니다. 놀이 속에 규칙이 있고, 그 규칙에 따라야 놀이가 재미있습니다. 바로 이 규칙에 논리성을 담는 것입니다.

보통 놀이는 개인이나 집단 간의 경쟁을 토대로 재미를 추구합니다. 그렇기 때문에 놀이가 반드시 긍정적인 것은 아닙니다. 협력을 추구하는 수업에서는 더더욱 그렇습니다. 따라서 공동체 놀이가 필요합니다. 다른 사람의 말을 잘 듣고 서로 좋은 관계를 맺도록 하는 것이 중요합니다. 교실은 탐구하는 공동체여야 하기 때문입니다. 혼자 하는 탐구나 경쟁적으로 하는 탐구도 나름 의미가 있으나 함께하는 탐구는 더 큰 성취로 이끌 수 있습니다.

공동체 놀이로서 'Because 게임(이유 대기 게임)'을 만든 것은 2003년 무렵입니다. 미국 '어린이 철학 연구소(IAPC)'의 여름 세미나에서 배운 것을 정형화한 것입니다. 지금은 많은 선생님들이 활용하고 있습니다. 이 게임에서 앞 사람의 이유를 자신의 주장으로 가져 오도록 한 것은 이런 의미에서 신의 한 수라고 할 수 있습니다. 경청의 태도와 공동체에 대한 관심을 모두 기를 수 있기 때문입니다.

> **이유 대기 게임(Because game)**
>
> ① 한 학생이 "나는 지금 ~ 하다. 왜냐하면 ~ 하기 때문이다."라고 말한다.
>   - 그냥 아무 소재로 해도 되고 수업과 관계가 있는 것으로 교사가 시작하는 것도 좋다.
>   - 표현은 반드시 완성된 문장으로 하고 이유를 정확히 대게 한다.
>   예) 나는 지금 배가 고프다. 왜냐하면 아침을 굶었기 때문이다.
> ② 다음 학생은 앞의 학생이 댄 이유를 결론으로 말하고, 그것을 뒷받침할 적절한 이유를 말한다.
>   예) 나는 아침을 굶었다. 왜냐하면 늦잠을 잤기 때문이다.
> ③ 주의 사항: 여유를 가지고 이유를 찾도록 한다. 그리고 이유를 대기 어려울 경우에는 'pass'를 외치게 해서 부담감을 덜어 준다. 그러나 2번 연속으로 'pass'를 외칠 수 없도록 한다.

- 사실 이 놀이에 나오는 주장과 이유는 논증보다는 설명인 경우가 대부분이다. 주로 일어난 일에 대한 원인을 이유로 대기 때문입니다. 논증은 새로운 주장에 대해 이유를 대는 것이기 때문에 차이가 있다.

수업 엿보기

▶▶▶ 놀이 과정

영철 나는 피곤하다. 왜냐하면 어젯밤에 잠을 많이 못 잤기 때문이다.
고운 어젯밤에 잠을 많이 못 잤다. 왜냐하면 학원에서 늦게 왔기 때문이다.
성재 나는 어제 학원에서 늦게 왔다. 왜냐하면 대학에 가야 하기 때문이다.
준성 나는 대학에 가야 한다. 왜냐하면 많은 경험을 얻을 수 있기 때문이다.
지수 대학에 가면 많은 경험을 얻을 수 있다. 왜냐하면 대학은 자유롭기 때문이다.
주관 대학은 자유롭다. 왜냐하면 넓기 때문이다.
주영 대학은 넓다. 왜냐하면 개나 소나 다 가기 때문이다.

▶▶▶ 전제 찾기 학습

나는 기분이 좋다. 왜냐하면 살이 빠졌기 때문이다. → 나는 살이 빠졌다. 왜냐하면 매일 고기를 먹기 때문이다. → 나는 매일 고기를 먹는다. 왜냐하면 다이어트를 하고 있기 때문이다. → 나는 다이어트를 하고 있다. 왜냐하면 좋아하는 사람이 생겼기 때문이다. → 나는 좋아하는 사람이 생겼다. 왜냐하면 그 남자가 잘생겼기 때문이다. → 그 남자는 잘생겼다. 왜냐하면 그의 부모님이 잘생겼기 때문이다. → 그의 부모님은 잘생겼다. 왜냐하면 그의 부모님은 좋은 유전자를 가지고 있기 때문이다. → 그의 부모님은 좋은 유전자를 가지고 있다. 왜냐하면 유전자 조작을 했기 때문이다. → 그의 부모님은 유전자 조작을 했다. 왜냐하면 과학 기술이 발달했기 때문이다. → 과학 기술이 발달했다. 왜냐하면 성형을 원하는 사람이 많아졌기 때문이다.

• 노트 기록 내용

자신이 한 이유 대기 기록	삼단 논법으로 바꾸기
• 주장: 나는 기분이 좋다. • 이유: 왜냐하면 살이 빠졌기 때문이다. (숨은 전제): 살이 빠지면 기분 좋다.	• 대전제: 살이 빠지면 기분이 좋다. • 소전제: 나는 살이 빠졌다. • 결론: 나는 기분이 좋다.

▶▶▶ 중간고사 시험 문제

Q. 다음 중 숨은 전제를 잘못 찾은 것은?

❶
- 주장: 나는 심심하다.
- 이유: 왜냐하면 지금은 수업중이기 때문이다.
  (숨은 전제): 수업은 심심한 것이다.

❷
- 주장: 대학에 가야 한다.
- 이유: 먹고 살아야 하기 때문이다.
  (숨은 전제): 먹고 살기 위해서는 대학에 가야 한다.

❸
- 주장: 나는 잠이 온다.
- 이유: 왜냐하면 어젯밤 늦게 잠이 들었기 때문이다.
  (숨은 전제): 늦게 잠이 들면 잠이 온다.

❹
- 주장: 선생님이 나를 쳐다본다.
- 이유: 내가 잘생겼기 때문이다.
  (숨은 전제): 잘생기면 쳐다보게 되어 있다.

❺
- 주장: 나는 비빔밥을 좋아한다.
- 이유: 왜냐하면 나는 한국인이기 때문이다.
  (숨은 전제): 비빔밥은 한국에서 만든다.

반복해서 시행하면서 추가적인 학습의 기회를 가질 수도 있습니다. 위의 예처럼 전제 찾기, 삼단 논법, 연역법, 귀납적인 사고 기술 및 연역 추론의 타당성과 건전성도 자연스럽게 학습할 수 있습니다. 또한 그와 관련된 오류 추론도 배울 수 있습니다. '나는 살이 빠졌다. 왜냐하면 매일 고기를 먹기 때문이다.'는 '고기를 먹으면 살이 빠진다.'라는 대전제를 바탕으로 한 추론입니다. 그런데 이 대전제가 언제나 옳다고 보기는 힘듭니다. 형식적으로 올바른 추론이지만 내용적으로 건전하지 않은 논증입니다.

학생들은 놀이 과정에서 이것을 직관적으로 파악하고 반응을 보입니다. 물론 구체적인 학습의 과정으로 나아가는 것도 가능합니다.

이 놀이는 사고 기술을 익히기에 안성맞춤이지만 가장 기본적인 논증적 글쓰기의 능력도 자연스럽게 키워 줍니다. 바로 놀이에 등장하는 논증 구조를 완전한 문장으로 써 보게 하는 것입니다. 이런 과정을 추가하면 이해력이 더 높아집니다.

수업 되돌아보기

효과 및 배운 점	아쉬웠던 점
• 한 명도 빠지지 않고 말을 하기 때문에 자연스럽게 말하는 훈련이 됨. • 논리적 말하기, 논리적 글쓰기의 기본을 자연스럽게 배움. • 다양한 학생들의 기발한 이유들이 나오기 때문에 매우 재미있어 함. • 학생들의 생각과 삶이 드러남. 학생들이 말하는 주장과 이유는 은연중에 학생들의 삶을 드러냄. • '접속사로 이어가기'로 변환할 수도 있음. 전제 찾기, 삼단 논법, 연역 추론, 오류 찾기 등을 학습할 수 있음.	• 같은 주장과 이유가 반복될 수도 있음. • 창의성이 부족하여 재미없어지는 경우도 있음. • 이유 대기는 기본적으로 추론임. 그러나 이런 추론의 타당성을 쉽게 판단하기 어려울 때가 많음. 실제 논리 학습으로 연결시킬 때 교사가 당황하는 경우도 생길 수 있음.

교사 TIP

❶ 반드시 '나는', '지금' 이런 표현을 넣어야 하는 것은 아닙니다. 대체로 그런 말이 들어가면 쉽고 재미있습니다. 주어가 명확한 문장이면 별 문제 없습니다.
❷ 더 이상 이유를 제시하기 어려우면 중단하고 그 학생부터 다시 합니다.
❸ 문장이 너무 길어지거나 너무 애매해지는 경우 교사가 바로잡아 주거나, 학생들에게 그렇게 하도록 자율성을 주면 순조롭게 진행됩니다.
❹ 모든 학생이 발표하려면 시간이 많이 필요하기 때문에 절반만 한다든지 해서 시간을 적절하게 조절합니다.
❺ 한 번으로는 이 활동이 목표로 하는 '이유 대며 말하기'라는 사고 기술을 체득할 수 없기 때문에 가끔씩 해 보는 것이 중요합니다.

지식 정보 처리 역량

03 저절로 되는 고차적 사고력 훈련 2 –Secret Box 게임

이런 고민을 했어요

　연역 추리와 귀납 추리를 쉽게 가르칠 수 없을까요? 더 나아가 학생들이 재미있게 배우게 할 수는 없을까요? 중학교 도덕 교과서에 이미 연역 추리와 귀납 추리, 그리고 오류 추론이 나옵니다. 고교 '윤리와 사상' 교과서에서는 아리스토텔레스의 삼단 논법, 베이컨의 귀납 추리, 데카르트의 연역 추리를 자세히 배웁니다. 국어나 과학 교과에서도 이 두 논증이 등장합니다. 그러나 이 두 논리를 가르치는 사람들은 논리 구조 자체가 어렵고 이론적인 것이라 부담을 가집니다. 그리고 대부분 준비한 대로 설명을 하거나 문제를 풀이하는 방식으로 가르칩니다. 물론 학생들은 매우 어려워하고 싫어합니다.

　그런데 이렇게 힘들게 배운 두 논증이 실생활에서 쓰일까요? 쉽게 쓰이도록 할 수는 없을까요? 대부분의 교과서 지식들이 실제 삶과 유리된 채 문자로만 배우도록 구성되어 있기 때문에 삶과 연결되기 어렵습니다. 덴마크 교육의 아버지 그룬트비(Grundtvig, N.)가 한 말이 생각납니다. "천사가 한 말이라도 문자로 쓰게 되면 죽은 것이다." 논리를 문제 풀 듯 가르친다면 죽은 것이나 다름없습니다. 우리는 생각하는 존재이고 생각은 논리를 가집니다. 그 어떤 지식보다 삶과 밀접한 관련을 가지는 것입니다. 물론 오류 추론도 마찬가지입니다. 활동의 과정에서 이런 오류 추론도 쉽고 재미있게 배우고 적용해 볼 수 있다면 학생들의 사고력은 높아질 것이고, 문제 해결력도 그만큼 높아질 것입니다.

🌱 수업 디자인 과정

　이런 문제를 해결하기 위해 비밀 상자 게임을 만들었습니다. 우선, 재미가 있게 만들었습니다. 이 재미는 학생들과 친숙한 소재로 만드는 것과 연관됩니다. 필자는 평소 이 상자를 자주 가지고 다닙니다. 수업에 필요한 것들을 넣고 다니는 상자입니다. 그렇기 때문에 학생들에게 익숙한 것입니다. 익숙해서 그 속에 무엇이 들었는지 잘 알 것 같지만 사실 눈여겨 보지 않는 학생들이 대부분이라 잘 모릅니다. 그러다 보니 "이 상자에 무엇이 들었을까요?"라고 물으면 아리송해집니다. 쉬운 것 같은데 잘 안 되는 것, 이것이 호기심을 자극하는 것입니다.

그리고 두 추론을 효과적으로 학습할 수 있도록 했습니다. 먼저, 귀납 추리입니다. 상자 안에 들어 있는 것을 맞추는 것은 대부분 지각 추리입니다. 과거에 관찰한 경험을 바탕으로 하는 추리이기 때문입니다. 연역 추리의 소재도 자연스럽게 나오게 해야 합니다. 귀납 추리를 했지만 틀리는 사례들이 많이 나오면 학생들은 자연스럽게 절대 틀릴 수 없는 추리를 하기 시작합니다. 그런 것은 연역 추리로 가는 길입니다.

그리고 귀납 추리의 오류를 찾는 과정을 담았습니다. 귀납 추리의 오류는 성급한 일반화의 오류가 대표적입니다. 학생들은 과거의 한두 사례를 가지고 상자 속의 내용물을 추측하기 때문에 일반화의 오류를 범하게 됩니다. 이런 일반화의 오류를 의도적으로 학습하도록 미리 개수나 종류가 제한된 사탕을 두는 방식을 택했습니다. 물론 귀납 추리는 개연성이 높을 뿐이기 때문에 확실성이라는 면에서 모두 오류 추리라고 할 수 있습니다.

문제는 성급한 일반화의 오류를 피하는 것인데, 그렇게 하기 위해서 우리에게 오류가 없는(적었던) 친숙한 사례를 찾는 것입니다. 사탕이 나온다면 또 있을 가능성이 많습니다. 검정색 보드 마커가 나온다면 파란색 보드 마커가 있을 가능성이 높습니다. 그러나 사탕이 나왔다고 해서 아이스크림이 있다거나 보드 마커가 나왔다고 해서 스테이플러가 있을 것이라고 추측하는 것은 일상적 경험과 거리가 있어서 맞힐 확률이 떨어질 것입니다.

이런 생각들을 담아서 게임을 계획하고 진행하는 것이 중요합니다. 이번 게임도 놀이이기는 하지만 이런 학습의 의도가 많기 때문에 교사가 학습 상황을 파악하며 적절하게 진행하는 것이 매우 중요합니다.

수업 엿보기

수업 절차	내용
자리 배치	① 친구들과 서로 얼굴을 마주 볼 수 있도록 'ㄷ' 자 형태로 앉는 것이 좋음.
비밀 상자 준비	② 상자는 뚜껑이 있는 육면체 종이 상자가 좋음. 내용물이 보이지 않도록 하고 흔들어 보일 때 소리가 잘 나게 하기 위함임. 평소 가지고 다니는 것이라면 더 좋음. 그래야 학생들이 맞힐 수 있기 때문임. ④ 사탕: 선물용이면서 귀납 추리와 귀납 추리의 오류를 학습하는 용도임. 물론 사탕뿐만 아니라 다양한 선물을 준비하면 좋음. 그 자체가 활용 가치를 가짐.
게임 규칙 설명	⑤ 먼저 추측한 다음에, 반드시 이유를 대게 하는 과정이 필요함. 맞추게 되면 선물로 사탕을 줌.
물건 맞추기	⑥ 지각 추론, 귀납 추론 오류, 연역 추론 연습이 이루어질 수 있도록 함.
소감 나누기	⑦ 소감을 나누어 보도록 함.

▶▶▶ 지각 추론 연습

"이 상자 안에 무엇이 들어 있는지 맞혀 볼 사람?"

"자석이 들어 있을 것입니다."

"왜 그렇게 생각해요?"

"선생님은 질문 만들기 수업을 할 때 그 상자 안에서 꺼낸 여러 모양의 자석으로 질문을 분류하십니다. 오늘도 질문 만들기 수업을 하기 때문에 분명히 그 안에 자석이 들어 있을 것입니다."

▶▶▶ 귀납 추리의 오류 연습

"또 이 상자 안에 무엇이 들어 있는지 맞혀 볼 사람?"

"사탕이 들어 있을 것입니다."

"왜 그렇게 생각해요?"

"벌써 세 번째 사탕을 그 상자 안에서 꺼내서 선물로 주셨습니다. 아직도 게임은 계속될 것이기 때문에 사탕이 더 있을 것입니다."

"안타깝지만 사탕이 없습니다."

▶▶▶ 연역 추리 연습

"앞에서 어떤 친구는 맞히고 어떤 친구는 못 맞혔습니다. 절대로 틀릴 수 없는 추론을 해 볼 사람?"

"그 상자 안에는 공기가 들었습니다."

"왜 그렇게 생각해요?"

"진공이 아닌 공간에는 공기가 있는데, 그 상자 안은 진공이 아닌 공간입니다. 따라서 공기가 들어 있을 수밖에 없습니다."

▶▶▶ 연역 추리의 오류 연습

"또 항상 옳은 추론을 해 볼 사람?"

"파란색 보드 마커가 있을 것입니다."

"왜 그렇게 생각해요?"

"왜냐하면 검정색 보드 마커가 있으면 파란색 보드 마커가 있기 때문입니다."

수업 되돌아보기

효과 및 배운 점	아쉬웠던 점
• 굉장히 흥미 있어 함. 너무 시끄럽기 때문에 공동체 규칙을 철저하게 적용해야 함. • 재미있는 놀이 중에도 고개를 끄덕이는 학생들이 많이 나옴. 처음에는 쉽게 말을 하지만 갈수록 생각을 하는 학생들이 늘어남. • 추리를 이론적으로 가르치지 않아도 재미있게 학습할 길이 있다는 것을 알게 됨. • 논리가 교과서에만 존재하거나 문제를 풀 때만 필요한 것이 아니라 일상생활에서도 쓰이고, 논리적인 사고를 할수록 이점이 많다는 것을 알게 됨.	• 처음에 너무 많은 학생들이 하려고 하다 보니 무질서해지는 경향이 있음. • 타당한 근거를 대기보다 사탕을 먹기 위해 그냥 아무 말이나 던지는 경향이 있음. • 귀납 추리의 사례보다 연역 추리의 사례가 더 많이 나올 수 없는 게임 구조라 아쉬움이 있음. • 연역 추리의 오류를 학습하기 어렵다는 문제점이 있음.

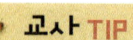 교사 TIP

❶ 서로 먼저 하려고 하면서 소란스러워질 때에는 추론을 글로 써 보게 하면 분위기가 차분해집니다. 말하기에 앞서 주장과 이유를 쓰면서 생각하기를 하게 되기 때문입니다.
❷ 사탕 활용법에 대해서 생각해 보아야 합니다. 이 게임에서 사탕이 보상이기도 하지만 귀납 추리의 중요한 도구로 활용됩니다. 그래서 적절하게 활용하되 보상으로만 쓰이지 않도록 해야 합니다.
❸ 다양한 추론 학습으로 응용이 가능합니다. 귀납 추론의 특징, 귀납 추론을 강하게 하는 법, 전제 찾기, 삼단 논법 만들기, 오류 찾기, 연역법의 타당성과 건전성 학습하기 등으로 나아갈 수 있습니다.
❹ 시험 문제로 활용하는 것도 좋습니다. 학생들이 말했던 것을 기록해 두었다가 시험 문제로 만들면 학생들이 친근하게 받아들일 것입니다.
❺ 이 게임을 몇 차례 하고 나면 학생들이 상자의 내용물에 관심을 가지게 됩니다. 내용물을 바꾸어 가며 호기심을 붙잡는 것도 좋겠습니다.

| 지식 정보 처리 역량 |

04 저절로 되는 고차적 사고력 훈련 3 – Give and Get 게임

이건 고민을 했어요

고등학교 3학년 담임을 맡게 되면 학생들과 진로 상담을 많이 합니다. 그런데 원서를 쓰기 전까지도 진로를 정하지 못하는 학생들을 보면서 안타까운 마음을 갖게 됩니다. 일찍부터 진로를 정하고 노력할 것을 강조하는 우리나라의 현실에서 보면 뼈아픈 일입니다.

학생들은 "너는 꿈이 뭐니?"라는 질문을 받으면 난감해 하고 죄스러워 합니다. 그럴 때 저는 너무 조급하게 생각하지 말라고 합니다. 오히려 너무 어려서부터 그런 것을 강요받다 보니 충분히 생각하고 경험할 시간이 없어진 측면이 있다는 말을 덧붙입니다.

우리 학생들이 자신의 진로를 결정하지 못한 이유 중의 하나는 너무 거창한 꿈, 대단한 노력을 요구하기 때문이기도 합니다. 그러다 보니 자신에 대해 부정적인 생각을 갖게 되고 점점 자신의 꿈은 쪼그라들게 되는 것입니다. 사소한 것이지만 노력해서 이룬 것들을 찾고 의미를 부여하다 보면 자신감이 생기지 않을까 싶습니다.

그런데 한 가지 의문이 드는 것이 있습니다. 과연 우리 학생들이 진로를 선택하지 못하는 이유가 자신을 모르고, 경험이 없고, 미래 사회를 모르기 때문일까요? 이를 부정하는 것은 아니지만 한 가지 빠진 것이 있습니다. 바로 진로 선택에 필요한 사고력이 없기 때문입니다. 진로 선택의 과정은 수단 – 목적의 관계입니다. 목표를 정하고 그에 적절한 수단(노력)을 통해서 이루어 가는 과정입니다. 그런데 지금까지 우리의 진로 교육은 목표 정하기에 초점이 맞추어져 있었습니다. 그리고 '변호사'를 목적으로 정했을 때, 그것을 달성하기 위한 수단에 '열심히 공부해야 한다.'처럼 너무 막연하고 단순하게 접근하여 포기하게 되는 우를 범하게 했습니다.

진로 선택에 필요한 적절한 수단 – 목적적 사고를 통해 재미있게 공부할 수 있으면 좋겠습니다. 그리고 그 과정에서 목적을 정하는 것, 수단을 선택하는 것, 실천 의지를 다지는 것과 같은 고차적 사고력을 기르는 훈련도 할 수 있으면 좋겠다는 생각이 듭니다.

🌱 수업 디자인 과정

재미나는 놀이 속에 진로 탐색 과정에 필요한 고차적 사고를 담았습니다. 부담스런 자신의 꿈, 적성, 노력 등을 이야기하기보다 그냥 놀이하면서 자연스럽게 그런 능력을 키우게 하기 위함입니다. 이 아이디어는 2003년 미국 IAPC 여름 세미나에서 배운 것에서 가지고 왔습니다. 그때 어떤 학생이 수업을 시작하면서 공동체 놀이로 'Give and Get'이라는 게임을 했는데, 그것을 바탕으로 저의 생각을 더해서 완성했습니다.

시각적이고 구체적인 활동을 할 수 있도록 구성했습니다. 'give(노력한 것)'과 'get(이룬 것)'을 열정을 뜻하는 빨간색 카드와 꿈을 상징하는 파란색 카드로 이미지화했습니다. 그리고 카드를 섞고 바꾸면서 생각하게 하는 활동이 되게 했습니다.

자신의 진로나 선택, 노력에 대한 자신감을 심어 주도록 했습니다. 사소한 것이라도 노력하고 이룬 것을 찾아보게 함으로써, 그런 것이 쌓이고 습관화되면 먼 목표, 더 큰 목표를 이룰 수 있다는 생각을 하게 할 수도 있을 것입니다. 그래서 자신의 삶, 친구들의 삶 속에서 일어난 일, 실천한 일을 소재로 활용했습니다.

이 활동 과정에서 배우게 되는 고차적 사고는 비판적 사고와 창의적 사고입니다. 왜냐하면 그 두 가지가 진로 선택과 관계된 고차적 사고력으로 가장 중요한 것이라고 생각했기 때문입니다. 비판적 사고는 정확성을 요구하는 것이고 창의적 사고는 문제를 해결하는 사고입니다. 'give(수단)'과 'get(목적)'의 관계가 되는 것을 찾는 것은 창의적 사고이고, 그것의 적절성을 평가하는 것은 비판적 사고입니다. 그리고 쉬운 것에서 어려운 것으로 점점 수준을 높여 가는데, 이것은 이런 문제 해결의 과정을 통해 수단 – 목적적 사고를 더 심화시키는 과정입니다.

수업 엿보기

수업 절차	내용
자리 배치	① 'ㄷ' 자 형태로 자리를 배치하고 4인 1조로 모둠을 구성함.
카드 작성	② 색깔이 다른 종이 두 장을 나누어 줌. 한 종이(붉은색)에는 내가 노력한 것을 적고, 다른 한 종이(파란색)에는 그것을 통해 얻은 것을 적게 함.
카드 나누어주기	③ 모두 거두어서 색깔별로 섞음. ④ 일인당 파란색 종이 1장, 빨간색 종이 1장씩을 나누어 줌.
발표하기	⑤ 발표는 모둠 활동이 아니라 전체 나누기 활동임. 모두 볼 수 있도록 발표함. ⑥ 수단 – 목적 관계가 성립하는 사람을 발표시킴. ⑦ 카드는 위쪽에 얻은 것, 아래쪽에 노력한 것을 놓음. ⑧ 말할 때는 노력한 것을 먼저 말하고 그다음에 얻은 것을 말하게 함.
안 되는 사람 발표하기	⑨ 수단 – 목적 관계가 성립하지 않는 사람은 모둠 내에서 카드를 바꾸어서 말이 되게 한 다음, 해당되는 사람에게 발표하게 함. ⑩ ⑨에서 성립하지 않은 사람은 다른 모둠으로 건너가 카드를 찾아 완성한 다음에 발표하도록 함. ⑪ 마지막까지 카드를 찾지 못한 사람은 중간에 다른 말이나 사건을 넣거나 수단과 목적의 순서를 바꾸어서 말이 되도록 함.

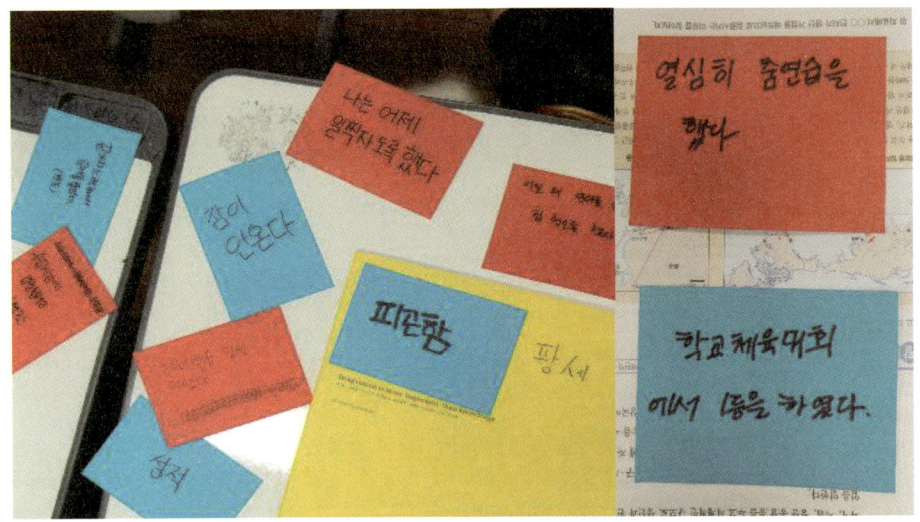

◯ 활동 과정에서 작성한 카드 예시

※ 다음은 원인과 결과를 쉽게 찾기 어려운 경우이다.

| 청소 시간에 열심히 청소했다. | 부모님께서 용돈을 주셨다. |

이런 경우에는 다음과 같이 새로운 말이나 사건을 넣어서 말이 되도록 한다.

청소 시간에 열심히 청소했다. ⇨ 청소하는 것이 익숙해져서 집에서도 청소를 하게 되었다. ⇨ 부모님께서 용돈을 주셨다.

Ⅱ 수업 놀이   53

수업 되돌아보기

효과 및 배운 점	아쉬웠던 점
• 활동이 비교적 단순하기 때문에 쉽게 집중하고, 화려한 색깔의 카드 때문에 좋아함. • 단순한 문장의 카드를 연결하는 것이라 두 카드의 논리적 연관 관계에 쉽게 집중함. • 알맞은 수단 – 목적 카드를 찾지 못해 낙담하다가 문장을 넣어 완성하면서 분위기가 폭발함. • 진로에 대해 고민하기만 할 것이 아니라 평소 이런 수단 – 목적적 사고력을 발휘해서 실천하다 보면 자연스럽게 진로를 결정할 수 있다는 생각을 하게 됨.	• 너무 단순한 내용을 쓴 경우가 있어서 카드를 받은 학생이 맥이 빠지기도 함. • 성적인 것, 남에게 피해를 준 것 등의 부정적인 것을 써서 곤란한 상황이 되기도 함. • 수단 – 목적적 사고를 일상생활에서 적용해야겠다고 깨닫는 학생이 얼마나 될지 의문임. • 단지 놀이로만 생각하여 수단 – 목적적 사고, 삶의 목적과 수단, 노력의 중요성에 대해서 생각하지 못하는 학생도 있음.

 교사 TIP

❶ 화려한 색깔의 카드가 좋습니다.
❷ 너무 단순한 것보다는 진짜 노력해서 이룬 것을 기록하는 것이 좋습니다.
❸ 완전한 문장으로 쓰도록 하는 것이 좋습니다. 왜냐하면 단어만 쓰면 무슨 뜻인지 모르기 때문입니다. 그리고 굵은 글씨로 또박또박 쓰게 해야 합니다. 그래야 알아보기 쉽습니다.
❹ 더 심화할 수도 있습니다. 자신이 가진 목적 카드를 수단으로 해서 이룰 수 있는 카드를 찾아보도록 하는 방법입니다. '수단 – 목적(수단) – 목적(수단) – 목적'의 관계를 깨닫도록 하기 위함입니다. 카드가 맞지 않을 경우, 중간 과정을 넣어 목표에 도달하도록 하면 됩니다. 최종적인 단계에서는 꼭 색깔을 한정하지 않아도 된다고 생각합니다.
❺ 나온 카드는 자신의 노트에 붙이게 하거나 모두 거두어 게시판에 붙이게 하는 것도 좋습니다. 활동한 결과는 기록으로 남기거나 나누는 과정으로 이어지게 하는 것이 좋다고 생각합니다.
❻ 이 놀이는 수업 시작할 때 워밍업 차원의 공동체 놀이로 만든 것이지만, 진로 관련 단원을 할 때 충분한 시간을 주고 소감을 나누어 보게 하거나 느낀 점 쓰기처럼 글을 쓰게 함으로써 내면화하도록 하면 더 좋습니다.

| 지식 정보 처리 역량 |

05 저절로 되는 고차적 사고력 훈련 4 – Secret 게임

이런 고민을 했어요

수업을 하다 보면 계속되는 수업으로 지루해지는 순간이 옵니다. 그래서 변화를 주고 싶어 합니다. 그런데 수업 자체의 변화는 부담스러워 실행하기 어렵습니다. 많은 시간을 들이지 않고도 분위기를 집중시키고 활기를 불어넣을 수 있는 활동은 없을까요?

또 자투리 시간을 의미 있게 보내고 싶다는 생각에 이런저런 방법을 궁리해 봅니다. 이때도 그냥 놀이가 아니라 뭔가 의미 있는 활동이면 좋겠다는 생각을 합니다. 재미가 있으면서도 의미 있는 놀이는 없을까요?

더불어 수업 시간에 과도하게 경쟁적인 분위기로 흐르는 경우도 경험합니다. 남녀 합반인 경우에 학년 초에 적절한 조치가 없다면 1년 내내 어색함이 이어지고 서로 어울리지 못하는 경우도 경험합니다. 어색함을 떨쳐 버리고 친하게 지내게 할 계기를 만들어 줄 수는 없을까요?

한편으로, 학생들은 작은 그룹을 지어 놓고 그 안에서 사귀는 경우가 많습니다. 학급 내의 다른 친구들과도 자연스럽게 말하고 친해질 수는 없을까요? 다른 친구들에게도 쉽게 말을 걸고 다가갈 수 있도록 할 방법은 없을까요?

새로운 친구와 사귀거나 친해지기 위해서는 친구에게 일어난 일에 관심을 갖고 구체적인 사례나 근거를 가지고 표현해 주어야 합니다. 지금 우리 학생들은 이런 것을 잘 하지 못합니다. 피상적인 대화가 주류를 이루고 있습니다. 친구와 관계된 일에 대해서 말하지만 친구가 기분 상하지 않도록 하면 서로 재미있게 말할 수 있는 방법은 없을까요?

🌱 수업 디자인 과정

'Secret(비밀) 게임'은 '비밀'이라는 콘셉트로 호기심을 끌어내어 흥미와 재미, 친구에 대한 관심과 이해, 열정을 만들고 협력하는 분위기를 만들어 줍니다. 그리고 누구의 비밀인지 쉽사리 맞출 수 없기에 그간 친구에 대해 관심이 없었다는 것을 깨닫고 반성하게 하는 기회도 줍니다. 이 공동체 놀이를 적용할 때 몇 가지 중요한 관점이 있습니다.

재미와 흥미를 유지해야 합니다. 비밀을 쓰게 할 때, '공개해도 되는 비밀'이 지닌 의미와 중요성을 잘 설명해 주어야 합니다. 다른 사람의 공개하면 안 되는 비밀이나 중요한 프라이버시 등을 쓰면 안 된다는 이야기를 해 주어야 합니다. 그러나 이 부분을 너무 강조하다 보면 남학생이 '나는 남자다.', '나는 아침을 먹었다.'처럼 쓰나마나 한 비밀을 쓰게 됩니다. 비밀은 아니지만 다른 친구들이 잘 모를 것 같은 것, 나아가 친구들이 알면 재미있을 법한 비밀을 쓰도록 해야 합니다. 이런 취지에 맞는 비밀일수록 더 재미있고 서로에 대한 관심과 이해가 높아집니다.

공동체 놀이여야 합니다. 이 놀이가 탐구 공동체를 만드는 수단이어야 한다는 뜻입니다. 단순히 흥미나 재미를 추구하는 놀이가 아니라는 뜻입니다.

사고 기술을 활용할 수 있도록 해야 합니다. 이 놀이에 사용되는 사고 기술(thinking skill)은 많습니다. 배려적 사고(caring thinking)와 관련된 관심 갖기, 가치 부여하기 등이 있습니다. 창의적 사고(creative thinking)와도 관련됩니다. 누구의 비밀인지 상상하는 과정은 창의적 사고의 시작이기 때문입니다. 비판적 사고(critical thinking)도 관련됩니다. 주장(추측)과 그것의 근거가 타당성을 지녀야 맞출 수 있기 때문입니다. 물론 이런 세 차원의 사고는 놀이 과정에서 다차원적으로 등장합니다. 따라서 진행할 때 이런 사고 기술이 잘 작동되도록 고려하여 단계를 만들어 주거나 기회를 주어야 합니다.

수업 엿보기

수업 절차	내용
자리 배치	① 자리는 친구들의 얼굴을 마주 볼 수 있도록 'ㄷ'형으로 앉는 것이 좋음.
비밀 카드 쓰기	② 같은 색깔의 카드를 나누어 줌. ③ 공개해도 되는 비밀을 무기명으로 종이에 한 가지씩 씀. 공개해도 되는 비밀이라는 말 자체는 모순임. 하지만 이 게임에서는 매우 중요. 공개적으로 말하면 곤란한 비밀은 쓰면 안 된다는 조건과 비밀에 범접할 정도로 재미있는 내용이라는 조건을 함축하는 의미임.
비밀 카드 걷기	④ 두 번 접어서 상자에 집어넣음. ⑤ 희망을 받거나 노래를 부르는 등 적당한 방법으로 선택권을 줌.
비밀 카드 맞추기	⑥ 비밀을 뽑은 학생은 내용을 읽음. ⑦ 누구의 비밀인지 추측하여 말함. 이때 이름이 불린 학생은 포커페이스를 유지하는 것이 좋음. 그래야 이유를 말할 때까지 신비감이 유지되고 이유의 타당성을 생각해 보게 됨.

	⑧ 그렇게 추측한 이유를 말함. ⑨ 해당되는 학생이 진실을 말함. ⑩ 만약 틀렸을 경우 진짜 비밀의 주인공은 말하지 않음. ⑪ 맞출 경우와 틀렸을 경우를 비교하면서 올바른 추론 기술에 대해 생각해 보게 함. ⑫ 못 맞춘 카드는 다시 집어넣음. 이때 기존 카드와 섞이지 않도록 함. 한번 나온 것을 다시 하면 흥미가 떨어짐. 자신의 비밀이 나오면 다시 넣고 다른 카드를 뽑게 함.
소감 나누기	⑬ 몇 사람이 교대로 한 다음 소감을 물어 봄. ⑭ 몇 시간에 걸쳐 해 본 다음, 비밀을 공개하게 함. 전체적으로 불러 주고 맞추어 보게 함.

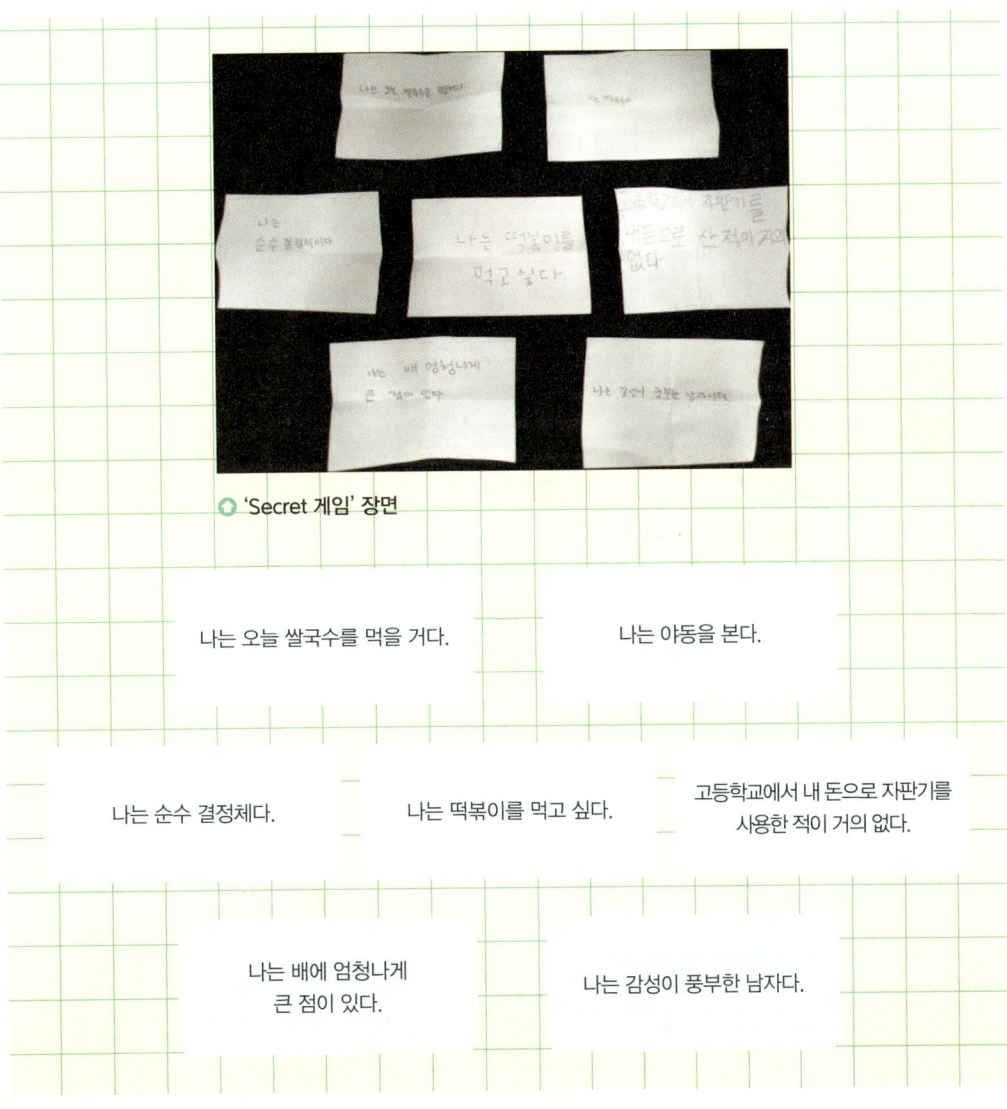

○ 'Secret 게임' 장면

나는 오늘 쌀국수를 먹을 거다.　　　나는 야동을 본다.

나는 순수 결정체다.　　나는 떡볶이를 먹고 싶다.　　고등학교에서 내 돈으로 자판기를 사용한 적이 거의 없다.

나는 배에 엄청나게 큰 점이 있다.　　나는 감성이 풍부한 남자다.

수업 되돌아보기

효과 및 배운 점	아쉬웠던 점
• 학생들의 관심을 불러일으키는 데 아주 좋은 놀이임. • 의외로 진짜 비밀을 공개하는 경우도 많음. 학생들은 기회가 되면 자신의 깊은 이야기를 쉽게 한다는 것을 알 수 있음. • 학생들을 이해하는 좋은 기회가 됨. 평소 학급이나 수업 중에 볼 수 없었던 면을 볼 수 있음. 성격, 특별한 경험, 관찰력, 대인 관계 등을 이해할 수 있음. • 놀이 중에 자연스럽게 고차적 사고력 훈련이 됨.	• 너무 단순한 비밀을 쓰는 학생들이 다수 있음. • 신체에 관련되거나 성적인 비밀을 써서 곤란해지는 경우가 있음. • 다른 사람의 비밀, 단점, 약점을 써서 곤란해지는 경우가 있음. • 교실 분위기 지나치게 활기찬 나머지 본 수업으로 넘어가는 데 어려움을 겪을 수 있음.

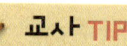 교사 TIP

❶ 필체를 알 수 없도록 쓸 필요도 있습니다. 많은 아이들이 글씨를 보고 누구의 비밀인지 맞히기 때문입니다. 그렇게 되면 다른 학생들도 그런 방식으로 접근하게 되어 재미가 없어집니다.

❷ 소외된 학생들에게 참여의 기회가 되고 시선을 받을 기회가 되도록 활용할 수 있습니다.

❸ 누구의 비밀인지 잘 못 맞히는 상황이 이어지면 흑기사(비밀을 뽑지 않은 다른 사람)가 맞히게 해서 비밀을 맞히는 경험을 하는 것이 좋습니다. 그러나 바로바로 비밀을 공개하는 것은 좋지 않습니다. 비밀이라는 신비감을 지속시키는 것이 좋기 때문입니다.

❹ 한꺼번에 다 하지 말고 한 시간에 5개 정도의 비밀을 맞추도록 해서 5시간 정도 하는 것이 좋습니다. 그렇게 하면 수업 전 워밍업 활동으로 쏠쏠한 효과를 볼 수 있습니다. 물론 특별한 경우에는 한 시간 동안 해도 괜찮습니다.

❺ 누구의 비밀인지 추측하게 한 후, 그렇게 추측한 근거를 대게 해야 합니다. 근거를 댄 다음에 추측이 맞는지 아닌지 확인해야 합니다. 이렇게 해야 '주장에 대한 타당한 근거 대기'라는 비판적 사고 훈련이 제대로 되는 것입니다.

❻ 글쓰기와 병행할 수도 있습니다. 글쓰기를 목적으로 한다면 추론 과정을 문장으로 써 보게 하면 됩니다.(예) 두 문장 쓰기, "○○의 비밀이다. 왜냐하면 전에 ~하는 것을 보았기 때문이다.") 또한, 한 시간 동안 '비밀'을 주제로 한 글쓰기를 하게 하는 것도 좋습니다.

❼ 사탕 주기 등 인센티브를 사용할 수도 있습니다. 가급적 이런 물질적 보상은 하지 않는 것이 좋지만 관심을 증폭시킬 필요가 있을 때는 한번쯤 사용해 보는 것도 좋다고 봅니다. 그리고 맞힌 사람에게만 사탕을 주는 것이 아니라 비밀의 주인공에게도 주어서 맞힌 사람이 보람을 느끼도록 하면 의외의 효과를 볼 수도 있습니다.

창의적 사고 역량

06 사진 뜨개질을 활용한 통일 수업

이런 고민을 했어요

학생들에게 "통일이 필요할까?"라고 물어보면, 많은 학생들이 "잘 모르겠어요." 또는 "통일은 싫어요."라고 대답을 합니다. 학생들은 통일 문제에 무관심하거나 잘 알지 못하지만 막연하게 부정적인 생각을 하는 경우가 많습니다. 학생들이 통일 문제에 대해 긍정이든 부정이든 자신의 생각을 구체화하려면, 스스로 알고 싶어 하는 마음을 가지고 수업에 참여하는 것이 중요합니다. 그래서 이 수업은 통일의 필요성을 교사가 소개하기보다는 학생들이 각자 생각해서 친구들과 이야기해 보도록 구성했습니다.

학생들은 통일 문제를 지루하고 어렵게 느끼는 경우가 많습니다. 이때 사진이 주어지면 수업에 흥미를 갖게 됩니다. 또 다양한 관점으로 생각하면서 상상력과 창의력을 발휘할 수도 있습니다. 각자가 생각하는 통일의 필요성에 대해 모둠 구성원들과 이야기를 이어 가다 보면 생각을 나누고 더하는 좋은 기회가 될 수 있습니다.

🌱 수업 디자인 과정

'사진 뜨개질'이란 여러 사진 중에 주제에 적합한 사진을 4~5장 골라 그것을 차례로 이어 가며 주제에 맞는 이야기를 만들어 가는 것입니다. 이것은 '포토 스탠딩' 기법과 비슷합니다. 포토 스탠딩이 한 장의 사진을 골라 주제에 맞는 이야기를 만드는 것이라면 사진 뜨개질은 여러 장의 사진을 이어 가며 이야기를 만드는 것입니다.

통일의 필요성에 관해 생각해 보도록 동기를 부여할 수 있는 동영상을 시청한 뒤, 각자가 생각하는 통일의 필요성을 글로 쓰고 모둠 친구들과 돌아가며 이야기를 시작합니다. 모둠별로 전체 사진 중에서 4~5장의 사진을 선택한 뒤 통일의 필요성을 나타내는 이야기를 사진을 이어 가면서 만들어 갑니다. 이를 통해 교사는 통일 수업을 좀 더 재미있게 진행할 수 있고, 학생들은 수업 주제에 대해 깊이 생각하고 오래 기억할 수 있습니다.

이때 아이들에게 줄 사진을 선택하는 것이 고민이 되는 부분입니다. 학생들의 상상력은

무한하기 때문에 어떤 사진을 주어도 이야기를 만들 수는 있지만 통일을 표현할 수 있는 이미지가 어느 정도는 필요하다고 생각이 됩니다. 그래서 저는 기차, 전쟁, 무기, 올림픽, 가족 등 교과서에 수록된 통일과 관련된 사진 절반과 그 외의 사진(연예인, 동물, 사물, 자연 등)들로 구성했습니다. 요즘은 수업 시간에 쓸 수 있는 사진 카드를 쉽게 구입할 수 있으니 그것을 활용하면 쉽게 수업을 준비할 수 있습니다.

교사는 준비해 온 사진을 칠판에 게시하여 모두가 볼 수 있게 해야 하는데 사진 뒷면에 자석 테이프를 붙이면 편리하게 게시할 수 있습니다. 사진은 넉넉하게 준비하여 모두가 골라 가고 난 뒤에도 남을 수 있게 해야 다툼이 발생하지 않습니다.

그리고 사진 뜨개질이 무엇인지 학생들에게 안내합니다. 학생들이 이야기를 만들다 보면 대부분 주제에 대한 설명이나 주장을 하는 이야기를 만들게 되는데 소설이나 시 등 이야기의 갈래가 다양해질 수 있도록 안내합니다. 또 주어진 사진 여러 장으로 하나의 문장을 만드는 것이 아니라, 사진 한 장당 2~3문장을 만들어 이야기를 구성할 수 있도록 안내합니다. 예를 들어 호랑이, 자동차, 산 사진으로 이야기를 만들 때 '통일이 되면 백두산 호랑이를 볼 수 있고, 자동차를 타고 유럽으로 여행을 갈 수 있습니다.'라고 하나의 문장으로 완성하기보다는 이야기가 될 수 있도록 해야 합니다.

사진 뜨개질 수업은 통일뿐만 아니라 다른 단원에서도 활용 가능합니다. 예를 들어 행복 단원에서는 행복해지는 방법이나 행복해지기 위해 필요한 것 등을 주제로 이야기 만들기를 할 수 있습니다.

수업 엿보기

수업 절차	내용
관련 동영상 시청하기	① 동영상(EBS 지식 채널 e - '아주 오래된 소원')을 시청한 후 소감을 나누게 함. ② 수업 주제에 대해 생각하도록 함.
통일의 필요성에 대한 이야기 나누기	③ 개인의 생각을 정리하고 모둠 내 발표를 통해 모둠원의 생각을 들어 봄.
사진 나누기	④ 모둠 구성원 중 한 사람이 칠판에 게시된 사진을 보고 우리 모둠에 필요한 사진(4~5장)을 가져오게 함.
사진 뜨개질하기	⑤ 사진을 적절한 순서로 배치하고 사진에 맞는 이야기를 이어 나가면서 통일의 필요성에 대해 설명함.
모둠별로 이야기 발표하기	⑥ 모둠 구성원이 모두 교실 앞으로 나와 이야기의 흐름에 맞게 순서대로 사진을 들고 이야기를 발표함.
정리 및 소감 나누기	⑦ 자신의 생각이 변화된 부분이 있거나, 다른 모둠의 발표에서 인상적인 부분이 있다면 노트에 정리함.

○ 사진 뜨개질을 한 후 발표하는 모습

| 활동 결과 예시 |

　울산에 사는 아기 호랑이는 할머니에게 고향인 백두산에 대한 이야기를 듣고 자랐습니다. 할머니는 죽기 전에 꼭 고향에 가서 할아버지를 만나고 싶다고 하였습니다. 하지만 호랑이 할머니는 소원을 이루지 못하고 돌아가셨습니다. 아기 호랑이는 할머니 소원을 이루어 주고 싶었습니다. 그러던 중 백두산까지 차를 타고 여행할 수 있게 되었다는 뉴스를 들었습니다. 남북 정상 회담이 이루어졌기 때문입니다. 아기 호랑이는 빨간 차를 타고 백두산으로 갔습니다. 백두산은 들은 것만큼 멋진 곳이었습니다. 할아버지를 만나기 위해 노력했지만 할아버지 소식은 듣지 못했습니다. 아기 호랑이 이야기는 우리의 이야기입니다. 통일이 되면 이산가족의 아픔도 해결할 수 있고 북한, 그리고 그 넘어 까지 육로를 이용해 여행할 수도 있습니다. 통일을 이루기 위해 모두가 손에 손을 잡고 힘을 모아야겠습니다.

수업 되돌아보기

효과 및 배운 점	아쉬웠던 점
• 학생들이 통일에 대해 관심을 가지게 됨. • 중단원 2개 분량의 내용을 비교적 짧은 시간에 공부할 수 있음. • 막연했던 통일 문제를 이야기로 구성하면서 자신의 문제로 인식할 수 있게 됨.	• 앞에서 필요한 이미지를 가져가고 나면 뒤에 선택하는 모둠은 원하는 사진을 가져갈 수 없어 불만이 생김. • 장난스럽게 활동을 하여 소란스러움. • 억지스러운 이야기가 나올 수 있음.

교사 TIP

❶ 학생들이 사진에 다양한 의미를 부여하도록 하려면 교사의 도움이 필요합니다. 예를 들어 사진의 중심에 있는 사물이나 인물을 이야기에 활용할 수도 있지만 사진의 배경을 이야기에 사용할 수도 있음을 알려줍니다.

❷ 중간에 사진 바꾸기 기회(찬스)를 주면 학생들이 더 적극적으로 활동할 수 있습니다.

공동체 역량

07 새우 잡기 게임을 활용한 환경 수업

이런 고민을 했어요

중학교 환경 단원은 다음과 같이 구성되어 있습니다. 우선 자연환경을 바라보는 관점에 대해 설명하고 현재 환경 오염의 실태를 파악한 뒤 환경 보호를 위해 실천하는 삶의 자세를 다룹니다. 또 자연환경을 바라보는 관점인 인간 중심주의와 생태 중심주의의 단점을 보완하고 장점을 살려 절충할 수 있는 방안으로 지속 가능한 발전을 제시하고 있습니다. 그래서 저는 학생들이 지속 가능한 발전의 개념을 알고, 그 실천 방안에 대해 논의할 수 있도록 수업을 구성해 보았습니다.

또한 개인이 실천할 수 있는 구체적인 삶의 방법뿐만 아니라 삶의 태도도 함께 고민하는 것이 필요하다고 생각했습니다. 환경 보호를 위한 실천 방안은 초등학교 때부터 꾸준히 배워 왔습니다. 하지만 그것을 왜 실천해야 하는지 알고, 삶의 태도를 변화시킬 수 있는 수업을 할 때 환경 수업의 효과는 커질 것입니다.

지속 가능한 발전은 미래 세대가 그들의 필요를 충족할 수 있는 능력을 저해하지 않으면서, 현재 세대의 필요를 충족하는 발전을 말합니다. 추상적인 개념을 게임을 통해 실제로 느낄 수 있게 수업한다면 학생들이 구체적으로 이해할 수 있을 것입니다.

이 수업은 2013년 겨울 '전교조 참교육 실천 대회'에서 배운 것을 응용해서 구성한 것입니다.

수업 디자인 과정

수업을 시작하며 일본 노무라 해파리 이야기•를 들려줍니다. 일본의 서부 해안을 침공한 해파리는 노무라 해파리라고 불리는 종으로 다 자라면 직경이 1미터, 무게가 200킬로그램이 넘습니다. 이 해파리들은 중국 해안에서 해류를 타고 한국의 남해를 거쳐 일본으로 옵니다. 중국의 급속한 경제 개발로 인해 다량의 부유물이 쏟아져 나와 해안으로 유입되어 해안 지역은 영양 과다가 되었고, 여기에 지구 온난화로 상승한 수온이 해파리의 성장을 촉진했습니다. 해양 생태계가 건강하다면 해파리 떼가 이동하는 동안 천적인 쥐치 등에게 잡아먹혀서 개체 수가 줄었겠지만, 물고기의 남획이 거대 해파리를 탄생시켰습니다. 물고기를 잡지 않고는 살 수 없지만 생태계를 고려하지 않고 무분별하

• 김찬중 「적정 기술, 현대 문명에 길을 묻다」(허원미디어, 2013)

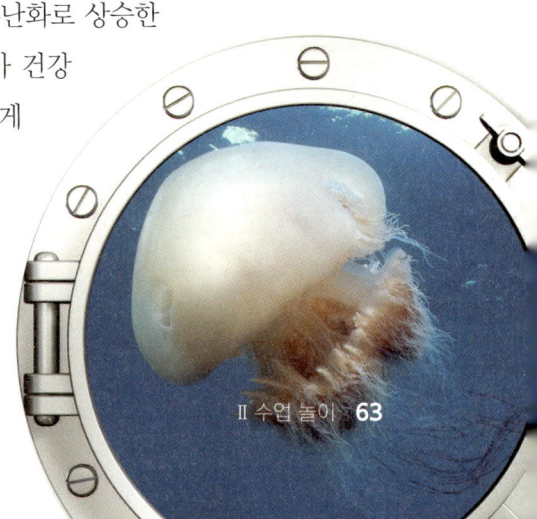

게 잡는다면 생태계는 균형을 잃습니다. 해파리의 사례뿐만 아니라 온실가스 배출, 플라스틱 섬 발생 등 환경 문제의 제일 큰 원인은 인간의 이기심입니다.

저는 새우 잡기 게임 수업을 통해 각자의 이기심을 줄이고 서로 대화하고 협력하여 지구 전체를 생각하는 삶의 자세를 가지게 하고 싶었습니다. 새우 잡기 게임은 모둠 구성원들이 나누어 준 새우 과자를 가져가는 과정에서 자원의 합리적 소비를 통한 지속 가능한 개발의 필요성을 깨닫게 하는 게임입니다.

먼저 4인 1조로 모둠을 구성합니다. 가위바위보를 통해 모둠에서 새우를 잡을 순서를 정하고 기록지에 순서대로 이름을 씁니다. 각 모둠에 새우 과자를 20개씩 나누어 주고 순서대로 새우 과자를 가져갑니다. 매회 자기 차례에 새우를 가져갈 때마다 새우를 가져갈지 말지, 가져간다면 몇 마리나 가져갈 것인지 자유롭게 결정할 수 있습니다. 새우를 가져가는 것은 자원을 소비하는 것을 의미합니다.

모든 모둠 구성원이 한 번씩 새우 과자를 가져가면, 남은 새우 과자의 개수만큼 새우 과자를 보충해 줍니다. 이는 자연이 스스로 회복하는 것을 의미합니다.

1회의 새우 잡기가 끝나면 각자 가져간 새우 과자의 수를 모둠별 기록지에 씁니다. 바다에 남은 새우 수만큼 다시 교사가 채워 주지만 20마리 이상은 넣어 주지 않습니다. 예를 들어 9마리가 남았다면 9마리를 다시 채워 주지만, 13마리가 남았다면 13마리가 아니라 7마리를 채워 줍니다. 왜냐하면 실제 자연(자원)은 유한하기 때문입니다.

남은 수	0	1	2	3	4	5	6	7	8	9	10	11	12	13	14	15	16	17	18	19	20
채워 준 수	0	1	2	3	4	5	6	7	8	9	10	9	8	7	6	5	4	3	2	1	0

이 과정을 4회 반복합니다. 처음 2회는 모둠 구성원끼리 대화를 할 수 없으며, 3회부터는 논의가 가능합니다.

수업에서 가장 중요한 것은 학생들이 규칙을 스스로 이해하는 것입니다. 교사는 학생들에게 게임의 규칙을 설명하며 이해되지 않은 학생에게 질문을 받아 보고, 다시 설명해 줍니다. 친구의 도움으로 규칙을 이해하면 새우를 잡는 방법에 대해 논의를 하게 됩니다. 이 게임의 목적 중 하나는 새우를 잡는 4회의 기회 중 2회는 대화 없이 진행하고, 나머지 2회는 대화를 하면서 새우를 잡음으로써 대화의 필요성을 학생들이 알게 하는 것입니다. 개인이 각자의 이익만 추구하는 것이 아니라 대화를 통해 전체를 생각하고 조율해야 하기 때문입니다. 그러므로 교사의 설명을 바탕으로 스스로 게임 규칙을 이해하도록 지도해야 합니다.

게임이 끝나면 각 모둠의 기록지를 칠판에 붙입니다. 모둠별 기록지를 보면 어떤 모둠이 가장 현명한 새우 잡기를 했는지 알 수 있습니다. 새우 과자를 먹으며 학습지를 작성합니다. 학습지 작성이 끝나면 돌아가며 각 물음에 대한 자신의 생각을 말하고 친구들의 생각을 들어 봅니다.

수업 엿보기

수업 절차	내용
동기 부여	① 일본 노무라 해파리 이야기를 들려줌.
모둠 구성	② 4인 1모둠을 구성함.
게임 규칙 설명하기	③ 규칙을 설명하고 이해되지 않는 부분은 질문하게 하여 개별적으로 설명해 줌.
게임 진행	④ 전체 모둠이 게임을 동시에 진행하도록 교사가 지도함. ⑤ 남은 개수만큼 새우 과자를 채워 줌.
모둠별 결과 공유	⑥ 게임 진행 후 모둠별 기록지를 칠판에 붙이게 함. ⑦ 어느 모둠이 가장 현명하게 새우를 잡았는지 확인함.
학습지 작성 및 생각 나누기	⑧ 학습지를 작성한 후 발표하게 함.

수업 되돌아보기

효과 및 배운 점	아쉬웠던 점
• 게임 결과 남은 새우 과자의 수를 보면서 지속 가능한 발전의 필요성을 구체적으로 이해할 수 있음. • 지속 가능한 발전을 실질적으로 실천할 방안을 고민할 수 있음. • 게임을 즐기면서 인간의 양심, 욕망, 협동심 등에 대해 다양하게 생각해 볼 수 있음.	• 게임에만 몰두하고 학습지 작성이나 의견 제시에 소홀한 경우가 있음. • 지나치게 소란스러워지거나 게임 활동을 하면서 과도하게 흥분하는 경우가 있음.

교사 TIP

❶ 게임의 목적을 이해하는 것이 주가 되어야 하므로 게임 자체가 주인공이 되지 않도록 하며 시간 조절을 잘 해야 합니다.
❷ 기록지는 B4 용지로 별도로 출력하여 컴퓨터용 사인펜으로 작성하면 게임 결과를 반 전체가 쉽게 공유할 수 있습니다.
❸ 모둠 구성은 학급의 인원수에 따라 적절히 조정할 수 있습니다.
❹ 새우 과자를 처음부터 나누어 주고 수업할 수도 있지만 위생 문제나, 학생들의 흥분 정도를 고려하여 게임 활동에는 종이로 된 새우 그림을 사용하고 새우 잡기가 다 끝난 후 잡은 수만큼 새우 과자를 나누어 줄 수도 있습니다.
❺ 학생들의 답변이 환경이나 지속 가능한 발전이라는 주제에 한정되지 않고 다양하게 나올 수 있습니다. 학습지를 작성할 때 학생들에게 이런 점을 알려줍니다.

새우 잡기 게임 활동지

- **오늘 수업의 목표:** ㅈㅅㄱㄴㅎㅂㅈ
- **게임의 목표:** 어떻게 하면 우리 모두가 오랫동안 많은 새우를 잡으며 살아갈 수 있을까?
- **게임 규칙**

> 우리 마을은 새우를 잡아 그것을 먹거나 팔아서 살아가는 곳입니다.
> 지금부터 새우 잡이를 해 보겠습니다. 규칙을 잘 들어 주세요.

1. 최초 새우의 개수는 20마리이며, 새우를 다시 채울 때 20마리 이상은 넣어 주지 않습니다.
2. 새우를 잡을 순서를 가위바위보로 결정하고, 게임 기록지에 잡을 순서대로 이름을 씁니다.
3. 1회는 4명이 돌아가면서 새우를 잡고, 1회가 끝나면 남은 새우 수만큼 새우를 더 채워 줍니다.
4. 1회가 끝나고 남은 개수, 더 넣은 개수, 그리고 둘을 더해서 다시 채워진 개수를 적습니다.
5. 새우를 잡을 것인지, 잡는다면 얼마나 잡을 것인지는 각자가 자유롭게 결정할 수 있습니다.
6. 2회까지는 모둠 구성원들이 함께 의논할 수 없지만, 3회부터는 논의할 수 있습니다.
7. 4회가 끝나면 기록지를 모두 기록하여 칠판에 붙입니다.
8. 진행 속도는 선생님이 진행하는 속도에 맞춥니다. '1회 잡기 시작!', '2회 잡기 시작!'이라는 선생님의 목소리에 귀를 기울여 주세요.

- **게임 기록지**

이름(순서)	송해교	송준기	백보검	김태이	남은 수	채워 준 수	소계
1회	4	3	3	4	6	6	12
2회	5	1	4	1	1	1	2
3회	0	0	0	0	2	2	4
4회	1	1	1	1	0		
잡은 물고기 수	10	5	8	6			

수업 활용 자료

★ 질문에 대해 서로 이야기하면서 공부해 보자.

1) 이 게임에서 새우가 의미하는 것은 무엇일까?
   ☞ 자원, 환경, 양심, 돈, 인간의 욕심 등

2) 한 차례 새우를 잡은 후, 남은 새우 수만큼을 다시 넣어 주는 것은 무엇을 뜻하는가?
   ☞ 월급, 아기 새우 탄생, 생태계 유지, 협동에 다른 보상 등

3) 새우를 다시 채워 넣을 때, 20마리(처음 받은 새우 양) 이상은 넣어 주지 않았는데 그것은 무슨 뜻일까?
   ☞ 한정된 자원, 개체 수의 한계, 기준점 등

4) 우리 모둠 친구들이 새우를 잡는 방법에 만족하는 정도를 표시하고 그 이유를 적어 보자.

매우 만족   만족   보통   불만족   매우 불만족

- 이유:
  ☞ 매우 불만족 – 한 친구가 욕심을 내서 다 가져갔기 때문에 / 보통 – 이기적으로 행동하고 싶었으나 친구들의 눈치가 보였기 때문에

5) 다른 모둠 친구들이 새우를 잡은 방법을 보고 어떤 모둠 친구들이 가장 현명했다고 생각하는가? 또 그렇게 생각한 이유는 무엇인가?
   ☞ ○○모둠이 가장 현명했다. 왜냐하면 모두 골고루 나누어 가져갔기 때문이다.

6) 모두가 오랫동안 많은 새우를 잡으며 살아갈 수 있으려면 어떻게 해야 할까?
   ☞ ① 새우의 개체 수를 늘리는 방법을 연구하기(3D프린트를 활용하여 연구)
   ② 새우가 바다 속에 남도록 생각하면서 잡기
   ③ 새우 잡을 때 크기 제한을 두기
   그 외의 방법: 필요한 만큼만 적당히 잡기, 대화하고 협동하기, 못 잡은 친구에게 나누어 주기

7) 이 게임을 하면서 알게 된 점, 느낀 점은 무엇인가?
   ☞ 말 없이 새우 잡을 때 불편했기 때문에 대화를 많이 하는 것이 좋다고 생각했음. / 친구들의 양심을 확인할 수 있었음. / 자원은 한정되어 있으므로 아껴 쓰고 미래를 생각해야 함.

'지속 가능한 발전' 알아보기 활동지

••• 등장 배경

1950년	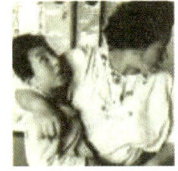	일본 미나마타에서 폐수로 인한 해수 오염으로 재앙이 발생하였다. 오염된 바다에서 잡은 어패류를 먹으면서 걷지 못하는 사람들이 나타나고, 심할 경우 사망하기까지 했으며, 임산부들은 기형아를 출산하였다.
1962년		해양 생물학자인 레이첼 카슨은 『침묵의 봄』이라는 책에서 살충제를 비롯한 화학 물질 남용으로 인해 화학 물질이 먹이 사슬을 통해 퍼지면서 많은 생명체의 생존이 위험해졌음을 알렸다.
1972년		스웨덴 스톡홀름에서 환경에 관한 세계 최초의 유엔(UN) 인간 환경 회의가 열렸다. 이 회의에서 지구를 보호하고 천연자원이 고갈되지 않도록 국제적으로 협력할 것을 결의했다.
1987년		유엔(UN) 세계 환경 개발 위원회는 '지속 가능한 발전'을 '미래 세대의 필요를 만족시키는 능력을 위태롭게 하지 않으면서, 현세대의 필요를 충족시키는 발전 방식'이라고 정의하였다.
1992년		브라질 리우데자네이루에서 열린 유엔(UN) 환경 개발 회의에서 지속 가능한 발전 원칙을 담은 '리우 선언'과 이를 이행하기 위한 21세기 실천 계획 '의제 21'을 채택하였다.
2002년		남아프리카 공화국 요하네스버그에서 '지속 가능한 발전을 위한 세계 정상 회의'를 개최하였다. 이 회의에서 지속 가능한 발전을 환경 보호와 경제 발전, 사회적 평등성이라는 세 차원을 고르게 만족시키는 발전이라고 정의하였다.

••• 내가 생각하는 지속 가능한 발전

지속 가능한 발전이란 _____양심_____ 이다.
왜냐하면 __나의 이기심을 줄이고 미래를 생각하는 것__ 이기 때문이다.

창의적 사고 역량

08 덕목 카드를 활용한 도덕 수업

이런 고민을 했어요

　도덕적 성찰과 도덕적 탐구는 도덕 공부를 하는 대표적인 방법이자 수업 주제로 현 교육 과정에 들어와 있습니다. 그중 도덕적 성찰은 자기 자신의 내면과 현실 세계를 도덕적으로 성찰하기, 올바른 성찰의 준거 이해하기, 도덕적 성찰을 실천하기 위한 방법 실천하기 등으로 교육 과정이 구성되어 있습니다. 그러나 어려운 한자어도 많이 나오고 전통적인 수양법이나 덕목 등이 중심이 되어 학생들이 흥미를 잃는 경우가 많았습니다.

　그래서 학생들이 조금 더 흥미를 느끼며 수업에 참여할 수 있는 방법을 모색해 보았습니다. 또 도덕적 성찰 수업을 통해 자연스럽게 자신이 소중하게 여기는 덕목이나 가치가 무엇인지를 스스로 생각해 보는 시간을 가졌으면 좋겠다고 생각하게 되었습니다. 그러던 중 예전에 직무 연수에서 알게 되었던 덕목 카드가 생각났습니다. 도덕적 성찰의 준거를 찾는 수업을 할 때 덕목 카드를 활용한다면 학생들이 부담 없이 덕목의 내용을 접할 수 있을 것이라는 생각이 들었습니다. 또 자신의 삶을 다양한 가치와 덕목을 기준으로 성찰할 수 있는 기회를 제공하고 싶었습니다.

수업 디자인 과정

　먼저 덕목 카드•에 대한 흥미를 불러일으키기 위해서 덕목 카드에 대해 간단히 소개합니다. 이때 한 친구에게 덕목을 뽑아 보라고 한 후, 뽑은 덕목 카드에 적힌 내용을 큰 소리로 읽어 보게 합니다. 그리고 그 카드가 가장 잘 어울리는 친구에게 카드를 선물로 주면서 이유를 설명하도록 합니다. 예를 들어 '친절'이라는 카드를 뽑았을 경우 우리 반에서 가장 친절한 친구에게 친절 카드를 선물하고 이유를 말해 주도록 합니다. 카드를 받은 친구는 간단히 받은 소감을 이야기합니다. 그리고 학생들과 덕목이 무엇이고 우리 삶에 어떤 영향을 미치는지에 대해 이야기를 나누어 볼 수 있습니다. 이후 상황에 따라 모든 학생들에게 덕목 카드를 한 장씩 뽑도록 한 후 카드 선물하기를 진행해 볼 수 있습니다. 시간이 여의치 않으면 생략해도 무방합니다.

　다음으로는 모둠별 덕목 카드놀이를 진행합니다. 한 모둠은 일반적으로 4명이 되도록 구성합니다. 인원이 맞지 않을 경우에는 5명보다는 3명씩 구성하는 것이 집중하기에 더

• 덕목 카드는 한국버츄프로젝트에서 제공하는 버츄 카드를 활용했습니다. 해당 단체의 웹사이트(http://virtues.or.kr/)에서는 덕목 카드 판매와 함께 카드 활용 안내서, 관련 워크숍 일정 등을 제공하고 있습니다.

좋습니다. 그리고 모둠별로 카드를 한 벌씩 나누어 주고 놀이 규칙을 설명합니다. 카드놀이의 규칙은 '원 카드'라는 카드놀이의 규칙과 유사합니다.

먼저 카드를 인원수에 맞게 나누어 주고 남는 카드는 바닥에 보이지 않게 모아 둡니다. 만약 덕목 카드가 52장이라면 4명으로 구성된 모둠에서 한 사람당 12장씩 무작위로 카드를 나누어 주고, 남은 4장의 카드는 바닥에 엎어 두는 것입니다. 그리고 순서를 정해 돌아가면서 카드를 한 장씩 버립니다. 자신에게 가장 필요 없는 덕목 카드를 먼저 버립니다. 그런데 이때, 자신에게는 필요하지 않지만 친구에게는 필요하다고 생각하는 카드는 친구에게 줄 수 있습니다. 친구가 카드 선물을 받아들이면 카드를 추가로 한 장 더 버릴 수 있고, 친구가 카드 선물을 거부하면 카드 한 장을 추가로 더 가져가야 합니다. 또 친구가 버린 카드 중에서 자신에게 필요하다고 생각되는 카드가 있을 경우 자신이 가진 카드와 교환하여 가져갈 수 있습니다. 이런 방식으로 돌아가며 카드놀이를 하면서 모든 학생들이 자신에게 가장 필요하다고 생각하는 카드 두 장을 남기게 되면 놀이가 종료됩니다.

놀이가 끝난 뒤 학생들은 모둠별로 해당 덕목 카드를 선택한 이유를 돌아가면서 이야기하게 합니다. 그리고 공책에 자신이 뽑은 덕목과 그 설명, 그리고 선택한 이유 등을 간추려 적도록 합니다. 그리고 자신이 뽑은 덕목 카드를 실천할 수 있는 구체적인 실천 방법을 적게 합니다. 일주일 동안 해당 덕목을 실천하고 성찰 일기를 적어 보게 하였습니다.

수업 엿보기

수업 절차	내용
덕목 카드 설명하기	① 한 친구에게 덕목 카드를 뽑아 보라고 한 후 뽑은 덕목 카드에 적힌 내용을 큰 소리로 읽어 보게 함. ② 그 카드가 가장 잘 어울리는 친구에게 카드를 선물로 주면서 이유를 설명하도록 함. ③ 카드를 받은 친구가 간단히 소감을 이야기함. ④ 이 활동을 전체 학생들을 대상으로 실시함.
모둠별 카드놀이	⑤ 4명씩 모둠을 만듦. ⑥ 모둠별 카드놀이를 통해 각자가 자신에게 가장 필요한 덕목 카드 두 장을 남김.
자신이 선택한 덕목 이야기 나누기	⑦ 자신에게 필요하다고 생각하는 덕목 두 가지에 대한 설명, 선택한 이유, 구체적인 실천 방안을 공책에 적고 모둠별로 이야기를 나눔.
성찰 일기 쓰기	⑧ 일주일 동안 해당 덕목을 실생활에서 실천해 보고 성찰 일기를 씀.

| 덕목 카드 예시 |

[앞면]

용기(勇氣 Courage)

용기는 두려움 앞에 당당히 맞서는 것입니다. 힘에 부치거나 무섭더라도 옳은 일을 선택하는 것입니다. 용감한 사람은 쉽게 포기하지 않습니다. 새로운 시도도 두려워하지 않습니다. 실수는 기꺼이 인정합니다. 용기는 당신의 가슴 속에 있는 힘입니다.

[뒷면]

용기의 미덕은 우리 안에 있습니다

- 두렵더라도 당당함을 잃지 마세요.
- 기꺼이 새로운 일을 시도해 보세요.
- 실수를 인정하고 그로부터 교훈을 얻으세요.
- 잘못했을 땐 즉시 사과하고 용서를 구하세요. 필요하면 그에 대한 배상을 하세요.
- 어렵더라도 자신이 옳다고 생각하는 일을 하세요.
- 도움이 필요할 땐 요청하세요.

이렇게 다짐해 보세요.

나에게는 용기가 있습니다.

나는 양심의 소리에 귀를 기울입니다.

나는 두려움을 피하지 않으며, 기꺼이 새로운 일을 시도합니다.

나에게는 옳은 일을 하기 위한 용기가 있습니다.

수업 되돌아보기

효과 및 배운 점	아쉬웠던 점
• 어려운 한자어로 이루어진 덕목에 보다 흥미 있게 접근할 수 있음. • 놀이를 통해 접근함으로써 자신이 소중하게 생각하는 가치를 자연스럽게 생각하고 선택할 수 있음. • 성찰 일기 작성을 통해 자신의 생활을 객관적인 시각으로 바라보고 성찰하는 시간을 가질 수 있음.	• 놀이에만 치중하다 보면 덕목의 내용을 꼼꼼히 살펴보기 어려움. • 자신에게 소중한 덕목을 신중하게 선택하지 않고 놀이에 이기는 것을 더 중요하게 생각할 수 있음. • 자신이 선택한 덕목을 실천할 수 있는 다양한 방법을 모색하는 데 어려움을 겪는 학생들이 있음.

교사 TIP

❶ 덕목 카드를 제시하면서 자신에게 필요한 덕목과 잘 어울리는 덕목을 성찰할 수 있는 시간을 충분히 제공합니다.
❷ 카드놀이를 할 때 장난치면서 대충 하지 않도록 교사가 모둠별로 잘 살펴볼 필요가 있습니다.
❸ 카드놀이 규칙은 교실 상황에 맞게 수정 가능합니다. 예를 들어 참여에 소극적인 분위기가 있는 학급에서는 카드를 두 장씩 가져가게 하는 벌칙을 만들거나 두 장만 남았을 때 구호를 외치도록 하는 규칙 등을 만들어 적극성을 유도할 수도 있습니다.
❹ 자신이 선택한 덕목을 소중히 여길 수 있도록 공언하는 시간을 반드시 가져야 합니다.
❺ 성찰 일기를 진솔하게 쓸 수 있도록 편안한 수업 분위기를 만듭니다.

창의적 사고 역량

09 역 브레인스토밍을 활용한 학교 폭력 예방 수업

이런 고민을 했어요

중학교 도덕과 교육 과정을 보면 친구 관계와 도덕, 타인 존중의 태도, 평화적 해결과 폭력 예방과 같이 학교 폭력을 주제로 수업할 수 있는 단원이 많습니다. 또한 시중에 왕따나 폭력을 다룬 책도 많습니다. 하지만 학교 폭력을 예방하는 방법을 찾는 것은 참으로 어렵습니다.

도덕 수업 시간에 여학생들 간의 왕따 문제를 다룬 소설 『미안해 스이카』(하야시 미키 저, 김은희 역, 놀, 2008)를 읽고 '왕따의 피해자인 스이카를 돕는 방법은 무엇일까?'를 주제로 학생들과 이야기를 나누어 본 적이 있습니다. 하지만 시간이 흘러도 뾰족한 방법이 떠오르지 않아 침묵이 계속되었습니다.

뉴스나 신문에 나오는 학교 폭력을 공부하는 것이 아니라 우리 교실에서 일어나는 다양한 폭력의 형태에 대해 직접 이야기 하고 싶었습니다. 그리고 그것을 해결하는 현실적인 방법에 대해 이야기를 나누는 시간을 가지고 싶었습니다.

이 수업은 2018년 울산광역시교육청에서 주관한 '퍼실리테이터 양성 과정 연수'에서 배운 것을 활용한 것입니다. 그 연수에서 '역 브레인스토밍'을 배웠습니다. 청렴한 학교 문화를 만들기 위한 실천 방안을 만들어 보는 것이 목표였는데 어떤 의견을 제시해야 할지 막막했습니다. 그때 강사님께서 이 주제를 '부패한 학교가 되려면 어떻게 해야 할까요?'라고 바꾸어 제시하였습니다. 굉장히 신선했고 다양한 생각을 할 수 있었습니다. 이것을 수업에 적용하면 평소에 자주 접했던 주제도 신선하게 느껴지고 여러 가지 측면에서 살펴볼 수 있을 것이라 생각했습니다.

수업 디자인 과정

학교 폭력의 원인, 종류, 해결 방안 등은 교과서에 있습니다. 하지만 현실에서 학교 폭력 문제는 여전히 진행형입니다. 학생들이 스스로 해결 방안을 찾아보려고 해도 한계에 부딪힙니다. 이때 사용할 수 있는 방법이 '역 브레인스토밍(Reverse Brainstorming)'입니다. 예를 들어 '청렴한 학교를 만들기 위해서 어떻게 해야 할까?'라는 물음을 '부패한 학교를 만들기 위해서 어떻게 해야 할까?'로 바꾸어 질문하는 것입니다. 이 방법은 아이디어가 잘 떠오르지 않을 때, 문제 해결에 관심이 적을 때, 식상한 해결 방법이 반복해서 이야기될 때 사용하면 유용합니다.

학생들은 지금까지 학교 폭력을 줄이는 방법에 대해 많은 시간 동안 이야기를 나누었기 때문에 이 주제로 수업하는 것이 자칫 식상하고 지루할 수 있습니다. 이때 '학교 폭력이 많은 학급이 되려면 어떻게 해야 할까?'를 주제로 생각해 보면 다양하고 창의적인 생각을 할 수 있게 됩니다.

　역 브레인스토밍은 브레인스토밍과 마찬가지로 다음의 원칙이 지켜질 수 있도록 미리 학생들에게 안내해야 합니다. 질보다 양이라는 생각으로 서로가 제시한 의견에 대해 비판하거나 평가하지 않고 되도록 많은 의견이 나올 수 있도록 합니다. 또한 자신이 다른 사람의 생각을 더 좋은 의견으로 바꾸거나 두세 개의 의견을 결합하여 새로운 생각을 만들 수도 있습니다.

　학교 폭력이 많아지는 방법을 찾으려면 우선 학교 폭력이 무엇인지 알아야 합니다. 바로 주제에 대한 생각을 쓰게 하기 보다는 '학교 폭력이 무엇일까?', '나는 어떤 경우에 우리 교실이 폭력적이라고 생각되는가?'와 같은 질문들에 대하여 모둠 구성원들과 이야기를 나누어 보도록 합니다.

　이 수업에서 가장 중요한 것은 역 브레인스토밍으로 나온 생각들을 구체적이고 긍정적으로 바꾸는 활동입니다. 첫 번째 활동에서 학교 폭력이 많아지기 위해서 '에스엔엔스(SNS)에 친구에 대한 거짓 소문을 낸다.'라는 의견이 나왔다면 두 번째 활동에서는 '에스엔에스에 친구에게 사과하는 동영상을 일주일간 게시한다.'와 같이 문제를 해결하기 위한 구체적이고 실현 가능한 방법을 찾는 것입니다. 교사는 이 과정에서 학생들의 활동에 관심을 가지고 좋은 해결 방안이 나올 수 있도록 계속적으로 피드백을 해 주어야 합니다.

　각 모둠에 붙임쪽지, 이젤 패드 2장과 펜(매직, 마커 등)을 나누어 주고 첫 번째 활동인 학교 폭력이 많아지는 방법에 대해 토론하여 그 방법을 기록하고 벽면에 붙이게 합니다. 다음으로 여기에서 나온 의견들을 없애거나 줄일 수 있는 해결 방안을 찾아 두 번째 이젤 패드에 쓰고 벽면에 붙이게 합니다.

　이제 모둠에서 찾은 해결 방안 중에서 가장 좋은 것을 선택해야 합니다. 모둠 구성원은 각자 생각한 가장 좋은 방법을 5가지 결정하고 순위에 따라 각각 5점, 4점, 3점, 2점, 1점을 부여합니다. 그리고 구성원이 매긴 점수의 합계를 내어 가장 높은 점수를 받은 방법 3가지를 발표하도록 합니다. 이때 가장 좋은 해결책의 기준은 모둠에서 선택할 수 있도록 하며 효율성, 현실 가능성, 중요도, 효과 등을 예시로 알려줍니다.

수업 엿보기

수업 절차	내용
학교 폭력 관련 동영상 시청하기	① EBS 지식 채널 e – '오늘은 내가 죽는 날입니다'를 시청함.
모둠별로 활동하기 1 – 역 브레인스토밍	② '학급에서 폭력이 많아지려면?'에 대해 어떻게 해야 하는지 각자의 생각을 자유롭게 이젤 패드에 기록함.
모둠별로 활동하기 2 – 해결 방안	③ 학교 폭력을 해결하거나 없애는 방법을 의논해서 이젤 패드에 기록함. 이때 교사는 구체적이고 실현 가능한 해결 방안이 나오도록 지도함.
의사 결정하기	④ 각자가 생각한 좋은 해결책 5가지를 정해서 점수를 매기는데, 가장 좋은 해결책부터 순서대로 5~1점까지 각각 점수를 부여함. ⑤ 모둠 구성원들의 점수 합계를 내서 점수가 가장 높은 것부터 모둠에서 최종적으로 3가지 해결책을 선택함.
발표하기	⑥ 모둠에서 어떤 과정을 거쳐 3가지 해결 방안을 선정했는지 발표하고, 나머지 학생들은 그것을 듣고 궁금한 점을 질문함.

 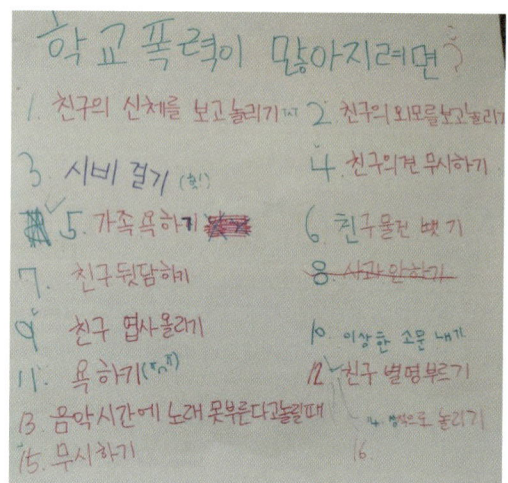

◯ '학교 폭력이 많아지려면?'을 주제로 한 역 브레인스토밍 활동 모습

◯ 학교 폭력 예방과 해결을 위한 방안을 논의하는 모습

| 학생 활동 자료 예시 |

교실에서 학교 폭력이 많아지는 방법	교실에서 학교 폭력을 없애는 방법
친구 물건 마음대로 가져가서 사용하기	친구 물건 허락받고 빌리기
잘못해도 절대로 사과하지 않기	교문 앞에서 사과 팻말 들고 있기
말끝마다 욕하기	자신이 한 욕을 적어 부모님 사인 받기, 욕의 뜻 알려주기
기분 나쁜 말이나 행동을 해도 참고 넘기기, 가족에 대해 욕하기	'하지마!'라고 거부 의사 확실히 말하기, 가족 욕을 하면 부모님께 영상 보내기, 부모님 이름표 붙이고 다니기
에스엔에스(SNS)에 저격하는 글을 쓰기	사과 영상을 에스엔에스(SNS)에 게시하기

수업 되돌아보기

효과 및 배운 점	아쉬웠던 점
• 현재 우리 반의 문제 상황을 알 수 있음. • 현실성 있는 해결책이 많이 나옴. • 자리에 앉아서 수업하기보다 움직이거나 이동하면서 수업할 수 있어서 즐거워함.	• 글씨를 작게 쓰거나 엉망으로 쓰는 경우 다른 친구들이 확인하기가 어려움. • 해결 방안을 찾을 때 교사의 적극적인 지도가 필요함. • 수업 시간에 정한 규칙을 실제 교실 규칙으로 적용하기에 한계가 있음.

교사 TIP

❶ 이젤 패드의 크기가 크므로 교실 앞이나 뒤, 벽 등을 활용하여 자유롭게 쓸 수 있도록 합니다.
❷ 담임교사와 이야기하여 활동 결과를 학급의 규칙으로 반영할 수 있으면 수업 효과가 더 좋습니다.
❸ 이젤 패드에 쓸 때 글씨를 크게, 또박또박 쓸 수 있도록 지도합니다.

| 지식 정보 처리 역량 |

10 마피아 게임으로 수업 되돌아보기

이런 고민을 했어요

두 달 정도 수업을 하고 나면 학생들과 공부한 내용을 되돌아봅니다. 공책은 학생들이 쓴 내용이다 보니 살펴보기가 수월했습니다. 하지만 교과서는 분량도 많았고, 같이 집중해서 넘겨 보기가 힘들었습니다. 그리고 교과서에 나오는 추상적인 개념들을 구체적인 삶의 모습에서 찾아보는 것은 더욱 어려웠습니다.

그래서 교과서를 가지고 어떻게 되돌아보기를 할 수 있을까 고민했습니다. 교과서에 제시된 다양한 개념들을 보다 깊이 있게 이해할 수 있도록 하고 싶었습니다. 그러던 차에 예능 프로그램에서 진행한 마피아 게임을 보고 조금 변형해서 적용해 보면 어떨까 생각했습니다.

교과서에 나오는 단어를 가지고 마피아 게임을 진행하는 것입니다. 게임을 통해 내용을 복습하면 학생들이 즐겁게 참여할 수 있을 거라고 생각했습니다. 그리고 게임에 참여하기 위해 자연스럽게 교과서를 찾아보고 공부한 내용을 되돌아볼 수 있을 것 같았습니다.

수업 디자인 과정

교과서에 나오는 단어로 게임을 하면서 지금까지 공부한 내용을 되돌아봅니다. 게임 자체가 주어진 단어를 그림으로 표현하다 보니 도덕 개념을 재미있게 정리할 수 있고 그림을 통해 공부한 내용을 유추해 볼 수도 있습니다.

교과서를 읽어 볼 시간을 준 뒤 중요한 단어를 골라 종이에 적게 합니다. 종이는 4칸을 만들어 3칸에는 똑같은 단어를 적고 1칸에는 마피아라고 씁니다. 이 종이를 4명이 한 팀이 되어 잘라서 하나씩 나눠 가집니다. 제시한 단어를 한 사람씩 이어서 그림으로 그립니다. 이때 한 사람의 종이에는 '마피아'라고 적혀 있어 그 친구는 주어진 단어가 무엇인지 모릅니다. 몇 바퀴 돌고 난 뒤 마피아가 누구인지 찾는 게임입니다.

게임 방법을 좀 더 자세히 설명하면 이렇습니다. 게임 준비 작업으로 교과서에서 중요한 단어나 주제 단어를 살펴보는 시간을 가집니다. 이때 중요하다고 생각하는 단어나 주제 단어에 동그라미를 하도록 하면 좋습니다.

동그라미를 모두 한 뒤에는 모둠 안에서 담당 페이지를 정하여 자신의 페이지 안에서 중요한 단어 2개를 골라 게임을 만듭니다. 담당 페이지를 정하면 단어가 겹치지 않습니다. A4 용지를 한 장씩 나누어 줍니다. A4 용지를 접어 8칸을 만들고, 3칸에는 내가 정한 중요한 단어 중 1개를 적고 나머지 1칸에는 마피아라고 적습니다. 나머지 중요한 단어 1개로도 똑같이 합니다. 다 한 후에 접은 선을 따라 종이를 모두 오리고, 각각의 종이는 두 번 접어 단어가 보이지 않도록 합니다. 같은 단어 3개와 마피아가 적힌 종이가 한 문제가 됩니다. 각각의 문제는 다른 문제와 섞이지 않게 둡니다. 모둠 구성원들이 만든 문제까지 합하면 총 8개의 문제가 만들어집니다. 8개의 문제로 총 8번의 게임을 진행할 수 있습니다.

이제 게임을 진행합니다. 가운데에 A4 용지 한 장을 두어 그림을 그릴 수 있는 판을 만듭니다. 앞서 만든 4개의 종이를 모둠 구성원들이 하나씩 가져갑니다. 이 단어를 보고 떠오르는 장면이나 관련된 것들을 가운데 놓인 종이에 돌아가면서 그립니다. 이때 너무 많이 그리면 단어를 모르는 친구에게 들킬 수 있고, 너무 적게 그리면 이 단어를 모른다고 오해받을 수 있습니다. 마피아 종이를 가져간 친구는 친구들이 그리는 그림을 보고 무엇인지 예측해서 아는 것처럼 그려 자신의 신분을 감춥니다. 두 바퀴가 돌고 난 뒤에 마피아가 누구인지를 맞춥니다. 이렇게 총 8판의 게임을 진행할 수 있습니다. 만약 내가 만든 게임에서 마피아를 가져가면 그 판은 무효가 됩니다. 게임의 정답을 알고 있기 때문입니다. 무효가 된 종이는 따로 두었다가 8판의 게임이 모두 종료된 뒤 다시 만들어서 쓸 수 있습니다. 게임이 끝나면 모둠 안에서 나왔던 단어들을 한 사람이 나와 칠판에 모두 적습니다. 그리고 혹시 모르는 단어가 나오면 같이 찾아보기도 합니다.

수업 엿보기

수업 절차	내용
게임 진행 방법 안내	① 전체적인 진행 방식 및 게임 방법을 안내함. (교과서에서 단어를 골라 게임을 만들고, 이 단어를 가지고 모둠 안에서 돌아가며 그림으로 표현하면서 단어를 모르는 마피아를 찾는 게임이라고 안내함.)
모둠 구성	② 앉은 자리대로 네 사람으로 한 모둠을 구성함.
교과서에서 중요한 단어 찾기	③ 교과서에서 중요한 단어를 찾아 동그라미로 표시하도록 함.
단어로 게임 만들기	④ 표시한 단어 중에서 2개를 골라 게임을 만듦. A4용지에 8칸을 만들어 3칸에는 한 단어를 쓰고 1칸에는 마피아라고 씀. 나머지 한 단어도 똑같이 만듦. 종이를 오려서 단어가 보이지 않도록 접어 둠.
게임 진행	⑤ 모둠 구성원들이 만든 단어로 게임을 진행함. 총 8개의 단어로 8번의 게임을 할 수 있음.
게임 종료 및 단어 공유	⑥ 게임이 종료 된 후 모둠에서 나왔던 단어들을 칠판에 모두 적어서 전체 공유함.

활동 예시

수업 되돌아보기

효과 및 배운 점	아쉬웠던 점
• 공부한 내용을 게임으로 간단하게 확인할 수 있는 시간이 됨. • 낯선 단어가 나오면 그 단어를 궁금해 하면서 몰랐던 단어나 개념을 알게 됨. • 게임으로 진행하여 모둠 구성원들과 친해지는 데 도움이 됨.	• 교과서 주제 단어를 찾기 힘들어 하거나 교과서를 제대로 보지 않은 경우에는 주제 단어로 게임을 만들지 않는 경우도 생김. • 게임을 진행하면서 모르는 단어가 나오거나 어떻게 표현해야 할지 모를 때 학생들이 난감해 하기도 함.

학생들이 마피아 게임을 즐겁게 했습니다. 친구들과 공부한 내용을 되돌아볼 수 있는 기회가 되었던 것 같습니다. 한 시간에 모두 하려다 보니 교과서에서 주제 단어를 찾는 시간과 마지막 공유 시간을 짧게 가졌던 것이 아쉽습니다. 게임 방법을 안내하는 데 생각보다 시간이 많이 걸렸습니다. 4명의 학생이 앞에 나와서 간단하게 게임하는 것을 보여 주고 나서 진행 방법을 안내하면 학생들이 더 잘 이해할 것 같습니다.

교사 TIP

1. 빨리 끝난 모둠은 다른 주제로 게임을 더 만들어 진행할 수 있도록 합니다.
2. 학생들이 그림을 그리는 판으로 화이트보드를 준비하면 그림을 그릴 때 집중이 더 잘 됩니다.
3. 두 바퀴를 돌기 전에는 마피아를 지목할 수 없게 해야 단어를 다양하게 표현할 기회가 주어집니다. 두 바퀴를 돌고 난 뒤에도 마피아가 누구인지 모른다면 한 바퀴 더 도는 것도 좋습니다.
4. 교과서 주제 단어 찾는 시간을 넉넉하게 주어서 주제 단어로 문제를 만들 수 있도록 유도합니다.
5. 게임을 진행하면서도 교과서를 볼 수 있도록 하여 모르는 단어가 나오면 교과서를 찾아볼 기회를 주면 좋습니다.

Ⅲ 예술과 감성

"예술은 우리의 영혼을 일깨우고 성장시키는 데 도움을 준다.
마치 어미 새가 어린 새를 키우고 돌보는 것처럼." (괴테)

01 영화 「4등」을 통해 공부의 의미 찾기

02 슈퍼 히어로와 함께하는 도덕 수업

03 광고 만들기

04 3컷 정지극

05 영화와 교과서가 만났을 때 기쁨 두 배! 윤리 수업

06 비주얼 싱킹(Visual Thinking)으로 수업하기

07 오감으로 느끼고 생각하는 여름날의 도덕 수업

08 '행복' 개념 지도 만들기

09 가족 관계 성찰 수업

10 '인간의 존엄성과 인권' 프로젝트 수업

| 창의적 사고 역량 |

01 영화「4등」을 통해 공부의 의미 찾기

이런 고민을 했어요

공부를 해야 하는 궁극적인 목적이 시험은 아니지만 기말고사가 끝나면 학기 중처럼 수업을 진행하기는 쉽지 않았습니다. 교실 문을 열고 들어가면 아이들은 으레 '영화 보여 주겠지?'라는 생각을 하고 있는 것 같습니다. 아이들의 눈빛이 그렇게 보이는 것은 저만의 착각일까요? 많은 아이들은 영화를 보거나 자유롭게 놀기를 원합니다. 다른 반도, 다른 선생님들도 그렇게 한다는 이유로 잔뜩 기대를 하고 있습니다.

때로는 저도 아무것도 하지 않고 '알아서 한 시간 보내라.'라고 말하고 싶기도 합니다. 하지만 그렇게 한 시간을 보내고 교실을 나설 때는 뭔가 찝찝한 느낌이 들었습니다. 그래서 교과 진도를 나가거나 활동을 하면 학생들은 왠지 기운이 빠진 듯한 모습으로 앉아 있는 경우가 많습니다.

학교에서는 학생들에게 단지 영화만 보여 주지 말고, 의미 있는 교육 활동이 이루어질 것을 요구합니다. 때로는 각종 행사와 활동을 학기말로 몰아넣기도 하지만 그런 시간으로 일과를 채울 수만은 없습니다.

참 어려운 순간입니다. 학생과 교사, 학교 모두의 요구를 충족시킬 수 있는 방법을 고민해 보았습니다. 그래서 학생들에게 영화를 보여 주면서 수업을 할 수 있다면 좋을 것 같았습니다.

수업 디자인 과정

성취 기준을 달성하는 것이 수업의 일차적인 목표인 만큼 수업의 텍스트는 꼭 교과서가 아니어도 됩니다. 성취 기준을 달성하게 하는 것이라면 수업과 토론의 자료가 될 수 있습니다. 오히려 다양한 자료들을 수업에 활용함으로써 수업에서 논의되는 내용이 더욱 풍성해질 수 있다고 생각합니다.

그래서 학생들과 영화를 활용한 수업을 진행하였습니다. 영화는 3시간 정도면 다 보여 줄 수 있지만 학기말에는 학교 행사들로 인해 수업 시수가 변하게 될 수도 있습니다. 그래서 수업을 시작할 때 영화를 끝까지 못 볼 수도 있음을 학생들에게 알려 줍니다. 영화를 끝까지 못 보게 되는 경우에는 어떤 내용들이 나오는지 간단하게 설명하면서 필요한 부분만 보여 주면 됩니다.

학생들은 영화를 보는 시간을 수업 시간이 아니라 노는 시간이라고 생각하는 경우가 많습니다. 그래서 활동지에 있는 질문의 답을 생각하면서 영화를 봐야 한다고 말합니다. 그리고 매 시간 영화와 관련된 사실, 느낌이나 생각, 질문을 쓰도록 합니다. 이 부분은 『토론 수업 레시피』(김혜숙 외, 교육과학사, 2011)를 참고하여 적용하였습니다. '사실'은 영화를 보고 나서 기억에 남는 장면이나 대사와 같이 자신이 본 것 중에서 쓰도록 합니다. '질문'은 영화를 보면서 궁금하거나 같이 고민해 볼 만한 내용을 쓰도록 합니다. 수업을 마치기 5분 전에 영화를 끄고 활동지를 작성할 시간을 주면 학생들이 수업을 위해 영화를 본다는 생각을 하는 것 같았습니다. 쓰다가 칸이 모자라는 경우에는 뒷면(백지)에 쓰도록 하였습니다.

　영화를 다 보고 나면 학생들에게 활동지 질문에 대한 자신의 생각을 쓰게 하였습니다. 영화의 여러 장면들 속에 들어 있는 의미를 혼자서 해석하는 것은 어렵습니다. 그래서 모둠별로 질문(등장인물들에게 수영이 어떤 의미였는지, 준호가 4등을 했던 이유가 무엇인지, 감독의 의도가 무엇이었는지)의 답을 논의해 보도록 합니다. 하지만 친구들의 해석이 정답인 것은 아닙니다. 그래서 모둠별로 질문에 대하여 논의는 하되, 답은 자신이 생각하는 것을 쓰도록 하였습니다. 답안 작성이 어느 정도(70%쯤) 끝나면 학생들의 생각을 발표하게 하였습니다.

　모둠 활동을 통해 영화의 의미를 찾아보고 나면 자신을 성찰하는 활동을 합니다. 우선 자신이 공부하는 일차적인 이유를 찾도록 하였습니다. 그리고 그 이유의 전제를 찾도록 하였습니다. 그런 식으로 자신이 공부를 하는 궁극적인 이유를 찾아볼 수 있도록 하였습니다. 이 과정에서는 학생들에게 최대한 솔직하게 끝까지 작성하는 것이 중요하다고 설명해 주었습니다.

　자신이 생각하는 공부의 궁극적인 목적을 확인한 후 학생들은 자신에게 공부란 무엇인지 비유법을 활용하여 표현하도록 하였습니다. '공부란 거름이다. 왜냐하면 거름이 다른 식물이 성장하기 위한 바탕이 되듯이, 공부는 내가 성공하기 위한 밑바탕이 된다.'와 같이 예를 들어 주고 공부에 대한 자신만의 의미를 부여하도록 하였습니다. 그리고 원하는 학생이 있으면 발표하도록 하였습니다.

◐ 영화 「4등」은 4등을 벗어나지 못하는 수영 선수 준호의 이야기를 담고 있다. 준호는 1등만 기억하는 세상을 향해 외친다. "4등이 뭐, 나쁜 건가요?" (영화 「4등」, 정지우 감독, 2015)

수업 엿보기

수업 절차	내용
영화 감상	① 영화 「4등」을 감상함. ② 매 시간 종료 5분 전에 영화 감상을 멈추고 사실, 생각이나 느낌, 질문을 작성하게 함.
영화의 장면 해석하기	③ 활동지에 제시된 영화의 의미를 모둠별로 논의해 보고, 개인적으로 답을 쓰도록 함.
영화의 의미 발표하기	④ 모둠별로 논의하고 개인적으로 작성한 영화의 의미를 발표하도록 함.
공부의 궁극적 의미 찾기 공부란 무엇인지 작성하기	⑤ 자신이 공부하는 궁극적인 이유를 찾아보고, 유비 추리를 활용하여 공부란 무엇인지 생각해 보게 함.
공부의 의미 발표	⑥ 자신이 생각하는 공부의 의미를 발표하도록 함.

수업 되돌아보기

효과 및 배운 점	아쉬웠던 점
• 비판적인 시선으로 영화를 바라보는 경험을 제공함. • 수업에 대한 학생들의 몰입도가 높으며 적극적으로 기록하고 참여함. • 다양한 매체를 수업에 끌어들임으로써 수업의 내용이 보다 풍성해짐. • 토론까지 이어질 경우 영화가 제공하는 구체적인 맥락 속에서 다양한 삶의 문제를 발견하고 함께 나눌 수 있음.	• 영화는 열심히 보지만 영화를 보면서 활동지의 답을 찾아보거나 인상 깊은 부분을 적는 일을 소홀히 하는 경우가 있음. • 학기말이라 시간표 변동이 많아서 생각했던 시간을 확보하기 어려운 경우가 생김. 때로는 활동을 제대로 못 마치고 학기가 끝나는 경우가 생김.

교사 TIP

❶ 영화를 보는 것이 목적이 아니라는 점을 알려 주어야 합니다. 영화를 보는 도중에 한 번씩 활동지를 작성해야 함을 알려 줍니다. 그리고 수업 마치기 5분 정도 전에는 영화를 끄고 조용히 활동지를 작성하는 시간을 주는 것이 좋습니다.
❷ 학년말의 경우 시간표가 변동되는 경우가 많으므로 영화만 보고 끝나지 않도록 남은 수업 시수를 정확하게 계산해야 합니다.
❸ 활동이 끝난 뒤 학생들에게 토론할 만한 질문을 만들게 하여 전체 토론을 실시하는 것도 좋은 방법이 될 수 있습니다.

수업 활용 자료

영화로 풀어 가는 도덕 수업 활동지

반   번   이름:

관련 단원	공부와 진로	영화 제목	4등

사실	느낌이나 생각	질문
• 광수가 도박을 하다 돌아와서 수영을 하려고 하는데 참다가 화가 나서 수영을 그만두었다. • 준호가 선생님에게 맞으면서 수영을 배운다.	무엇이든 강제로 억압적으로 시키는 일은 별로 안 좋다고 생각한다. 그래도 광수는 준호가 수영을 잘하기를 많이 바라는 것 같다.	• 준호는 수영에 흥미가 없어 보이는데 왜 시킬까? • 엄마는 준호의 상처를 보고 어떤 생각을 했을까?

※ 다음 질문에 답해 보자.

❶ 영화 속 등장인물들에게 수영은 어떤 의미였을까?

- 준호:
  ☞ 처음에는 메달을 따고 엄마의 욕구를 채워 주기 위해서 하는 것이었지만, 나중에는 자신이 하고 싶은 일이 되었다.
- 준호 엄마:
  ☞ 수영을 자기가 하는 것처럼 생각하는 것 같았다.
- 수영 선생님(광수):
  ☞ 독하게 맞으면서 하는 스포츠라고 생각하는 것 같다.

❷ 준호가 계속 4등을 했던 이유는 무엇일까?
  ☞ 자기가 1등을 하고자 하는 욕구가 없기 때문에

❸ 이 영화를 통해 감독이 전하고자 하는 의도는 무엇이었을까?
  ☞ 폭력은 나쁘다.

※ 내가 공부를 하는 이유의 이유를 계속 찾아가 보자.

내가 공부를 하는 이유는?	내가 공부를 하는 이유는?
'좋은 대학교에 가고 싶기 때문이다. → 다른 사람들에게 인정받을 수 있기 때문이다. → ……'와 같은 방법으로 이유에 대한 이유를 나 자신에게 끝까지 물어보면서 내가 공부를 하는 최종적인 목적을 찾아보세요.	좋은 대학교를 가고 싶기 때문이다. → 좋은 직장을 얻을 수 있기 때문이다. → 돈을 많이 벌 수 있기 때문이다. → 사고 싶은 것을 살 수 있고, 하고 싶은 것을 할 수 있기 때문이다. → 다른 사람의 부러움을 살 수 있기 때문이다.

공부란 ____노력____ 이다.

왜냐하면 ____노력을 하면 더 나은 미래로 향할 수 있기____ 때문이다.

지식 정보 처리 역량

02 슈퍼 히어로와 함께하는 도덕 수업

이런 고민을 했어요

슈퍼 히어로 영화에 대한 관심이 뜨겁습니다. 슈퍼 히어로를 주인공으로 한 영화들이 천만 관객을 동원하며 흥행에 성공한 사실은 더 이상 놀랄 일이 아닙니다. 아이언맨, 캡틴 아메리카, 스파이더맨, 슈퍼맨, 배트맨 등 히어로 영화의 주인공들은 이미 친근한 캐릭터로 우리 주변에 자리 잡은 지 오래입니다.

슈퍼 히어로 영화를 좋아하는지라, 새로운 작품이 나오면 곧장 영화관으로 달려갑니다. 재미있게 본 작품들은 여러 번 반복해서 보기도 합니다. 그 과정에서 수업에 활용할 수 있는 다양한 소재들이 제 눈에 들어왔습니다. 많은 학생들이 좋아하는 슈퍼 히어로들을 도덕 수업에 초대해 보는 것은 어떨까 하는 생각에 본 수업을 기획하게 되었습니다.

수업 디자인 과정

슈퍼 히어로 영화나 드라마를 수업에 활용하기 위해서는 우선 각각의 캐릭터와 그들이 겪는 도덕적 갈등 상황, 인물들 간의 관계 등을 미리 설명해야 합니다. 예를 들어 2008년에 개봉된 영화 「다크 나이트」에서 배트맨은 조커라는 악당이 파 놓은 딜레마에 빠져 사랑하는 연인 레이첼과 정의로운 검사 하비 덴트 중 단 한 사람만을 선택해 구해야 합니다. 이 장면을 수업의 소재로 활용하기 위해서는 레이첼과 배트맨이 어떤 관계인지, 하비 덴트라는 사람이 그가 살고 있는 고담 시(市)를 위해서 어떤 일을 했는지 등에 대한 배경지식을 미리 알려 주어야 합니다. 이에 대한 설명 없이 곧바로 수업을 진행하게 되면 교사가 기대하는 수업 효과를 얻기 어렵습니다.

설명이 끝나고 나면, 영화나 드라마 속 상황과 교과서의 내용을 간략하게 연결시킨 후 본격적인 활동에 들어갑니다. 수업 디자인은 교사의 선호에 따라 다양한 방법을 활용할 수 있습니다. 캐릭터의 행동에 대한 도덕적 평가 혹은 '만약 나라면 어떻게 행동할 것인가?'를 주제로 글쓰기 활동을 할 수 있습니다. 예를 들면 2018년에 개봉한 영화 「어벤저스-인피니티 워」에서 토니 스타크의 연인인 페퍼는 그에게 슈퍼 히어로인 아이언맨으로서의 삶을 마무리하고 행복한 가정을 꾸리며 살아가자고 합니다. 이 장면을 간략히 소개한 후 학생들에게 이렇게 물어볼 수 있습니다. '나에게 슈퍼 히어로의 능력이 있지만, 사랑하는 사람과 가족을 위해 그 힘을 포기할 수 있을까?'

토론 수업도 가능합니다. 예를 들어 '배트맨이나 데어데블과 같은 자경단(vigilant, 지역 주민들이 도난이나 화재 따위의 재난에 대비하고 스스로를 지키기 위하여 조직한 민간단체)은 또 다른 범죄자들이다.'라는 주제로 찬반 토론을 진행할 수도 있습니다. 그 밖에도 교사가 생각하는 다양한 방식으로 수업을 진행할 수 있습니다.

수업 엿보기

수업 절차	내용
내용(소재) 설명하기	① 활용하고자 하는 영화의 주요 장면을 영상으로 보여 주거나 글로 소개함. ② 영화의 배경이나 주인공의 캐릭터 등에 대해 보충 설명함.
수업 주제 정하기	③ 영화와 교과서의 내용을 연계시켜 설명한 후 수업 주제를 정함.
수업 진행하기	④ 수업 주제에 맞는 수업 방법을 적절하게 활용함. ㉠ 글쓰기 중심 수업 방법 • 내가 주인공이라면 어떻게 행동할지 생각해 보고 쓰기 • 주인공의 행동이나 선택에 대해 도덕적으로 평가하기 ㉠ 토론 중심 수업 방법 • 주인공의 행동이나 선택에 대해 찬반 토론하기 • 영화의 한 장면이나 전체에 대해 자유롭게 토론하기
평가 및 제언	⑤ 글쓰기나 토론 등 수업 과정이나 발표 내용에 대한 학생 상호 평가와 교사의 평가 및 제언을 실시함. ⑥ 더 생각해 볼 문제가 있다면 심화 과제로 제시함.

| 수업 예시 |

▶▶▶ **찬반 토론 결과**

- **관련 영화**: 캡틴 아메리카: 시빌 워

- **관련 단원**: 자율과 도덕

- **배경 설명**: 어벤저스는 테러범을 소탕하기 위해 나이지리아의 도시 라고스로 간다. 그곳에서 테러범과 싸우던 중 히어로 한 명의 실수로 무고한 사람들이 목숨을 잃는다. 이에 많은 사람들은 어벤저스가 아무런 통제 없이 자유롭게 활동해서는 안 되며, 유엔(UN)의 관리(통제)를 받아야 한다고 목소리를 높인다.

- **토론 주제**: 어벤저스는 유엔(UN)의 관리(통제)를 받아야 하는가?

- 입장1.   관리(통제)가 필요하다. (아이언맨 측)
    - 어벤저스의 활동으로 인한 피해를 줄일 수 있고, 시민들이 안심한다.
    - 피해자가 늘어나면 어벤저스가 활동하는 의미가 없다.
    - 유엔(UN)과의 협력을 통해 더 많은 사건을 해결할 수 있다.
    - 어벤저스의 자율적인 활동은 시민들에게 두려움을 줄 것이다.

- 입장2.   관리(통제)를 받아서는 안 된다. (캡틴 아메리카 측)
    - 어벤저스의 활동은 개인의 자율적 행동이다.
    - 유엔(UN)은 공정하고 중립적인 단체가 아니다.
    - 민간인에 대한 피해를 신경쓰다 보면 악당을 잡지 못해 더 큰 피해가 생긴다.
    - 민간인에 대한 피해는 실수로 발생한 일일 뿐이다.
    - 어벤저스가 유엔(UN)의 감시 대상이 될 수 있다.

▶▶ 글쓰기 결과

- **관련 영화:** 다크 나이트, 데어데블

- **관련 단원:** 평화적 해결과 폭력 예방, 사회 정의와 도덕

- **배경 설명:** 배트맨과 데어데블과 같은 슈퍼히어로들은 시민의 안전을 지키기 위해 스스로 범죄자를 찾아가 그들을 제압하고 경찰에 넘긴다. 경찰이 아닌 일반인이(슈퍼 히어로도 어떤 면에서는 평범한 시민일 뿐이다.) 폭력을 사용해서 범죄자들을 응징하는 것은 폭력을 또 다른 폭력으로 해결한다는 점에서 문제가 될 수도 있다.

- **글쓰기 주제:** 자경단은 또 다른 범죄자들이다.

- **입장1. (찬성)**

    자경단은 존재해서는 안 된다고 생각한다. 먼저, 누군가가 나쁜 짓을 한다고 해서 그와 똑같이 행동하는 것은 어리석고 잘못된 것이다. 만약 내가 살인자를 죽인다면 나는 무죄일까? 재판을 받는다면 아마 나도 똑같이 살인자라는 낙인이 찍힐 것이 분명하다. 이렇듯이 똑같이 되갚아 준다고 해서 아무런 잘못이 없는 것이 아니다.

    다음으로 자경단은 사람들을 임의로 처벌할 권한이 전혀 없다. 범죄자를 처벌할 권한은 오직 국가만이 가지고 있다. 그러나 국가에 소속되지 않은, 평범한 시민이 자신의 능력을 가지고 사람들을 심판하고 벌하는 것은 불법이다. 따라서 자경단은 법을 어긴 범죄자이며 존재해서는 안 된다.

- **입장2. (반대)**

    나는 자경단이 범죄자라고 생각하지 않는다. 그들은 이때까지 나쁜 사람들을 혼내 주고 일반인에게 피해가 가지 않게 하였다. 설령 일반인에게 피해를 주었더라도 최대한 피해가 가지 않도록 했기 때문에 그 사람들이 범죄자라고 생각하지 않는다.

또 자경단은 착한 사람을 때리거나 죽이지 않는다. 영화나 드라마를 보면 알 수 있듯, 자경단은 나쁜 짓을 한 사람들만 처벌하지 그 외의 사람들은 처벌하지 않는다. 자경단은 일반인에게 최대한 피해가 가지 않게 하고, 자신의 힘을 나쁜 일에 쓰지 않는다. 그뿐만 아니라 자경단은 자신의 힘을 자신의 이익을 위해 쓰는 경우가 없다. 그래서 나는 자경단이 범죄자라고 생각하지 않는다.

수업 되돌아보기

효과 및 배운 점	아쉬웠던 점
• 학생들의 흥미를 이끌 수 있는 영화를 활용하여 수업에 대한 참여도가 높았음. • 관련 장면을 시청한 후 수업을 진행하여 학생들의 몰입도가 좋았음. • 교과서에서 다루고 있는 도덕적 지식들을 다른 사례에 적용해 봄으로써 깊이 있는 도덕적 사고력을 기를 수 있음.	• 슈퍼 히어로 영화에 흥미가 별로 없는 학생들이 다수 존재함. • 영화 시청과 관련하여 저작권 문제가 발생할 수 있음. • 영화 속의 도덕적 쟁점들을 정확하게 이해하지 못할 경우 교사가 기대하는 수업 효과를 얻기 어려운 경우가 있었음.

　수업을 진행한 교사나 학생 모두에게 재미있는 시간이었습니다. 특히 관련 영화를 미리 본 학생들에게는 '도덕'의 관점에서 영화를 새롭게 이해하고 해석하는 색다른 경험을 해 볼 수 있었던 시간이기도 했습니다. 하지만, 이 수업 모델은 교사가 관련 영화와 교과 내용을 유기적으로 연결해 설명하고 학생 활동을 이끌어 가야 하기 때문에 교사 개개인의 취향과 기호에 따라 활용 여부가 결정된다는 단점이 있습니다.

　본 수업은 슈퍼 히어로 영화에만 국한되지 않습니다. 평소 즐겨 보는 오락 프로그램이나 드라마 속에서도 수업의 소재들을 찾을 수 있습니다. 그리고 이 소재를 교과 내용과 유기적으로 연결시켜 활용하면 보다 다양하고 재미있는 도덕 수업이 가능합니다.

교사 TIP

❶ 슈퍼 히어로의 캐릭터와 그들이 겪는 도덕적 갈등 상황이나 인물들 간의 대립 구도를 명확하게 전달해 주어야 합니다.
❷ 영화를 보지 못한 학생들은 많은 질문을 던집니다. 질문에 대해 구체적으로 답변해 주어야 합니다.
❸ 토론이나 글쓰기 과정에서 도덕적 쟁점이 분명하게 드러나도록 지도합니다.

슈퍼 히어로와 함께 하는 도덕 수업 활동지

		반	번 이름:
관련 단원	가정생활과 도덕	영화 제목	맨 오브 스틸

슈퍼맨(클라크 켄트)은 크립톤 행성에서 태어난 외계인이다. 그가 태어날 무렵 크립톤 행성이 파괴될 위험에 처하자 그의 부모는 그를 안전한 행성인 지구로 보낸다. 지구에 도착한 슈퍼맨을 발견한 조나단 켄트와 마사 켄트는 그를 양아들로 삼아 기른다. 평범한 학생으로 자라던 슈퍼맨은 점차 성장하면서 자신에게 숨겨진 히어로의 힘을 알게 된다. 하지만, 조나단 켄트는 자신의 아들이 외계인임을 사람들이 알게 되었을 때 생겨날 수 있는 여러 문제들에 대해 우려하며 아들에게 '지구인들이 받아들일 준비가 될 때까지는 슈퍼맨이라는 정체를 숨길 것'을 당부한다.

어느 날 슈퍼맨이 살고 있는 시골 마을에 토네이도가 불어 왔다. 마을 사람들을 대피시키던 조나단 켄트는 사고를 당해 토네이도를 피할 수 없는 상황에 빠진다. 마을 사람들과 함께 대피하고 있던 슈퍼맨은 자신의 아버지를 구하고자 하나, 조나단은 아들에게 구하러 오지 말 것을 부탁하며 토네이도에 휩싸여 목숨을 잃는다.

❶ 조나단 켄트가 자신의 아들에게 구하러 오지 말라고 한 이유는 무엇인가요?

❷ 아버지를 죽게 내버려 둔 슈퍼맨의 행동에 대해 어떻게 생각하나요?

❸ 만약 내가 슈퍼맨이었다면 아버지를 구하러 갔을까요?

슈퍼 히어로와 함께 하는 도덕 수업 활동지

반   번 이름:

| 관련 단원 | 인간 존재의 특성 | 영화 제목 | 캡틴 아메리카: 시빌 워 |

캡틴 아메리카와 윈터 솔져는 오랜 친구 사이이다. 2차 세계 대전에 참전한 윈터 솔져는 전쟁 포로가 되어 '하이드라'에 의해 생체 실험과 세뇌를 당한 뒤 악명 높은 암살자가 된다.

암살 임무를 수행하던 윈터 솔져는 세뇌당한 상태에서 아이언맨의 아버지인 하워드 스타크와 그의 부인을 살해한다. 그 후 오랜 시간이 지나 세뇌에서 풀린 윈터 솔져는 자신이 과거에 저지른 잘못을 반성하며 참회의 시간을 보내고 있다. '헬무트 제모'의 계략에 의해 자신의 아버지를 죽인 사람이 윈터 솔져라는 사실을 알게 된 아이언맨은 윈터 솔져를 죽이려 한다. 아이언맨과 함께 있던 캡틴 아메리카는 이를 말리고 자신의 친구인 윈터 솔져를 구하는 과정에서 아이언맨과 싸우게 된다.

❶ 윈터 솔져는 세뇌당한 상태에서 저지른 자신의 범죄(살인)에 대해 책임을 져야 할까요?

❷ 윈터 솔져를 돕기 위해 아이언맨과 싸운 캡틴 아메리카의 행동에 대해 어떻게 생각하나요?

❸ 만약 내가 아이언맨이라면 어떻게 행동할 것인지 적어 보세요.

| 심미적 감성 역량 |

03 광고 만들기

이런 고민을 했어요

토론 수업을 마치면 학생들에게 생각을 정리하는 글을 쓰도록 합니다. 이를 통해 토론 과정을 정리하고 내면화하는 시간을 가집니다. 하지만 자신의 생각을 글로만 쓰게 하니 학생들이 지루해하는 것 같았습니다. 그래서 다양한 방식으로 자신의 생각을 정리하고 표현하는 일이 필요하다고 생각했습니다.

광고는 단순히 생각을 정리하는 것이 아닙니다. 자신의 생각을 명료하게 정리하여 다른 사람에게 설득력 있게 전달해야 합니다. 그 과정에서 다양한 이미지와 문자를 시각적으로 활용하는 능력도 배우게 됩니다.

학생들은 광고를 만들면서 자신의 생각을 다양한 방법으로 표현할 수 있습니다. 주제에 대한 자신의 생각을 정리하고 설득력 있게 표현하는 방법도 익힐 수 있습니다. 또한 문자와 이미지를 활용하여 표현하는 경험은 학생들에게 새로움과 의미, 즐거움을 줄 수 있습니다.

수업 디자인 과정

광고를 어떻게 만드는지에 대한 설명을 할 때에는 자료를 보여 주는 것이 가장 효과적이었습니다. 처음에는 공익 광고를 예로 들어 보여 주었습니다. 그리고 학생들의 자료가 축적된 후에는 학생들의 자료를 예시로 활용하였습니다.

광고를 구성하는 요소는 크게 헤드라인, 바디 카피, 이미지 3가지입니다. 헤드라인은 광고의 가장 핵심적인 내용을 간결하게 작성하는 부분입니다. 전달하고 싶은 핵심 메시지라고 보면 되겠습니다. 그리고 바디 카피는 헤드라인을 보충하는 말입니다. 헤드라인의 내용을 풀어서 그 내용을 이해할 수 있도록 돕는 부분입니다. 또한 헤드라인에 담겨 있지 않은 부가적인 정보를 담아 전달하는 역할을 합니다. 추상적으로 보일 수 있는 헤드라인을 조금 더 구체화하여 이해하기 쉽게 설명해 주는 역할을 합니다. 이미지는 전달하고자 하는 바를 잘 표현하면서 호기심을 불러일으킬 수 있는 것이어야 합니다. 이는 광고 내용을 궁금하게 만들어서 광고를 제대로 보게 만드는 역할을 합니다. 이미지는 직접 그리거나 다른 광고에서 오려서 붙이도록 하였습니다.

학생들이 신문이나 잡지를 가져와서 광고를 만드는 것이 좋습니다. 잡지나 신문이 준비되지 않았다면 친구들과 함께 사용하게 할 수도 있습니다.

대단원이 끝나면 대단원에서 다루었던 주제들 가운데 하나를 선택하게 합니다. 선택한 주제에 대한 자신의 생각을 정리하게 합니다. 자신의 생각 중에서 전달하고자 하는 핵심적인 내용을 헤드라인으로 정하도록 하였습니다. 그리고 헤드라인을 보충하기 위한 바디 카피를 선택하고, 내용을 잘 드러낼 수 있는 이미지를 구상하도록 하였습니다. 그리고 스마트폰, 잡지 등을 통해 필요한 이미지를 찾도록 하였습니다.

학생들의 작품이 완성되면 모두 걷습니다. 전체 공유를 위해 학생들의 책상을 깨끗하게 치우도록 하고 그 위에 작품들을 전시합니다. 스티커를 1명당 2~3장 정도 나누어 주고 모두 자리에서 일어나게 합니다. 그리고 다른 친구들의 작품을 둘러보면서 가장 마음에 드는 작품에 스티커를 붙이도록 하였습니다.

수업 엿보기

수업 절차	내용
주제 정하기	① 수업 내용 가운데 원하는 주제를 선택함.
나의 생각과 기획 의도 작성하기	② 주제에 대한 나의 생각과 기획 의도를 작성함.
헤드라인, 바디 카피, 이미지 정하기	③ 주제와 연관된 헤드라인, 바디 카피, 이미지를 선정함.
광고 만들기	④ 선택한 내용을 배치하여 광고로 제작함.
갤러리 워크	⑤ 완성한 광고를 전시하고 잘 만든 광고에 스티커를 붙임.

◉ 공익광고

◉ 학생 작품 예시

수업 되돌아보기

효과 및 배운 점	아쉬웠던 점
• 수업의 결과를 효과적으로 정리할 수 있음. • 이미지를 통해 메시지를 전달해 봄으로써 창의적 사고력을 기를 수 있음. • 자신의 생각을 명료하게 정리하고 다른 사람에게 설득력 있게 전달하는 연습을 할 수 있음.	• 단순히 교훈적인 내용만 전달하려는 경우가 많음. • 그림 그리기에 부담을 가지는 학생이 많음. • 자신의 생각을 정리하고 설득력 있게 표현하는 것을 어려워 함.

교사 TIP

❶ 헤드라인, 바디 카피, 이미지를 파악할 수 있도록 광고 샘플을 보여 주는 것이 중요합니다.
❷ 기획 의도를 통해 학생들의 생각을 명료하게 정리하게 합니다. "네가 다른 사람들에게 말하고 싶은 부분이 뭐야?"라고 물어보고 그 부분을 기획 의도에 쓰도록 합니다.
❸ 자신의 생각을 다른 사람에게 설득력 있게 전달하는 것 또한 현대 사회를 살아가는 데 중요한 요소임을 알리고 적극적으로 참여할 수 있도록 합니다.
❹ 학생들의 아이디어를 강조하려면 색연필, 사인펜 등을 활용하여 그림을 그리는 것보다는 표현 방법을 다소 제한하여 잡지나 광고의 내용을 활용하여 표현하도록 하는 것이 좋습니다.
❺ 배운 내용을 정리하기 위해 광고를 만들 수도 있습니다.

수업 활용 자료

광고 제작 활동지

반   번   이름:

관련 단원	자연관	선택한 주제	지구 온난화
주제에 대한 나의 생각			우리가 환경을 파괴해서 지구 온난화 현상이 일어나는 것은 우리가 던진 부메랑이 우리에게 되돌아오는 것처럼 당연한 일이다. 부메랑이 되돌아오는 것을 원하지 않는다면 애초에 부메랑을 던지지 않으면 될 일이다. 그러므로 우리는 환경 보호를 위해 자원을 아껴야 한다.
기획 의도			지구 온난화가 가속되면 결국 우리 삶에 피해를 가져오게 되므로 지구 온난화를 막기 위해 우리는 자원을 아껴야 합니다. 모든 사람들이 자원을 아껴 쓸 수 있다면 좋겠다는 마음으로 이 광고를 기획하였습니다.

헤드라인	헤드라인	지구를 위한 OFF
	주제 관련성	지구 온난화를 막기 위하여 우리는 에어컨, 히터 등을 꺼야 합니다. 그래야 자원이 낭비되지 않고 자연이 파괴되지 않습니다. 이 헤드라인을 주제(지구 온난화)를 막기 위해 에어컨, 히터 등을 끄자는 내용이므로 주제와 관련이 있습니다.
바디 카피	바디카피	지구는 우리가 살고 있는 곳입니다. 우리가 살기 위해서라도 자원을 낭비하지 말아 주세요. 여러분이 에어컨을 끄는 순간 지구 온난화를 막는 지름길이 열릴 것입니다.
	주제 관련성	주제(지구 온난화)는 '지구를 파괴하는 것 = 우리가 사는 곳을 파괴하는 것'이므로 자원을 아껴야 한다는 이 내용은 주제와 관련이 있다.
이미지	이미지	파괴되는 지구, 돌아가는 에어컨 등
	주제 관련성	에어컨을 계속 켜 놓으면 주제(지구 온난화) 현상이 가속화되어 언젠가는 지구가 파괴되니 지구가 파괴되지 않도록 에어컨을 끄자는 내용이 담겨 있는 이미지이므로 주제와 관련이 있다.

수행 평가 척도표

평가 목표	주제와 관련하여 자신의 생각을 담은 광고를 작성할 수 있다.	
평가 내용	광고 내용 요소 및 주제 적합성 평가	
평가 요소	1. 헤드라인이 있는가? 2. 바디 카피가 있는가? 3. 이미지가 있는가? 4. 바디 카피는 헤드라인과 이미지를 설명하는데 적합한가? 5. 기획안에 이미지와 주제의 연결성이 합당하게 설명되어 있는가? 6. 기획안에 바디 카피와 주제의 연결성이 합당하게 설명되어 있는가? 7. 기획안에 헤드라인과 주제의 연결성이 합당하게 설명되어 있는가? ※ 평가 요소 중 1가지가 부족할 경우 10점씩 감점함.	배점 100점

| 심미적 감성 역량 |

04 3컷 정지극

이런 고민을 했어요

학생들이 수업 시간에 배우는 내용은 대체로 추상적인 지식의 형태인 경우가 많습니다. '평화적인 방법으로 갈등을 해결해야 한다.', '사회 정의를 실현하여 모든 구성원의 인간적인 삶을 보장받을 수 있다.'와 같은 지식들은 실제로는 특정한 맥락 속에서 구체적인 행동으로 드러나게 됩니다. 그래서 학생들이 배우는 추상적인 지식들을 실제 삶의 장면 속에서 구체적으로 적용시켜 보면 좋겠다고 생각했습니다.

때마침 전국 도덕 교사 모임 여름 직무 연수에서 연극 수업 연수를 들었습니다. 실제로 몸을 움직이면서 상황을 표현하니 글로 쓰는 것과는 다른 느낌이 들었습니다. 활기차고 재미있는 시간이었습니다. 서로 호흡을 맞추다 보니 처음 보는 선생님들과도 함께 활동하면서 조금 가까워지는 느낌이 들었습니다.

매일 앉아서 수업을 듣는 학생들과 꼭 함께 해 보고 싶었습니다. 실제로 수업 시간에 적용해 보니 학생들도 무척 즐거워하며 적극적으로 참여하였습니다. 그리고 정지극 수업에서 학생들은 배운 내용을 성찰하고 이를 구체적인 상황 속에서 행동으로 표현해 볼 수 있었습니다. 이를 통해 자신들이 배운 내용이 실제 삶과 관련이 있다는 것도 알게 되었습니다.

🌱 수업 디자인 과정

우선 정지극이 어떤 것인지 설명해 주는 시간이 1시간 정도 필요합니다. 책상을 교실 벽 쪽으로 붙여 교실 공간을 확보합니다. 그리고 학생들에게 장면 하나를 생각하도록 합니다. 어떤 장면이든 상관없습니다. 어제 텔레비전을 보던 장면이나 수업을 듣는 순간, 친구들과 점심을 먹는 순간도 좋습니다.

한 명의 학생에게 자신이 생각하는 장면을 가장 잘 표현할 수 있는 이미지를 몸으로 표현하게 합니다. 예를 들어 첫 번째 학생이 어제 텔레비전을 보던 순간이 생각나면 비스듬히 누워 있으면 됩니다. 다른 학생들은 누워 있는 학생을 보고 어떤 장면인지 자기 나름대로 해석합니다. 어떤 학생은 텔레비전을 보는 것이라고 생각할 수도 있고, 차도와 인도를 구별하는 경계석이라고 생각할 수도 있습니다. 혹은 조각상이라고 생각할 수도 있습니다.

두 번째 학생이 첫 번째 학생의 정지극을 보고 자신이 해석한 대로 표현하기 위해서 앞으로 나옵니다.

첫 번째 학생이 텔레비전을 보는 모습을 표현하기 위해 바닥에 누워 있으면 두 번째 학생이 그 장면을 조각상이라고 생각해서 그 조각상을 만드는 사람의 자세를 취하면 됩니다. 그런 방식으로 각자 장면에 대한 자신의 해석을 더해 갑니다. 3~4명 정도가 자세를 취하면 선생님이 마지막 사람부터 자신이 해석한 장면이 어떤 장면인지 자신이 취한 자세의 의미는 무엇인지 물어봅니다. 나오는 순서는 정해져 있지 않지만 반드시 한 번은 나와서 표현하도록 합니다.

정지극은 3컷으로 구성하도록 합니다. 3컷 정지극은 수업 시간에 배운 내용, 토론한 내용 등에 대한 자신의 생각, 모둠의 생각을 모둠별(대체로 3~4명) 3장면으로 표현하는 것입니다. 꼭 3컷이 아니어도 괜찮습니다. 학생들은 몸을 이용해서 다양한 것들을 표현합니다. 다른 학생들은 몸으로 표현하고자 하는 의도가 무엇인지 추측해 보도록 합니다.

학생들이 몸으로 의미를 표현하는 것이 능숙하지 않은 경우에는 무슨 장면인지 파악하기 어려울 때가 있습니다. 교사가 볼펜을 들고 "이 요술봉으로 정지된 학생을 터치하면 마법이 풀리면서 대사와 행동을 할 수 있다."라고 말해 줍니다. 그리고 학생이 그 상황 속에서 자연스럽게 나올 법한 대사를 하도록 합니다.

수업 엿보기

수업 절차	내용
정지극 설명하고 실습하기	① 몸으로 표현하는 것을 실습함.
모둠별 주제 정하기	② 정지극으로 표현할 내용을 정함.
3장면 정하고 연습하기	③ 표현하고자 하는 내용을 담을 수 있는 장면들을 선택하고 역할을 나누어 연습함.
3컷 정지극 감상 및 나누기	④ 친구들의 정지극을 보고 어떤 내용인지 맞추어 보도록 함.

| 정지극 실습 사례 |

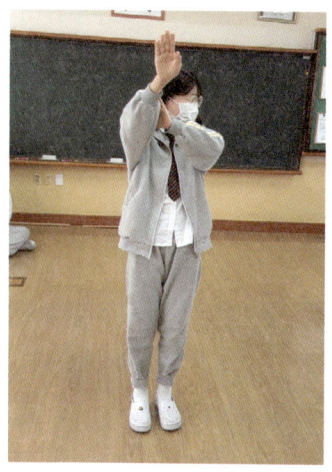  

○ 첫 번째 친구가 제시한 장면: 좋아하는 가수 콘서트에서 환호하는 장면
○ 두 번째 친구가 해석한 장면: 친구를 만나서 반가워서 인사하는 장면
○ 세 번째 친구가 해석한 장면: 선서하는 장면

❶ 길에서 무서운 언니들을 만나는 장면
❷ 언니들에게 돈을 빼앗기는 장면
❸ 돈을 빼앗기고 억울해서 울고 있는 장면

✅ 수업 되돌아보기

효과 및 배운 점	아쉬웠던 점
• 몸을 움직이면서 대부분의 아이들이 즐겁게 참여할 수 있음. • 추상적인 교과 지식을 구체적인 상황에 적용시켜 표현할 수 있음. • 자신의 생각을 다른 사람에게 전달하기 위해 어떻게 표현해야 하는지 고민해 볼 수 있음. • 숨겨진 재능을 확인할 수 있는 기회가 됨.	• 3컷으로는 복잡한 내용을 표현하기가 어려움. • 주제를 담는 것보다 몸으로 표현하는 것만 즐기는 경우가 있음. • 학생들이 처음 해 보는 활동이라 어색해 함.

　정지극 수업을 통해 다른 시간에는 보지 못했던 아이들의 새로운 모습을 발견할 수 있었습니다. 자신의 생각을 다른 친구들과 이야기하고 행동으로 구성하는 경험은 아이들에게 좋은 자극이 되는 것 같았습니다. 물론 모든 반이 다 잘되는 것은 아닙니다. 하지만 시도해 볼 만한 가치는 있다고 생각합니다. 정지극 수업을 통해서 아이들은 자신의 생각을 표현하는 새로운 방법을 배울 수 있었습니다.

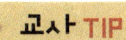 교사 TIP

❶ 정지극을 준비할 때 시간을 많이 줄수록 잘하는 것이 아니므로 적절한 시간을 배분해야 합니다.(7~10분 내외)
❷ 자신이 전달하고자 하는 의미를 몸짓으로 보여 주기 위해 어떤 장면이 들어가야 하는지 고민하여 장면을 구성하도록 합니다.
❸ 학생들의 행동만으로 어떤 의미인지 파악이 잘 안 되는 경우 대사를 유도하면 의미 전달이 보다 잘 될 수 있습니다.
❹ 준비 시간에 정지 장면에서 보여 줄 자세를 실제로 취해 보도록 합니다. 그렇지 않으면 정지극을 하면서 우왕좌왕하게 됩니다.

창의적 사고 역량

05 영화와 교과서가 만났을 때 기쁨 두 배! 윤리 수업

이런 고민을 했어요

　영상물의 홍수 속에 살고 있는 우리에게 영상물은 양날의 검과 같습니다. 영상물은 대게 즉각적인 자극과 흥미를 줄 수 있는 반면, 우리를 수동적, 객체적 존재로 만들면서 사고력을 제한하는 문제점도 있습니다. 하지만 그러한 부분은 수업에서 토론과 글쓰기 활동을 통해서 충분히 극복될 수 있기 때문에 영상물을 수업 시간에 많이 보여 주려고 하고 있습니다.

　영상 세대에게 좋은 영화 한 편은 훌륭한 소설책 한 권과 같은 가치를 가집니다. 교과서의 활자 중심으로 기록된 사상가들에 대해서 아이들은 낯설게 느끼거나 내용을 잘 이해하지 못하는 경우가 많습니다. 소크라테스, 공자, 한나 아렌트 등 교과서에 나오는 사상가들을 영화로 만나 보면 어떨까요? 영상으로 만나는 철학자나 다양한 사상은 교과서에서의 만남보다 더 떨리고 호기심으로 이끌게 됩니다. 그리고 아이들은 영화를 보는 것에서 그치는 것이 아니라 이어지는 글쓰기와 토론 활동을 통해서 『윤리와 사상』에 나오는 사람들이나 사상에 더 친숙히 다가갈 수 있고 내용을 더 잘 이해할 수 있습니다.

🌱 수업 디자인 과정

　영화 보기와 학습지 활동, 모둠별 토론 주제 만들기, 전체 생각 나누기의 일련의 과정은 최소 세 시간 정도의 시간이 필요합니다. 영화를 축약해서 보여 주면 두 시간 정도 소요될 수 있습니다. 수업 시간에 학습지 활동을 하면 산만하거나 시간이 부족해서 제대로 적기 힘들 수 있으므로 충분한 시간을 주고 학습지를 적어 오게 합니다. 과제로 해 온 학습지는 본시 수업에서 학생들끼리 서로 공유해서 모둠별로 생각을 나누고 질문을 만드는 과정을 통해 토론 활동을 합니다. 그리고 마지막으로 모둠 대표가 돌아가면서 자기 모둠에서 오고 갔던 토론 내용을 전체 발표하는 시간을 가지면서 마무리를 합니다.

수업 엿보기

수업 절차	내용
영화 시청	① 시간이 충분하다면 영화 전체를 보여 줄 수도 있으나 10~20분 정도로 편집해서 보여 주는 것도 효율적임.
영화 시청 후 활동지 활동(과제)	② 활동지에 적힌 질문에 대한 답을 서술형으로 작성해 오게 함.
학습지 공유 및 토론 질문 만들기	③ 각자가 써 온 활동지를 돌려 보면서 의견을 달아 주고, 각자 만든 질문을 공유함.
모둠별 토론 활동	④ 모둠 구성원들이 각자 제시한 질문 중에서 하나를 골라 토론을 진행함.
전체 발표	⑤ 모둠 대표들이 돌아가면서 자기 모둠에서 이루어진 토론 내용을 전체 발표함.

◎ 학생들이 함께 영화를 보는 모습

◎ 학생들이 모둠별로 토론 활동을 하는 모습

수업 되돌아보기

효과 및 배운 점	아쉬웠던 점
• 영화 보기, 글쓰기, 토론하기의 일련의 과정을 통해 비판적 사고 능력을 키우게 됨. • 영화를 보는 예리한 통찰력과 안목은 어른보다 아이들이 더 뛰어나며 그들의 마음속에 있는 도덕적 통찰력과 비판 능력을 일깨우는 것이 영화라는 장르의 힘이라는 것을 수업을 하면서 느낄 수 있었음.	• 대체로 작품성과 재미는 비례하지 않음. 작품성과 재미를 둘 다 충족시키는 영상물을 찾는 것이 쉽지 않음. • 영화 함께 보기, 토론하기, 글쓰기가 조화와 균형을 이루어야 하는데, 보는 것에만 집중하고 그 이후의 과정을 소홀히 하는 아이들도 있었음. • 교실에 소위 '영화 덕후'가 많은데 그런 아이들한테 교과 주제와 관련한 영화를 추천받아서 보면 교사가 고른 것보다 더 훌륭한 영화를 볼 수도 있음.

교사 TIP

❶ 가급적이면 최신 작품 중에서 수업에 적합한 영화를 찾도록 합니다.
❷ 일부 작품은 작품성이 있지만, 흥행을 염두에 두어 자극적인 장면을 담고 있는데, 이를 학생들이 어떻게 받아들이게 할지 고민이 될 수 있습니다.
❸ 영화를 보고 학습지 활동을 한 후 그것을 바탕으로 영화에서 인상 깊은 장면과 그렇게 생각하는 이유를 돌아가면서 말하게 합니다. 그 속에서 보는 관점이 다를 수 있다는 것을 알게 하고, 자칫 놓칠 수 있는 부분을 다시 고민하게 할 수 있습니다.
❹ 단편 영화를 제외한 영화의 상영 시간은 대부분 100~120분인데, 반드시 다 보여 줄 필요는 없습니다. 상황에 따라 융통성 있게 영화의 중요한 부분만 보여 주거나 한 시간 정도로 편집해서 보여 주는 것도 한 방법이 될 수 있습니다. 다만 이 경우에는 교사의 부연 설명이 필요합니다.
❺ 영화는 중간고사나 기말고사 직후 혹은 자투리 시간에 보여 주면 주면 좋습니다. 시험 직후에는 휴식이 필요한 것 같습니다.
❻ 영상물의 홍수 속에서 아이들의 철학적인 사고력이나 도덕적 판단력을 키워 줄 수 있는 콘텐츠를 확보하기 위해서는 무엇보다도 교사가 평소 영상물에 관심을 가지고 수업에 응용하는 작은 정성과 노력이 선행되어야 합니다.

영화 「잡식 가족의 딜레마」 활동지

반　　　번　이름:

관련 단원
- 『윤리와 사상』, 동물에 대한 윤리적 대우
- 『생활과 윤리』, 동물 중심주의 윤리

1. 영화에서 인상 깊었던 장면을 적어 보자.
   ☞ 영화의 시작 부분에서 구제역 바이러스로 인해 돼지들을 산 채로 매장하는 장면이 인상 깊었다. 땅속으로 떨어진 돼지들은 뒤엉켜 울부짖다가 흙더미 속에서 죽음을 맞이해야 했다. 내가 생각하기에 사람은 자신이 죽었을 때 화장을 하거나 수목장을 하는 등 죽음에 관한 의식을 할 권리가 있다. 그러나 돼지 같은 동물들은 그러한 권리가 없다.

2. 이 영화를 만든 감독이 갈등을 겪고 있거나 고민하고 있는 문제는 무엇인지 써 보자.
   ☞ 채식주의자와 육식을 즐기는 사람들 간의 충돌이 아닐까 한다. 나는 최근에 페이스북에서 개장수가 개를 도축하려고 질질 끌고 가는 영상을 보았다. 돼지나 소 그리고 닭과 오리 등의 동물도 개처럼 열악한 환경에서 비윤리적인 방법으로 도축이 된다. 이러한 도축 방법에 대해 채식주의자와 육식을 즐기는 사람들이 충돌할 수 있고, 이 문제로 감독이 고민할 것 같다.

3. 공장식 축산으로 인해 나타날 수 있는 부작용이나 문제점에 대해서 써 보자.
   ☞ 공장식 축산으로 인해 나타날 수 있는 부작용의 대표적인 예로는 조류 독감(AI)이나 구제역 바이러스 발생 문제이다. 그리고 현대 사회에 급속도로 증가한 육류 소비량으로 인해 공장식 축산을 하면서 동물을 생명체가 아닌 수단으로 여기고 비윤리적으로 대우하게 한다. 좁은 철장(스톨)에 갇혀 거대하게 살을 찌우고 번식 활동도 인간에 의해 인공적으로 이루어진다. 암퇘지들은 임신하는 기계로 바뀌고, 수퇘지들은 고기의 품질을 위해 거세당하면서 목숨을 잃기도 한다. 공장식 축산에서 생활하는 돼지들은 인간들을 위해 평생을 고통 속에서 살아간다.

4. 공장식 축산을 극복할 수 있는 대안을 제시해 보자.
   ☞ 인류가 육류를 전혀 먹지 않게 되는 일은 결코 일어나지 않을 것이라고 생각한다. 공장식 축산을 줄이는 데에 작은 힘이라도 보태기를 원한다면, 일주일에 하루는 고기를 먹지 않는 '고기 없는 월요일(Meat free Monday)' 운동을 하는 것이 가장 효과적이고 바람직하다고 생각한다. 이 운동은 영국의 전설적인 록 그룹 비틀즈의 멤버였던 폴 매카트니가 처음으로 제안한 육식 줄이기 운동이다. 이 운동은 공장식 축산으로 고통 받는 동물을 줄이고, 고기를 생산하기 위해 전 세계에서 배출되는 대량의 온실가스를 줄여 지구 온난화를 막자는 취지가 담겨 있다고 한다.

수업 활용 자료

영화 「잡식 가족의 딜레마」 모둠 토론 사례

반　　　번　이름:

| **토론 주제** | 공장식 축산은 동물권 보호 차원에서 없어져야 한다. |
| **모둠 구성원** | 소현, 다예, 유진, 정인 |

소현: 우리가 본 영화에 나오듯이 돼지들이 스톨에 갇혀서 힘들게 살아가는 모습이 너무 잔인해 보였어. 동물도 인간과 마찬가지로 자유로운 환경에서 살게 해 주어야 한다고 생각해.

다예: 나는 동물의 권리도 중요하지만 육식을 위해서는 공장식 축산이 불가피하다고 생각해. 공장식 축산의 덕분으로 우리가 저렴하게 돼지고기를 먹고 있는데, 공장식 축산을 못하게 하면 고기 값이 올라 우리는 맛있는 삼겹살도 특별한 날에만 먹게 될지 몰라. 공장식 축산은 개체 수가 가장 많은 인간에게 맛과 영양분을 제공해 주기 위해서 어쩔 수 없다고 생각해.

유진: 나는 다예의 입장에 찬성해. 인간은 육식을 좋아 하는 습성이 있기 때문에 우리가 육식을 줄일 수는 없다고 생각해. 영화에서 영화감독의 남편인 수의사가 육식을 좋아하는 자신의 습성을 존중해 달라고 하지만, 감독이 남편과 아들에게 억지로 채식을 하게 하는 모습이 불편해 보였어. 그리고 육식을 즐기면서 공장식 축산에 반대하는 사람들이 있는데 그것은 모순이라고 생각해.

정인: 그러면 공장식 사육으로 인해 동물은 고통을 받아도 된다고 생각하는지 유진이에게 묻고 싶어. 동물의 고통과 인간의 고통이 뭐가 다를까? 동물이나 인간이나 고통에 반응하고 쾌락을 좋아하는 경향이 있고, 우리는 고통을 느끼는 존재에 대해서 예외 없이 배려하고 고통을 줄여 주어야 할 의무가 있다는 피터 싱어의 주장이 옳다고 생각해.

유진: 정인이의 생각도 일리가 있어. 동물도 고통에 반응하는 부분이 분명히 있지만, 이성을 지니고 있고 도덕적 행위 능력이 있는 인간이 더 우선되고 존중받아야 되지 않을까? 그러한 관점에서 인간을 제외한 동물은 인간과 동일한 지위를 지닐 수 없다고 생각해.

소현: 나는 동물도 사고 능력이 있다고 생각해. 우리가 함께 사는 개나 고양이 같은 경우에 사람의 표정에 따라 반응하고 주인과 상호 교감하면서 살고 있는 존재이기 때문에 인간과 동물은 동일한 지위를 지닌다고 생각해. 그래서 공장식 축산으로 인해 동물이 가혹한 환경에서 자라게 하는 것은 도덕적으로 볼 때 용인될 수 없어. 그리고 공장식 축산을 반대한다고 해서 육식을 반대하는 것이 아닐 거야. 다만 육식은 하되 동물의 복지를 고려한 축산업이 될 수 있도록 우리의 각성과 관심이 필요하다고 봐.

수업 시간에 활용할 만한 영화

- 영화 제목: 「한나 아렌트」(2012)
- 연관 단원: 〈윤리와 사상〉, 인간의 삶과 윤리

- 영화 제목: 「소크라테스의 유언」(2012)
- 연관 단원: 〈윤리와 사상〉, 서양 윤리 사상의 흐름

- 영화 제목: 「셀마」(2014)
- 연관 단원: 〈윤리와 사상〉, 이상 사회의 구현과 사회사상

- 영화 제목: 「잡식 가족의 딜레마」(2015)
- 연관 단원: 〈생활과 윤리〉, 동물 중심주의 윤리

- 영화 제목: 「공자, 춘추 전국 시대」(2010)
- 연관 단원: 〈윤리와 사상〉, 동양 윤리 사상

- 영화 제목: 「제인 구달」(2014)
- 연관 단원: 〈생활과 윤리〉, 동물 중심주의 윤리

| 심미적 감성 역량 |

06 비주얼 싱킹(Visual Thinking)으로 수업하기

이런 고민을 했어요

'윤리와 사상' 과목은 학생들에게 풀어서 설명하기가 힘들고, 학생들도 이해하기 어려워합니다. 특히 한국의 성리학에 '이황과 기대승의 사단 칠정 논쟁' 부분은 학생들이 정말 어려워하고 문제 풀이도 힘들어 하는 단원입니다.

그래서 매번 수업할 때마다 학습지와 수업 도구(제 주변에서 쉽게 구할 수 있는 도구: 물컵, 스마트폰, 자동차 등)를 활용하여 설명하고, 설명이 잘 된 영상도 소개합니다. 학생들의 언어와 학교생활 등을 연관 지어 이해시키려고 애를 써 왔습니다. 하지만 이런 노력에 비해 학생들의 이해도는 매번 만족스럽지 못해 이 단원을 가르칠 때마다 걱정되고 부담되었습니다.

교사로서 학생들이 이 내용을 잘 이해하고 있는지 확인할 수 있는 방법을 찾아보다가 '비주얼 싱킹(Visual Thinking)'을 수업에 적용하면 좋을 것 같다고 생각했습니다. 배운 것을 그림으로 표현하고 친구에게 설명하는 과정이 저의 고민을 조금 해결해 줄 수 있을 것 같아 수업을 기획하였습니다.

수업 디자인 과정

'비주얼 싱킹'을 활용한 수업은 개념이나 내용에 대해 학생들이 정확히 이해하는 것이 중요합니다. 쉬운 내용은 학생들 스스로 책을 읽고 그림으로 그릴 수 있지만, 어려운 내용은 교사의 설명이 필요합니다. 특히 한국의 성리학(이황, 이이, 정약용 등)과 관련된 내용은 교사의 다양한 설명을 통해 전달되어야 합니다. 저는 학생들과 교과서를 먼저 읽고, 진짜 스마트폰과 스마트폰 모양의 장난감을 가지고 이기론을 설명합니다. 물론 분필, 책상, 의자 등 교실에서 얼마든지 다양한 예시를 선택하여 추가적으로 설명할 수 있습니다. 투명한 물컵과 지저분한 물컵을 가져와서 직접 두 컵에 물을 부어 가며 설명하기도 합니다.

이렇게 내용 설명이 끝나고 나면, 학생들에게 자신이 이해한 이기론, 사단 칠정의 관계 등에 대해 옆 친구와 번갈아 가며 설명하는 시간을 가집니다. 이 과정을 통해 스스로 이해하고 있다고 생각한 것에서 잘못된 부분은 없는지를 점검해 봅니다. 그리고 누군가에게 직접 설명하는 과정을 통해 학습한 내용을 확인하는 기회를 가지게 됩니다. 친구의 설명을 듣고 이해되지 않은 부분은 적극적으로 질문하도록 했습니다.

학생들에게 비주얼 싱킹에 대해 소개하는 과정이 꼭 필요합니다. 비주얼 싱킹 학습지를 나누어 주면서 지금까지 배운 내용을 어떻게 그림으로 표현해 내는지 설명을 합니다. 저는 과정형 평가와 연계하여 실시하였기에 개인적으로 비주얼 싱킹 활동지를 작성하게 하였으나 모둠 활동으로 해도 좋습니다.

마지막은 공유하기입니다. 모둠끼리 혹은 옆 친구와 활동지를 교환하여 보고 설명하는 시간을 짧게 가집니다. 그 후 활동지를 교실 벽면에 전시하고 친구들의 활동지를 감상하게 합니다. 그리고 친구들의 질문에 대해서는 개인적으로 설명해 주도록 했습니다.

수업 엿보기

수업 절차		내용
1차시	개념 설명하기	① 사단 칠정의 개념을 다양한 사례를 들어 가며 설명함.
	옆 친구에게 설명하기	② 자신이 이해한 것을 친구에게 적극적으로 설명하게 함. 또 질문 활동을 할 수 있도록 지도함.
2차시	그림으로 표현하기	③ 비주얼 싱킹에 대해 구체적으로 설명함. ④ 배운 것을 자신이 이해한 대로 그림으로 표현하게 함.
	공유하기	⑤ 친구들의 그림을 감상하면서 배운 내용을 잘 이해하고 있는지 스스로 되돌아보게 함.

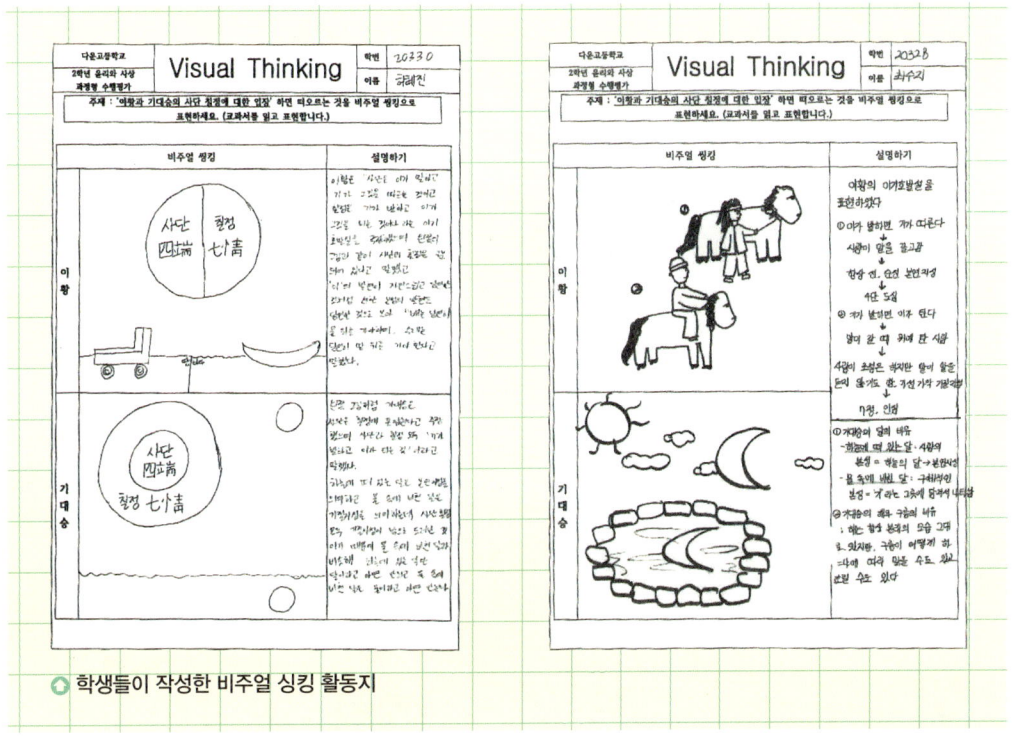

◎ 학생들이 작성한 비주얼 싱킹 활동지

수업 되돌아보기

효과 및 배운 점	아쉬웠던 점
• 어려운 내용에 대한 이해도가 높아짐. • 옆 친구가 설명해 줄 때 다양한 질문을 하면서 적극적인 태도를 보임. • 그림 그리는 활동을 재미있어함. • 학생들의 창의적인 생각을 알게 됨.	• 그림에 자신 없는 학생들이 도전하려 하지 않음. • 자신이 이해한 개념이 아니라 교사의 설명(사례들)을 그림으로 많이 표현함. • 수업 활동과 평가 문제를 연계시키지 못함.

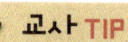 교사 TIP

❶ 비주얼 싱킹 활동을 하기 전에 반드시 그 필요성과 효과에 대해 전반적인 소개를 해야 합니다.
❷ 그림으로 표현하는 것을 무조건 싫어하고 자신 없어 하는 학생들에게 이 활동은 그림 실력이 중요한 것이 아니라고 설명하여 납득시키는 것이 필요합니다.
❸ 어려운 내용을 자신이 잘 이해하고 있는지를 확인하는 과정으로 비주얼 싱킹을 활용한다는 점을 안내해야 합니다.
❹ 고등학교 과정에서는 관련된 문제(형성 평가)를 마지막에 풀어 보게 하는 것도 효과적입니다.

수업 활용 자료

비주얼 싱킹이란?

••• 비주얼 싱킹이란?

글, 도형, 기호, 색상 등을 활용하여 생각을 시각적으로 표현하는 것이다. 생각을 체계화하여 기억력과 이해력을 키울 수 있으며, 시각적 표현으로 행동을 이끌어 내는 역동적인 사고이다.

••• 비주얼 싱킹의 기본 요소

••• 비주얼 싱킹의 장점

쉽게 이해할 수 있음.	말로 설명하기 어려운 개념이나 이해하기 어려운 내용도 쉽게 이해할 수 있도록 해줌.
오래 기억할 수 있음.	모든 것을 그림으로 생각하게 되면서 머릿속에 이미지를 구축할 수 있어 오래 기억할 수 있음.
간단하게 정리할 수 있음.	많은 정보와 복잡하고 어려웠던 문제가 단순하면서도 총체적으로 정리되어 행동 가능하게 만듦.
생각하는 능력이 생김.	시각적으로 표현하기 위하여 생각하는 습관이 생기고, 자연스럽게 창의력이 발달함.

••• 비주얼 싱킹을 활용한 수업의 단계

1단계	⇨	2단계	⇨	3단계	⇨	4단계	⇨	5단계
학습 주제(내용) 제시하기		핵심어 표시하기		레이아웃 생각하기		시각적으로 표현하기		활동 공감 나누기

- 「비주얼씽킹 수업」, 우치갑 외
- 핵심어 표시하기: 학습 내용에서 핵심 단어에 색깔 표시를 하면서 읽고, 텍스트가 전달하고자 하는 핵심어를 찾는다.
- 레이아웃 생각하기: 학습 내용을 파악한 후 생각을 가장 효과적으로 표현할 수 있는 레이아웃의 형태를 생각한다. 레이아웃 형태는 고정형 레이아웃(써클형, 버블형, 더블버블형), 자유형 레이아웃 등이 있다.

| 심미적 감성 역량 |

07 오감으로 느끼고 생각하는 여름날의 도덕 수업

이런 고민을 했어요

따스한 햇볕이 점점 강해지고 나뭇잎들은 점점 진녹색으로 변해 가는 여름날이었습니다. 아이들은 쉬는 시간에도 덥다고 교실 안의 에어컨 냉기 속에서만 생활하고 밖으로 나가려고 하지 않았습니다. 도덕 시간에 아이들과 토론을 하고 있는데, 문득 이런 생각이 들었습니다. "계절의 변화를 몸으로 느끼며 생각하고 체험하는 도덕 수업"

7월의 어느 날 여름. 수업은 이렇게 시작되었습니다. 교과서에서 벗어나 자연과 계절의 변화 속에서 윤리적 삶에 대해 고민해 보고자 했습니다. 옛날 우리 동양의 성인들이 자연 속에서 삶의 이치를 깨달았던 것처럼 말입니다.

수업 디자인 과정

이 수업은 1학기 기말고사를 마친 후에 진행하는 것으로 계획했습니다. 1차시는 야외 수업, 2차시는 교실에서 토론 및 글쓰기를 진행했습니다. 1차시 야외 수업에서는 실제로 아이들이 교실 밖으로 나가 여름을 몸으로 느끼고 주위 사물을 진지하게 관찰했습니다. 관찰한 대상을 그림으로 그리고 이를 우리의 삶에 비유해 보며 질문을 만들어 볼 수 있게 활동지를 구성했습니다. 1차시 야외 수업의 경우에는 간단한 주의 사항만 안내하고 자유롭게 교정을 거닐 수 있도록 했습니다. 영화 『죽은 시인의 사회』에서 키팅 선생이 말했던 자유로운 사색가가 될 수 있는 시간을 주고 싶었습니다.

2차시는 1차시에 아이들이 만든 질문들을 공유하고 전체 질문을 선정하도록 했습니다. 그리고 그 전체 질문으로 토론을 진행했습니다. 이 과정은 철학적 탐구 공동체 토론 절차와 동일합니다. 토론 이후에는 글쓰기 수업으로 이어졌습니다. 이 과정을 통해 1차시에 아이들이 느끼고 생각했던 것들이 더욱 확장되고 심화되어 가기를 기대했습니다.

아래는 아이들이 만든 질문들 중 몇 가지를 정리한 것입니다.

- 개미의 삶은 가치가 있을까?
- 우리의 이익을 위해 자연을 개발해도 되는가?
- 남에게 의존하는 것이 나쁜 것일까?
- 고정문은 자신의 상황에 만족할까?
- 세 잎 클로버 여러 개와 네잎 클로버 한 개 중 무엇이 더 중요할까?
- 아무리 하찮은 사람이라도 자신의 역할이 있을까?

수업 엿보기

수업 절차	내용
여름 수업 활동지를 활용한 야외 수업	① 여름 수업 활동지를 배부하고 간단한 주의 사항을 전달함. ② 도덕적 삶을 여름에 비유해 보고 교정을 다니면서 주위를 관찰하게 함. ③ 자신이 그리고 싶은 대상을 선정하여 그리고 질문을 만들도록 함.
토론 및 글쓰기	④ 야외 수업에서 만든 개인 질문들 중에 토의를 거쳐 모둠 질문을 선정하도록 함. ⑤ 모둠 질문에서 전체 질문을 선정하고 토론하게 함. ⑥ 토론 이후에는 자신의 경험과 관련지어 글쓰기를 하도록 함.

○ 학생들이 자연을 관찰하고 질문을 만드는 모습

여름 수업 학생 소감문

이 수업을 하면서 우리 세상에 대해 다시 생각해 보게 되었다.

우리 세상에는 수없이 많은 질문들이 존재한다. 그 질문들을 마주해 보니 그동안 나는 세상에 대한 관심이 그리 많지 않았다는 생각이 든다. 학교에서 배우는 게 아니라도 우리에게 가르침을 주는 것은 많다. 그것들의 존재를 다시 한 번 깨닫게 되었다.

우리 모둠에서는 같은 사물을 보고 제시한 질문이 2개 있었는데, 두 질문은 전혀 같지 않았다. 이처럼 사람들의 관점에 따라 우리 세상은 수없이 색다르게 변할 수가 있다. 그리고 한 세상의 모습 안에는 수많은 질문이 들어있다. 이것들은 우리가 하나하나 찾아내 풀어 내기를 기다릴 것이다.

이번 수업이 세상의 질문들을 좀 더 깊이 생각해 보는 계기가 되었다.

수업 되돌아보기

효과 및 배운 점	아쉬웠던 점
• 몸으로 느끼고 표현하는 수업을 통해 도덕적 문제를 대하는 아이들의 관점이 더욱 확장되고 심화될 수 있었음. • 기말고사가 끝난 더운 여름날이었지만 아이들과 의미 있는 시간을 가질 수 있었음. • 유비 추론, 연역 추론 등 다양한 논리적 사고를 활용할 수 있는 수업이었음.	• 야외 수업 시에 아이들의 위치 파악이 어려움. 실제로 교실에 들어가 나오지 않은 학생들도 있었음. • 여전히 질문을 만드는 일에 어려움을 느끼는 학생들이 많았음. • 수업이라는 부담감 때문인지 질문을 형식적으로 만드는 경우가 있었음.

텍스트는 우리를 둘러싼 자연이었습니다. 자연에는 특별한 이야기도 쟁점도 없었지만 관찰과 대화 속에서 아이들은 쟁점을 만들었고, 의미를 발견해 내고자 애썼습니다. 또 그 과정 속에서 자연과 도덕적 삶, 나아가 자신의 삶을 관련지으려 했습니다.

이는 평소 수업을 하면서 항상 고민되는 지점이었습니다. 수업이 아이들의 삶과 괴리되었다는 느낌을 종종 받았기 때문입니다. 수업을 진행하면서 그 이유를 조금이나마 알 수 있었습니다. '교사가 사전에 꼼꼼하게 기획하고 연구한 텍스트 속에는 아이들의 삶이 들어갈 여유가 없었던 것은 아닐까?', '때로는 수업 속에서 빈칸, 쉼표를 마련해 주어야 하지 않을까?' 하는 생각이 들었습니다.

누군가 문명이 발전하면서 인간은 자신의 오감을 의미 있게 사용할 수 있는 능력이 퇴화하고 있다고 한 바 있습니다. 어쩌면 맞는 말인 것 같다는 생각이 듭니다. 스마트폰과 책 속에서 눈과 귀만으로 모든 것을 보고 판단합니다. 온몸으로 느끼고 이해하며 이를 다시 지성으로 통합시켜 나갈 수 있는 교육이 필요한 시점이라고 생각됩니다. 언젠가 아이들이 자신의 삶 속에서 교과서가 사라지고 스마트폰이 없어지더라도, 끊임없이 자신의 삶과 주변을 돌아보면서 질문을 던지고 성찰해 나가는 삶을 살아갈 수 있기를 바라 봅니다.

교사 TIP

❶ 야외 수업 시에는 교사의 개입을 최소화하되 아이들의 모습을 세심하게 관찰해야 합니다. 특히 아이들의 동선을 정확히 파악하도록 노력해야 합니다.
❷ 아이들의 질문이 성의가 없어 보이거나 수준이 낮아 보여도 존중하고 그 의미를 물어보아야 합니다.
❸ 자연 속에서 아이들이 생각하거나 느꼈던 것들을 토론을 통해 심화·발전시켜 갈 수 있도록 하는 것이 교사가 맡아야 역할입니다.

7월의 어느 날 여름 수업 활동지

반   번 이름:

1. 여름에 대한 느낌이나 감상을 적어 보세요.
   ☞ 여름은 덥다. 그와 상반된 시원함이 필요하다.

2. 여름에 대한 생각이나 느낌을 도덕적 삶에 비유해 보세요.
   ☞ 하나가 차고 넘치면 그와 상반된 것은 부족해 보이기 마련이다. 이처럼 우리 삶은 하나만 완벽할 순 없다. 모든 것이 어우러진 것이 세상이라고 생각한다.

3. 학교 내에서 윤리적 질문이나 생각을 떠올려 볼 수 있는 대상을 찾아서 그림으로 나타내 보세요.

4. 위 그림에 통해 나타내고자 하는 생각과 질문을 적어 보세요.
   ☞ 질문: 이 문은 자신에게 주어진 상황에 만족할까?
   배경 설명: 자신의 의지와 상관없이 고정되어 있다. 이 문은 자신에게 주어진 상황에 만족할까? 혹시 움직이고 싶지는 않을까?

5. 전체 질문을 선정하여 토론해 보세요.
   ☞ 전체 질문: 틴트를 바른 입술 색의 규제 기준은?

••• 토론 예시

수현: 학교에서 틴트색을 규제하고 있는데 잘 이해가 되지 않는다.
기현: 아예 바르지 않으면 문제가 없지 않을까?
윤정: 하지만 바르고 싶어 하는 학생들이 많다.
교사: 꼭 규제가 필요할까?
민정: 규제하는 근거가 부족하다.
기철: 하지만 교칙에 화장은 금지되어 있다.
수현: 교칙 개정이 필요하다. 틴트로 인한 문제가 있는가?

유정: 입술색이 변색되기도 한다.
기현: 하지만 타인에게 피해를 주지는 않는다.
유진: 타인이 보기에 좋지 않을 수도 있다.
윤정: 하지만 그것은 개성이다. 존중해 줄 필요가 있다.
기철: 학교 차원에서 아이들의 건강을 위해 규제하는 것은 아닐까?

(중략)

| 창의적 사고 역량 |

08 '행복' 개념 지도 만들기

이런 고민을 했어요

우리 사회는 아이들에게 즐겁고 행복해야 한다고 강조하지만 현실에서 많은 아이들은 힘겨운 삶을 살아가고 있습니다. 삶의 여유가 없이 학교에서 학원으로 쳇바퀴를 돌 듯이 오가면서 힘겹게 생활하고 있습니다. 이런 아이들이 어떻게 하면 좀 더 행복한 삶을 살 수 있을까 생각했습니다.

이러한 문제의식에 더해 행복을 바라보는 관점의 변화가 저의 수업 설계에 영향을 주었습니다. 전통적인 관점에서 행복은 즐거움보다는 삶의 목적을 세우고 가치 있는 삶을 사는 것과 같은 의미 추구를 더욱 강조하였습니다. 하지만 최근에는 즐거움을 통해 의미를 만들어 가는 것을 강조하고 있습니다. 그래서 학생들이 평소에 원하고 바라는 것, 즐겁게 하고 있는 것 등 자신의 욕구와 경험 속에서 행복한 삶의 의미를 찾아가는 수업을 구상하게 되었습니다.

수업 디자인 과정

행복이란 무엇인가에 대한 명확한 답이 있을까요? 삶에 대한 만족도는 그 사람이 처한 환경이나 그것을 받아들이는 마음에 따라 다를 것입니다. 그래서 행복의 개념을 교사가 직접 제시하기보다는 학생들 스스로 행복에 대한 이미지, 문장, 예시, 질문 등이 담긴 '행복 개념 지도'를 만들어 가며 행복이라는 개념을 탐색하도록 하였습니다.

'이미지' 항목에는 행복과 관련하여 떠오르는 이미지를 그려 봅니다. '문장' 항목에는 '행복'이라는 말을 넣어 문장을 만듭니다. 문장을 만들 때 시나 이야기, 명언, 격언, 좌우명 등으로 표현할 수도 있습니다. '예' 항목에는 자신이 행복했던 경험이나 행복한 순간들의 구체적인 사례를 제시합니다. 구체적인 사례는 마인드맵 형식으로 표현할 수도 있습니다. '질문' 항목에는 행복과 관련된 질문을 만들어 봅니다. '문장'이나 '예'와 연결된 질문을 만들 때 좋은 질문이 만들어질 가능성이 높습니다.

개념 지도가 만들어지면 전체 나누기를 합니다. 학생들의 작품을 교실 옆 벽면에 모자이크 형식으로 전시합니다. 학생들은 친구들의 작품을 감상하며 행복에 대한 생각을 더 키울 수 있습니다.

수업 엿보기

수업 절차	내용
'행복' 개념 지도 수업 소개	① '행복'과 관련된 경험을 소재로 개념 지도를 만들고, 그 개념을 성찰하는 수업임을 안내함.
'행복' 개념 지도 만들기	② 행복과 관련하여 '이미지'와 '문장', '예', '질문'을 만들어 봄.
'행복' 개념 지도 전시하기	③ 학생들의 작품을 교실 옆 벽면에 모자이크 모양으로 전시하여 관찰해 봄으로써 행복에 대한 생각을 키울 수 있도록 함.

○ 학생들이 '행복' 개념 지도를 만드는 모습

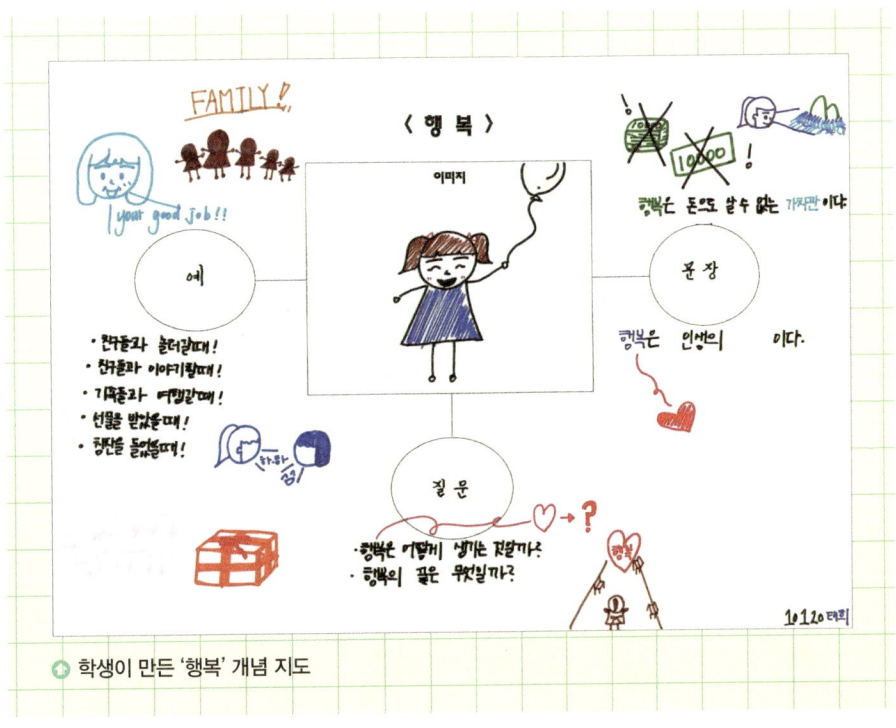

○ 학생이 만든 '행복' 개념 지도

Ⅲ 예술과 감성

수업 되돌아보기

효과 및 배운 점	아쉬웠던 점
• 자신의 경험 속에서 행복이라는 개념을 알게 하는 방식으로 학생들의 적극적 수업 참여를 이끌어 낼 수 있음. • 개별 활동으로 그치지 않고 모둠별 나누기와 전체 나누기를 함으로써 배움을 더욱 키울 수 있음.	• 색칠 도구와 꾸미기 자료 준비를 미리 안내하지 않을 경우 개념 지도를 의미 있게 만들지 못할 수 있음. • 교사가 활동 방법을 설명했지만 어떻게 할지 몰라서 멍하게 있거나 친구의 활동을 방해하는 학생도 있음.

　사람을 변화시키는 일은 낙수가 바위에 구멍을 내는 만큼이나 많은 수고와 노력이 필요하다고 합니다. 행복을 배우는 것과 아이들이 현실에서 행복한 것은 다를 수 있습니다. 그럼에도 이 수업을 하면서 가진 저의 소망은 아이들이 즐겁게 살아가는 것입니다.

　즐거움은 고통을 이겨 내는 힘이 됩니다. 세상의 무엇보다도 자신이 가장 소중한 존재임을 알고 즐거움으로 역경과 고난을 이겨 나간다면 삶을 긍정하며 살아갈 수 있을 것입니다. 즐겁게 사는 것은 어려운 것이 아닙니다. 내가 하고 싶은 것을 찾고 그것을 일상화할 때 기쁨이 생기고 의미가 만들어지는 것입니다. 노래 듣는 것을 좋아한다면 잠을 깬 순간 좋아하는 노래를 먼저 듣고 하루를 시작하면 어떨까요? 그 즐거움이 삶에 긍정적 에너지를 줄 수 있을 것입니다. 이러한 소소하고 잔잔한 일상의 기쁨들이 많아진다면 우리는 더욱 행복해질 것입니다.

교사 TIP

❶ '행복' 개념 지도를 만들 때 학생들이 본인의 경험을 표현하도록 합니다.
❷ 개념 지도를 만들 때 색칠 도구나 그림 자료 등이 사전에 준비될 수 있도록 안내합니다. 모둠을 형성하여 색칠과 꾸미기 도구를 함께 사용하도록 하면 편리합니다.
❸ 개념 지도를 만드는 과정에서 궁금한 점을 서로 가르쳐 주고 도와주는 협력적인 관계를 형성하도록 하면 진행도 원활하고 결과물도 잘 나옵니다.
❹ 개념 지도 전체 나누기에서 붙임쪽지를 활용해 상호 피드백을 해 줄 수도 있습니다.
❺ 개념 지도의 질문을 활용하여 토론한다면 행복에 대한 철학적인 탐구도 가능해집니다.

지식 정보 처리 역량

09 가족 관계 성찰 수업

이런 고민을 했어요

학생과 학부모를 상담하다 보면 가족 구성원 간의 관계 회복이 무엇보다도 중요하다는 것을 깨닫습니다. 가장 친밀해야 할 가정에서 구성원 간의 관계가 무너진 경우가 많습니다. '부모님들이 제 말을 무시해요! 하기 싫은데 강요해요!', '아이가 초등학교 때는 안 그랬는데 중학교 올라와서 말을 안 들어요! 버럭버럭 대들어요.' 등 서로 감정의 골이 깊어져 힘들어 합니다.

무슨 이유로 이런 상황이 일어나는지 의문이 생겼습니다. 상담 결과 학생들이 자의식이 강해지면서 기존의 가족 구성원 간의 관계와 소통 구조에 강한 의문을 품게 된다는 것을 알게 되었습니다. 그리고 가족 관계에서 그 동안의 억압되었던 욕구가 역으로 강한 저항으로 나타날 수 있다는 생각이 들었습니다.

이러한 문제의식으로 가족 구성원 간의 의사소통에 관심을 갖게 되었습니다. 청소년들이 자신의 의사와 감정을 솔직하게 표현하고 합리적인 방법으로 갈등을 해결한다면 위기에 처한 가족 관계를 조금이나마 회복할 수 있을 것이라는 확신이 들었습니다.

수업 디자인 과정

다른 사람들에게 자신의 가족 구성원에 대한 이야기를 할 때 지나치게 미화하거나 극단적으로 나쁘게 말하는 경우가 있습니다. 가족에 대한 이야기를 솔직하게 표현하게 하기 위해서는, 내가 어떤 이야기를 해도 평가받거나 비난받지 않고 공감을 받을 수 있다고 느끼게 하는 분위기를 형성하는 것이 중요합니다.

이러한 분위기의 형성을 위해 우리 가족을 다섯 글자로 표현하고 이유를 듣는 시간을 갖게 합니다. 또한 그 글자를 제목으로 하는 '동그라미 중심 가족화 그리기' 활동을 합니다. 가족 구성원의 관계와 특징이 드러날 수 있도록 동물이나 식물 또는 주변의 사물에 비유하여 우리 가족을 그림으로 표현하는 활동입니다. 이 활동을 통해 현재 자신이 느끼는 가족의 모습을 성찰하고 가정의 소중함을 생각해 볼 수 있습니다.

이어서 가족 구성원과의 관계에서 느끼는 자신의 감정을 찾습니다. 그리고 어떤 상황에서 그러한 감정을 느끼는지 구체적으로 파악하게 합니다. 이 시간에 자신의 감정을 가족 구성원에게 제대로 전달하는 방법인 'I 메시지(나+상황+감정)'를 연습합니다.

수업 엿보기

수업 절차	내용
가족 관계 성찰 프로젝트 소개	① 우리는 가장 친밀한 관계에서 사랑을 느끼기도 하지만, 많은 상처를 받기도 함. 이 활동은 가정의 소중함을 알고 관계 회복력 향상을 목적으로 한다는 것을 안내함.
우리 가족 표현하기	② 우리 가족을 다섯 글자로 표현하고 그 이유를 발표함. 예) 장난꾸러기, 대화가 필요
동그라미 중심 가족화 그리기	③ A4 용지의 동그라미 안에 가족 구성원을 동물이나 식물 또는 주변의 사물에 비유하여 표현하고 그렇게 표현한 이유를 구체적으로 제시함.
가족 구성원에 대한 감정 표현하기	④ 다양한 감정이 표현되어 있는 표에 부모나 형제자매에게 느끼는 감정을 체크하고 어떤 상황에서 그렇게 느끼는지 살펴봄. ⑤ 자신의 감정을 제대로 표현하는 활동인 'I 메세지(나+상황+감정)'를 연습함.
활동 소감 나누기	⑥ 활동 후 자연스럽게 소감을 나눔.

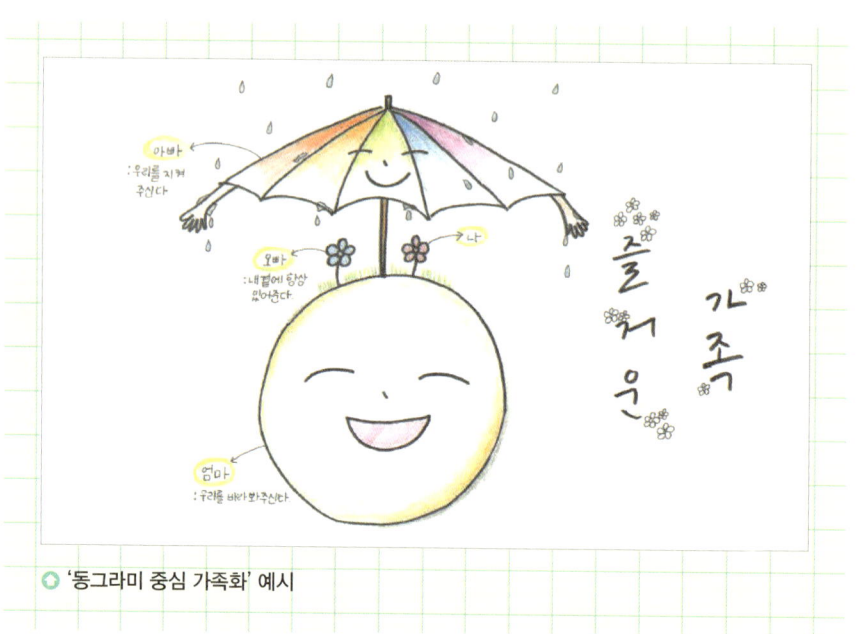

◉ '동그라미 중심 가족화' 예시

수업 되돌아보기

효과 및 배운 점	아쉬웠던 점
• 가정의 모습을 드러내기가 쉽지 않지만 학생들의 흥미와 수준에 맞는 가벼운 활동을 통해 자연스럽게 표현하도록 함으로써 자기 표현력이 높아짐. • 'I 메시지'로 표현하면서 상대방이 자신의 입장을 더 잘 이해하고, 자신도 마음이 가벼워지는 느낌을 받게 됨. • 교사가 학생들의 이야기를 명료화하고 공감해 줄 때 수업은 더욱 활기차고 역동적으로 진행됨.	• 가족의 모습을 표현하는 데 거부감을 느끼는 학생을 다그치거나 억지로 표현하도록 몰아가는 우를 범하기도 함. • 감정 표현 방법을 이론적으로는 알지만 실제 생활에서는 실천하지 못함. • 학생들은 가족 구성원, 특히 부모에 대한 부정적인 감정을 표현하는 것에 많은 어려움을 겪고 있음.

가정의 모습은 고정된 것이 아닙니다. 가족 구성원들이 어떤 관계를 맺으며 어떻게 가정을 가꾸어 가느냐에 따라 그 가정의 분위기가 달라지고 그 속에서 성장하는 사람도 변합니다. 학생 개인에게 인식되고 있는 가정은 어떤 모습인가요? 가족 간에 대화는 민주적으로 진행되고 있나요? 가정에서 안전과 평화로움, 행복감을 느끼나요? 등의 내용을 도덕 시간에 다루는 것은 중요합니다. 나의 삶의 바탕이 되는 가정생활을 성찰하고 관계를 회복하는 수업을 통해 학생들이 가정의 소중함을 느끼고 사랑, 존중이라는 가치가 가정과 세상을 따뜻하게 만든다는 것을 알게 되는 좋은 기회가 된 것 같아 보람 있었습니다.

 교사 TIP

❶ '우리 가족 다섯 글자로 표현하기' 활동 전에 가족의 특징을 연상하고 구체화할 수 있도록 충분한 시간을 줍니다. 교사가 결과물 제작에만 신경 써서 학생들을 다그치지 않도록 합니다. 열린 마음으로 학생들의 이야기를 들어 주고 활동 과정을 바라보는 수용적인 태도가 필요합니다. 친구들끼리 평소에 가지고 있는 가족들에 대한 생각을 나누어 보게 하는 것도 좋은 방법입니다.

❷ 모둠을 구성하여 협력하는 분위기에서 '동그라미 중심 가족화' 그리기를 진행합니다. 모둠별 색칠 도구를 준비하여 함께 사용하도록 합니다. 완성된 작품을 전시하여 전체 나누기를 하면 의미가 깊어집니다.

❸ 가족 구성원에 대한 감정 표현을 찾기 전에 우리는 어떠한 감정도 느낄 수 있고, 감정에는 옳고 그름이 없다는 것을 학생들에게 인식시켜 줍니다. 다만 감정을 느끼는 것과 감정대로 행동하는 것은 다른 문제일 수 있음을 이해시킵니다.

❹ 실천력을 높이기 위해 'I 메시지'를 활용한 감정 표현과 공감 연습을 짝과 함께 해 보도록 합니다. 그리고 과제로 부모님에게 자신의 감정을 표현해 보도록 합니다. 부모님이 어떤 반응을 보였는지 다음 수업 시간에 점검해 봅니다.

❺ 가족 간의 의사소통 방식보다 중요한 것은 사랑과 존중의 마음이고, 의사소통 방식은 한 순간에 바뀌는 것이 아님을 강조합니다.

가족 관계 성찰 수업 활동지

반　　　번　이름:

●●● 우리 가족을 다섯 글자로 표현하기

예)

| 장 | 난 | 꾸 | 러 | 기 |

| 대 | 화 | 가 | 필 | 요 |

| | | | | |

왜?
_____
_____

●●● '동그라미 중심 가족화' 그리기

※ 감정을 표현하는 단어들을 읽고, 아버지를 떠올리면 느껴지는 감정에는 동그라미를, 어머니를 떠올리면 느껴지는 감정에는 네모를 표시해 봅시다.

■ 긍정적 표현들

가볍다	간절하다	감격스럽다	감사하다	고맙다
고무적이다	고상하다	근사하다	기발하다	기분좋다
눈물겹다	담담하다	든든하다	멋있다	뭉클하다
반갑다	뿌듯하다	사랑스럽다	상쾌하다	상큼하다
시원하다	신기하다	신바람나다	아늑하다	온화하다
원하다	위안이 되다	자랑스럽다	재미있다	진지하다
짜릿하다	태연하다	통쾌하다	투명하다	편안하다
포근하다	푸짐하다	행복하다	흐뭇하다	

■ 부정적인 표현들

가소롭다	간절하다	가엾다	거부감을 느끼다	거슬리다
걱정되다	겁나다	겸연쩍다	고독하다	괘씸하다
권태를 느끼다	긴장되다	놀랍다	답답하다	당황스럽다
두렵다	떨떠름하다	멋적다	몸서리치다	무섭다
무시하고 싶다	민망하다	밉다	배신감을 느끼다	복수심을 느끼다
부끄럽다	북받치다	분하다	불만스럽다	불쌍하다
불안하다	불쾌하다	비난받은 듯하다	서글프다	서운하다
섭섭하다	소름끼치다	속상하다	슬프다	신경질나다
실망스럽다	썰렁하다	쓰라리다	쓸쓸하다	씁쓰레하다
아쉽다	애석하다	야속하다	얄밉다	어색하다
어이없다	억울하다	열받는다	외롭다	울고싶다
울적하다	울화가 치밀다	원망스럽다	위축되다	자책을 느끼다
저항감을 느끼다	전율을 느끼다	절망적이다	조급해지다	조바심이 난다
조심스럽다	주눅들다	지겹다	짜증스럽다	참담하다
처량하다	처절하다	초조하다	허탈하다	혐오감을 느낀다
혼내 주고 싶다	혼돈스럽다	화가 난다		

■ 비유적 표현들

가슴이 찡한	가슴이 찢어지는	가을에 농부가 추수하는 듯한
간담이 서늘해지는	갑자기 한 대 맞은 듯한	넓은 들판에 홀로 선 듯한
눈물이 날 듯한	더 이상 좋은 것이 없는 듯한	덫에 걸린 느낌

수업 활용 자료

뒷전에 물러난 듯이 소외된	마음을 닫고 싶은	마음이 확 열리는
막다른 골목에 선 듯한	머리끝이 곤두서는	물 만난 고기 같은
몸둘 바를 모르는	무지개처럼 아스라한	뭐가 뭔지 알 수 없는
뭔가 저지르고 싶은	미궁에 빠진 듯한	미칠 지경인
보살핌을 받는 듯한	분발심이 나오는	바다가 내 가슴에 안기는 듯한
비난받을 것 같은	생각도 하기 싫은 정도인	세상이 끝난 듯한
솜털처럼 가벼워진	아무 소용없는 사람인 것 같은	암담한 심정
양다리 걸친 것 같은	양쪽에서 찢겨지는 듯한	오싹 소름 끼치는
절벽 같은	정신이 번쩍 드는	지적받은 듯한
태산을 짊어진 듯 무거운 심정	평가를 받는 듯한	피가 거꾸로 솟는 기분
하늘이 무너지는 듯한	한 대 갈기고 싶은	흥분될 것 같은

※ 친구들과 함께 서로의 글, 그림, 느낌 등을 나누어 보고, 가정이 소중한 이유를 적어 봅시다.

느낀 점

가정이 소중한 이유

지식 정보 처리 역량

10 '인간의 존엄성과 인권' 프로젝트 수업

이런 고민을 했어요

우리는 인간으로서 행복하게 살고 있을까요? 또한 사람다운 삶을 영위하고 있나요? '금수저, 흙수저', '갑질', '헬조선', '낙하산', '학벌주의', '외모 지상주의', '아동 학대', '성차별', '비정규직 차별' 등의 이야기가 사회 곳곳에서 나오는 것을 볼 때면 우리 사회에서 심각한 수준의 인권 침해가 아직도 일어나고 있는 것으로 보입니다.

이러한 문화에 젖어 생활하고 있는 청소년들의 삶은 어떨까요? 청소년들은 하대 문화와 권위주의가 팽배한 가정과 학교에서 자신의 욕구를 표현하는 것조차 어려워하는 경우가 많습니다. 또한 경쟁을 우선시하는 서열 문화, 학대라고 할 정도로 과도한 학업 스트레스, 충분한 여유와 놀이를 즐기기 어려운 환경 등에 둘러싸여 있습니다. 강요와 억압이 일상화되어 있는 환경에서 주체성을 잃어버리고 살고 있지는 않은지 걱정입니다.

물질과 경쟁이 중시되는 사회에서 인간으로서 존엄성을 지키고 사람답게 살 권리를 누리는 것은 쉬운 일이 아닙니다. '권리 위에 잠자는 자는 자신의 권리를 찾을 수 없다.'라고 합니다. 그래서 학생들이 자신의 권리를 알고 그것을 찾기 위해 한 발 나설 수 있는 수업을 생각하게 되었습니다. 또한 수업을 지역 사회와 연결시켜 사회에 작은 변화가 일어날 수 있도록 하고 싶었습니다.

수업 디자인 과정

학생들의 인권 의식을 높일 수 있는 실천적 활동이 중심이 되는 수업 디자인을 고민했습니다. '인간의 존엄성과 인권'이라는 주제로 설문 조사, 인터뷰, 역할극, UCC, 노가바, 캠페인의 6가지 프로젝트 중에서 한 가지를 선택해서 진행하게 합니다.

설문 조사 활동은 시민들이 인권에 대해 어떻게 생각하고 있는지 설문 문항을 만들어 인권 의식을 알아보는 것입니다. 그리고 설문 통계를 내고 그 결과를 해석하여 PPT로 만들어 발표하도록 합니다. 인터뷰 활동은 인권 신장에 힘쓰고 있는 사람들을 찾아 그들을 인터뷰하거나 가상으로 인터뷰 장면을 연출하여 자료로 만들어 발표하는 것입니다. 역할극 활동은 우리 사회의 인권 침해 사례를 정지극으로 만들거나 모둠 구성원들이 직접 역할을 나누어 연출하여 표현하게 하는 것입니다. UCC 활동은 인권이 존중되고 보장받는 아름다운 세상을 다양한 자료와 음악을 활용하여 영상으로 만들어 보는 것입니다. '노가바' 활동은 학생들이 좋아하는 노래를 인권과 관련된 내용으로 개사하고, 바뀐 가사에 맞

는 율동이나 영상 자료를 결합시켜 표현하게 하는 것입니다. 캠페인 활동은 인권 캠페인 프로그램, 예를 들면 인권 플래카드 만들기, 인권 스티커 붙이기, '인권 프리 허그' 등을 창의적으로 구상하여 학교 또는 지역 사회에서 캠페인 운동을 합니다. 그리고 구체적인 활동 내용을 자료로 만들어 발표합니다.

모둠별 프로젝트 내용을 요약하면 다음과 같습니다.

① 사람이 사람답게 사는 세상을 꿈꾸며(인권 의식에 관한 설문 조사)
② 사랑하면 손난로, 미워하면 얼음장 – 따뜻한 사람을 찾아서(인터뷰)
③ 인권 좌절, 인권을 깨우다!(사회극 또는 역할극)
④ 모두가 평등한 맑은 세상, 인권이 가득한 아름다운 세상!(UCC)
⑤ 인권과 함께 노래와 춤을~(노가바)
⑥ 평화, 인권 그리고 공존을 꿈꾸는 교실!(캠페인)

모둠별 발표를 통해 학급에서 배움을 나누고 더 나아가 전교에서 반별로 발표한 내용을 나눕니다. 그리고 학교 축제에서 행사를 할 수도 있습니다. 이러한 활동을 통해 학생들 스스로 인권 의식을 높이고 지역 사회에 작은 변화를 만들어 가는 기회를 가집니다.

수업 엿보기

수업 절차	내용
인간 존엄성과 인권 프로젝트 소개	① 프로젝트 수업의 목적과 활동(주제 관련 설문지 조사, 인터뷰, UCC제작, 역할극, 노가바, 캠페인)을 소개함.
모둠 구성 및 모둠 활동 워밍업	② 모둠 구성에 대해 토의하고 모둠 구성표를 작성함. ③ 우리 모둠 공통점 10가지를 가지고 빙고게임을 진행함.
모둠별 프로젝트 정하기	④ 모둠 구성표의 주제 칸에 6가지 활동 중 하고 싶은 순으로 1, 2, 3순위를 적게 하고, 경합할 경우 릴레이 가위바위보로 결정함.
모둠별 프로젝트에 대한 안내 및 계획서 작성	⑤ 모둠별로 돌아가며 주제에 대한 맞춤식 안내를 함. ⑥ 계획서 작성 시 역할 분담과 구체적 활동 내용을 담도록 함.
모둠별 프로젝트 과제 수행	⑦ 수업 시간과 방과 후에 모둠 주제에 따른 프로젝트 활동을 함.
발표 및 평가	⑧ 모둠별 발표를 하면서 발표 내용에 대해 질문하고 답변하는 시간을 갖도록 함. 교사는 평가표에 따라 평가함.
반별 나누기	⑨ 각 모둠이 발표한 프로젝트 결과물을 반 전체가 공유하고 배움을 키워 나감.
축제 부스로 행사하기	⑩ 학년 전체 프로젝트 결과물 전시와 인권 신장을 위한 인권 등 달기, 인권 스티커 붙이기 활동 등을 결합하여 축제 부스로 운영함.

✅ 수업 되돌아보기

효과 및 배운 점	아쉬웠던 점
• '인간의 존엄성과 인권'이 학생들에게 내면화되고 실천으로 연결되려면 프로젝트 활동 과정이 민주적인 가치와 절차를 존중하고 실천하는 과정이어야 함. • 단순한 지식 습득을 넘어 그 지식이 학생들의 삶과 연결될 때 배움이 커짐. • 프로젝트 수업은 학생들에게 충분한 시간과 여유가 주어져야 함. • 프로젝트 수행 결과를 어떻게 함께 나눌 것인가(모둠 – 반 – 학년 – 학교 전체 – 지역 사회)에 대한 학생들의 동의를 얻을 때 수업의 질이 달라지고 배움이 확대됨.	• 인간의 존엄성과 인권의 구체적인 의미를 몰라서 활동의 적극성이 떨어지는 경우가 있음. • 모둠을 먼저 구성하고 프로젝트를 정할 경우 학생들의 능력이 반영되지 못함. • 학생들의 삶 속에서 일어나는 인권 문제가 프로젝트의 소재가 되지 못하고 단순히 사회적 약자에 대한 보호만을 강조하는 경향이 있음. • 학생들의 자유로운 모습에 불안감이 생겨 강압적인 언행이 나오기도 함. 모둠 구성원끼리 상호 소통과 협력이 되지 않는 경우도 있음.

학생들은 프로젝트를 수행해 나가는 과정에서 의사소통 능력과 인간관계 기술을 자연스럽게 배울 기회를 가질 수 있습니다. 또한 협력하는 수업을 통해 즐거움과 의미를 되찾고 학생들이 학습의 주체로서 활동할 수 있는 계기가 되었습니다. 하지만 수업을 하는 과정이 역동적이라 소란스럽고, 공간 활용이 요구되기 때문에 특별실이 마련되면 좋겠다는 아쉬움이 남습니다. 그리고 방과 후 학생들이 모여 활동할 시간이 부족하였으며 소수 학생 중심으로 과제가 진행되는 문제가 있었습니다. 충분한 활동 시간을 확보하는 것과, 다수 학생의 참여를 이끌어 내는 것도 앞으로의 과제입니다.

교사 TIP

1. 모둠이 구성된 후 프로젝트를 바로 진행하기보다 구성원 간의 소통과 관계 개선을 위한 활동을 진행하면 모둠 활동이 활발하게 이루어집니다.
2. 프로젝트를 수행하기 전 '인간의 존엄성과 인권'에 대한 개념과 이론을 탐구하면 활동이 적극적으로 이루어집니다.
3. 모둠별 프로젝트 과제 수행 시 교실에서의 활동과 방과 후의 활동을 구분하여 진행할 필요가 있습니다.(교실에서의 활동은 계획서 짜기, 아이디어 내기, 정보 찾기, 활동 자료 만들기, 편집하기 등으로 합니다. 방과 후 활동은 계획에 따른 행동 실행이나 촬영하기 등을 중심으로 할 수 있습니다.)
4. 프로젝트 수업은 학생들의 주도적 활동을 중요하게 여기기 때문에 학생들의 자유로운 활동을 보장해 줄 필요가 있습니다. 따라서 교사는 학생들의 자유로운 활동을 지켜보는 인내가 필요합니다.
5. 프로젝트 결과물을 반별로 나누기 전에 다른 반 학생들에게 공개해도 되는지 사전 동의를 꼭 받도록 합니다.
6. 인권 축제 부스를 운영할 경우 프로젝트 계획서와 결과물을 전시하고 영상은 컴퓨터를 활용하여 상영합니다. 인권 소원을 적은 인권 등 만들기 체험을 통해 인권 의식을 높이고 복도 천장에 달아 전시 효과를 극대화합니다. 논쟁이 되고 있는 인권 문제로 스티커 붙이기를 진행하여 흥미를 높일 수 있습니다.

📖 **수업 활용 자료**

모둠 구성표

학년　　반

모둠조	모둠 이름	모둠지기	프로젝트 주제
모둠원(학번 / 이름)		모둠 구성원의 공통점 10가지 찾기	

프로젝트 소개 자료

••• 목적
우리 사회에서 인간의 존엄성이 존중되고 인권이 보장되는 행복한 사회를 만들기 위한 모둠별 프로젝트를 실시합니다. 인권이 존중되는 문화를 이웃과 지역 사회에 퍼지게 하여 아름다운 세상을 만드는 체험을 합니다.

••• 프로젝트 소개

프로젝트 1. 사람이 사람답게 사는 세상을 꿈꾸며(인권 의식에 관한 설문 조사)	**프로젝트 2.** 사랑하면 손난로, 미워하면 얼음장-따뜻한 사람을 찾아서(인터뷰)
인권에 대한 생각을 알 수 있는 설문지 문항을 만들어 학생, 교사, 학부모, 지역에 사는 사람들에게 직접 설문을 받고 통계를 해석하여 파워포인트(PPT)를 만들어 발표합니다.	인간의 권리를 찾고 평화로운 사회를 만들기 위해 노력을 하고 있는 사람이나 단체를 인터뷰하고 영상 자료를 만들어 발표합니다.
인권 의식에 관한 설문지 안녕하세요! 　인권은 국적이나 나이, 성별, 신분에 상관없이 인간으로 태어나는 순간부터 누려야 할 권리입니다. 학생들이 누려야 할 권리를 되찾아 주기 위한 노력의 일환으로 이렇게 설문 조사를 하게 되었습니다. 학생과 학부모님들이 학생들의 인권에 좀 더 관심을 가질 수 있기를 바랍니다. 　　　　　　　　　20○○년 ○월 ○일 　　　　　　　○○중학교　학년 반 모둠 이름:	▶ 인터뷰 질문 　－ 　－ ▶ 현장 인터뷰 상황 설명 　－ 인터뷰 대상이나 현장: 　－ 인터뷰 내용:

프로젝트 소개 자료

프로젝트 3. 인권 좌절, 인권을 깨우다!(사회극 또는 역할극)

인권 침해 사례를 정지극 형태로 사회극이나 역할극으로 표현합니다.

구체적인 사례를 글과 그림으로 표현하기	
그림	그림
내용 설명:	내용 설명:
그림	그림
내용 설명:	내용 설명:

프로젝트 4. 모두가 평등한 맑은 세상, 인권이 가득한 아름다운 세상!(UCC)

모둠을 이루어 인간의 존엄성과 인권과 관련된 UCC를 제작하여 발표합니다.

동영상 제목			
동영상 내용 (구체적으로 서술)	콘티 작성		
	장면1		장면2
	장면3		장면4
	장면5		장면6
준비물			

프로젝트 5. 인권과 함께 노래와 춤을~(노가바)

인간의 존엄성이나 인권과 관련된 흥미로운 노래를 찾아 개사하여 율동을 넣어 표현합니다.

원제목:
원가사:
바꾼 제목:
바꾼 가사:

프로젝트 6. 평화, 인권 그리고 공존을 꿈꾸는 교실(캠페인)

평화, 인권 그리고 공존을 위한 캠페인 프로그램을 제작하여 캠페인을 직접 해 보고 발표합니다.

인권 캠페인 프로그램 만들기(3가지 이상)

모둠 구성표

주제	학번	모둠	모둠 구성원	모둠지기	참여도(명)	불참자

학번	이름	역할 분담 및 활동
활동 내용 (기타 자료는 보고서 뒷면에 첨부해 주세요.)		1. 목적: 2. 구체적 내용: 3. 일정에 따른 계획: 4. 준비물: 5. 발표 계획:

수업 활용 자료

발표 수업 평가표

학년   반

평가 항목	평가 기준
수업준비도	• 발표 자료들이 발표 내용과 일치하는가? • 발표 자료들이 주제와 일치하는가? • 수업에 필요한 자료 준비가 충분한가?
발표 내용	• 발표 내용이 주제와 얼마나 일치했는가? • 주제 선정이 적절했는가? • 발표 내용은 주제를 설명하는 데 충실했는가?
발표 형태	• 발표 형태가 주제 전달에 얼마나 효율적이었는가?
협동심	• 준비 및 발표 과정에 협력이 잘 이루어졌는가?
호응도	• 모든 구성원들이 얼마나 공감하고 호응했는가?

평가 항목	항목 \ 단계	좋았음	보통임	부족함	점수	총점
1모둠	수업 준비도					
	발표 내용					
	발표 형태					
	협동심					
	호응도					

설문 조사 활동지

사람이 사람답게 사는 세상을 꿈꾸며(인권 의식에 관한 설문 조사)
안내글
설문 문항 만들기 1. 2. 3.

활동 후 느낀 점 (개인별)		

인터뷰 활동지

••• 사랑하면 손난로, 미워하면 얼음장 – 따뜻한 사람을 찾아서(인터뷰)

※ 인간의 권리를 찾고 평화를 위해 최선을 다하고 있는 사람이나 단체를 인터뷰한다.(동영상이나 역할극으로도 가능) 아래 계획서와 인터뷰 내용은 워드로 작성한다.

■ 인물 인터뷰 질문을 만들어 봐요.
- 인권에 대한 생각이나 그러한 활동을 하는 마음은?
- 인권 활동 과정에서 슬프거나 기뻤던 기억은?
- 그 활동을 선택한 이유는?

■ 현장 인터뷰 상황 설명
- 인터뷰 대상이나 현장:
- 인터뷰 내용:

역할극 활동지

••• 인권 좌절, 인권을 깨우다!

※ 인권 침해 사례를 정지극 형태의 사회극이나 활동적인 역할극으로 표현해 본다.

인권 침해 사례를 구체적인 글과 그림으로 표현하기	
〈그림〉	〈그림〉
내용 설명:	내용 설명:

📖 **수업 활용 자료**

UCC 활동지

●●● **모두가 평등한 맑은 세상, 인권이 가득한 아름다운 세상!**

※ 모둠별로 인간의 존엄성과 인권과 관련된 UCC를 제작하여 발표한다.

동영상 제목	
동영상 내용 (구체적으로 서술)	
준비물	

●●● **콘티 작성**

〈장면 1〉

〈장면 2〉

〈장면 3〉

〈장면 4〉

〈장면 5〉

〈장면 6〉

〈장면 7〉

〈장면 8〉

노가바 활동지

••• 인권과 함께 노래와 춤을~(노가바)

※ 인간의 존엄성이나 인권과 관련된 노래를 찾아 가사를 바꾸어 발표한다.

원 제목	
원 가사	
바꾼 제목	
바꾼 가사	

••• 개사한 곡에 맞추어 율동 표현하기

가사 내용		가사 내용	
율동		율동	

캠페인 활동지

••• 평화, 인권 그리고 공존을 꿈꾸는 교실!

평화, 인권 그리고 공존을 위한 캠페인 프로그램 만들기(3가지 이상)
준비물

IV 독서와 글쓰기

"쉬지 않고 글을 써야만 마음의 문을 열 수 있고,
자기를 발견할 수 있다." (위화)

01 독서 발표를 활용한 수업

02 그림책을 활용한 자아 탐구 수업

03 고전과 함께 하는 '윤리와 사상' 수업

04 모두가 윈윈(win-win)하는 비경쟁 토론을 활용한 수업

05 자전적 글쓰기로 '나만의 도덕책' 만들기

06 독서 연계 디베이트 수업

07 자유 글쓰기를 활용한 수업

08 내 삶과 도덕을 이어 주는 이야기 쓰기 수업

09 '나는 내 인생의 주인공' 자존감 UP 수업

10 신문을 활용한 수업

지식 정보 처리 역량

01 독서 발표를 활용한 수업

이런 고민을 했어요

얼렁뚱땅 겨울 방학을 보내고 2017학년도 수업을 준비하면서 두 가지 고민이 있었습니다. 하나는 수업 시간에 아이들과 책을 읽고 싶었습니다. 독서는 도덕 교육에서 매우 중요합니다. 타인의 감정에 공감하고, 다양한 삶의 맥락을 읽어 내는 힘은 독서를 통해 길러질 수 있기 때문입니다. 물론 독서만 한다고 해서 이러한 교육적 효과를 거둘 수 있지는 않습니다. 책을 읽으며 생각하고 토론하는 시간이 필요합니다. 그런데 아이들은 독서는 하지만 그 속에 들어 있는 도덕적 문제에 대해 고민하고 토론하려고 하지는 않았습니다. 일주일에 두 시간 밖에 되지 않는 교과 시간에 어떻게 하면 한 학기에 한 권이라도 책을 읽고 도덕적 문제에 대해 고민하게 할 수 있을까? 하고 생각했습니다. 그리고 두 번째 고민은 수행 평가에 독서 관련 활동을 넣어야 하는 것이었습니다. 지역 교육청 권장 사항이었지요. 이러한 두 가지 고민을 해결하기 위해 독서 발표를 활용한 수행 평가를 기획하게 되었습니다.

수업 디자인 과정

독서를 활용한 수업은 이전에도 기획해 보았지만 기대에 미치지 못했습니다. 일단 아이들이 선정한 책이 도덕적 문제를 고민하기에 적합하지 않았기 때문입니다. 그리고 때로는 책을 읽지 않고 발표를 하는 경우도 있었습니다. 물론 무임승차 문제도 있었습니다.

그래서 이번에는 팀 구성을 2명으로 하고 사전 점검 2회를 평가 기준에 넣었습니다. 2명으로 팀 구성을 하면 무임승차 문제를 많이 줄일 수 있을 것이라고 생각했습니다. 사전 점검은 발표를 하기 전에 반드시 교사에게 발표 대본과 책 읽은 소감에 대해 협의를 하는 것입니다. 첫 번째 사전 점검은 학생들이 선정한 책에 대해 협의합니다. 두 번째 사전 점검은 실제 발표 대본에 대해 협의를 합니다. 교사의 쉬는 시간이 줄어들 수밖에 없지만 그냥 즐기기로 했습니다.

사전 점검을 받은 팀(2명)은 발표 자료를 만듭니다. 파워포인트(PPT), 전지, 역할극 등을 활용하여 자유롭게 만들어 볼 수 있도록 했습니다. 발표 시간은 5분에서 10분을 넘기지 않도록 했습니다. 그리고 발표 자료에는 책 선정 이유, 줄거리, 소감, 토론 질문, 질문에 대한 팀의 생각 등이 필수 요소로 포함됩니다. 중학교 1학년을 대상으로 하다 보니 좀 더 섬세한 디자인이 필요했습니다.

수업에서 발표를 하고 나면 반드시 질의응답 및 토론 시간을 가졌습니다. 그래야 아이들이 발표에 좀 더 집중할 수 있기 때문입니다. 물론 질의응답 시간에 나온 질문 중에 중요하다고 생각하는 질문은 따로 기록을 해 두었다가 실제 수업에서 활용해 보기도 했습니다.

수업 엿보기

수업 절차	내용
팀 구성(2명)	① 2명이 한 팀이 되도록 구성함. 팀 구성은 자유롭게 하였음.
도서 선정 및 담당 교사 1차 면담	② 도서를 선정한 후에 담당 교사와 면담을 함. 교사는 도서의 내용이 적절한지, 수업과 관련성이 있는지를 판단함.
발표 대본 구성 및 담당 교사 2차 면담	③ 발표 대본을 구성하여 담당 교사와 2차 면담을 실시함. ④ 줄거리, 작가 소개, 선정 이유, 토론 질문 등이 적절하게 포함되어 있는지를 확인함.
발표 제작	⑤ PPT 및 전지를 활용하여 발표 자료를 제작함. 발표 자료 제작 시에는 글보다는 이미지 중심으로 제작될 수 있도록 요구함.
팀 발표	⑥ 수업 시작 전 15분 정도 독서 발표를 함. ⑦ 교사는 발표 태도, 역할 분담, 토론 과정 등을 보고 평가함.
질의응답 및 토론	⑧ 아이들이 발표한 팀에게 궁금한 점을 물어볼 수 있도록 함. ⑨ 교사는 질문을 바탕으로 아이들 간의 토론을 유도함.
교사 평가 및 제언	⑩ 긍정적인 피드백 중심으로 하되, 다음 발표자를 위해 개선되어야 할 점을 간단히 말해 줌.

○ 학생들이 독서 발표를 하는 모습

수업 되돌아보기

효과 및 배운 점	아쉬웠던 점
• 사전 점검 시 개인별 질의응답을 통해 무임승차 문제를 어느 정도 해결함. • 책 선정 시에 선정 이유를 철저히 점검하여 발표의 질이 향상됨. • 아이들이 질문에 답변을 준비하기 위해 책을 좀 더 깊이 있게 읽으려는 모습을 보임. • 질의응답 과정을 통해 반 전체가 도서에 대한 흥미와 이해를 높일 수 있었음. • 한 학기에 한 권씩 책을 읽게 하려는 교사의 의도가 어느 정도 달성됨.	• 발표 형식이 지나치게 획일화되어 후반으로 갈수록 흥미가 떨어지는 경향이 있음. • 평가 기준을 세심하게 제시하다 보니 평가 기준에만 초점을 두고 발표를 준비하고자 하는 학생이 많았음. • 발표 자료에 글이 많이 포함될 경우 발표를 듣는 아이들의 피로도가 증가하는 경향이 있음. • 교사가 모든 팀에 대한 사전 점검을 실시하다보니 피로도가 올라감.

교사 TIP

❶ 가능하면 성실한 학생들이 앞 순서에 발표할 수 있도록 해야 합니다. 그래야 뒤이어 발표할 학생들에게 좋은 본보기를 제공해 줄 수 있습니다.
❷ 모든 학생들이 발표를 잘할 것이라는 기대를 버려야 합니다.
❸ 토론 과정이 미흡하거나 질문의 질이 떨어지더라도 즉각적인 개입은 자제할 필요가 있습니다. 토론이 끝난 후에 조언을 해야 합니다.
❹ 발표 이후에 이어지는 평가 및 제언을 신중하게 해야 합니다. 칭찬 위주로 하되 개선해야 할 점은 2가지 정도만 제시합니다.

수업 활용 자료

독서 발표 활동지

| 반　　번 이름: | 반　　번 이름: |

도서명(작가)	『장발장』(빅토르 위고)
선정 이유	유명한 고전이고 영화로 만들어지기도 했기 때문이다. 예전에 읽어 본 기억이 있는데 다시 한 번 읽어 보고 싶었다.
줄거리 및 느낀 점	장발장은 조카들을 위해 빵을 훔치다 경찰에게 붙잡혀 감옥에 간다. 그는 탈옥을 시도하다가 발각되어 오랜 시간 감옥에 있게 된다. …… 책을 읽으면서 '법을 어기는 것과 어려운 사람을 도와주지 않는 것 중 어느 것이 더 나쁠까?' 하는 고민과 함께 도덕과 법에 대해 깊이 생각해 보게 되었다.
토론 질문	도덕이 더 중요할까, 법이 더 중요할까?
질문에 대한 생각	장발장은 어려운 사람을 도와주기는 했지만 법을 어긴 사람이다. 장발장을 어떻게 평가해야 할지 궁금해서 이 질문을 만들었다.

※ 발표 준비 시 유의 사항

① 도서 선정 시에는 학생의 수준에 맞으면서도 도덕적 문제에 대해 고민해 볼 수 있는 도서를 선정해야 합니다.
② 대본의 형식은 변경하지 않되 분량은 자유롭게 늘릴 수 있습니다.
③ 도서 선정 시 사전에 담당 교사와의 면담을 거쳐야 합니다.
④ 두 사람이 모두 책을 읽어야 합니다. 이것은 담당 교사의 확인 사항입니다.
⑤ 발표 대본은 반드시 발표 전에 인터넷 카페 게시판에 탑재해야 합니다.
⑤ 그 외에 궁금한 사항은 언제든지 담당 교사에게 문의합니다.

수업 활용 자료

독서 발표 평가표

평가 영역	평가 항목	평가(100점)	비 고
준비성	지도 교사 면담	40	
	자료 준비	25	
체계성	내용의 적절성	5	
	내용의 창의성	5	
	참고 자료 제시	5	
발표력	말투와 태도	5	
	자료의 이용도	5	
	질문에 대한 대답	5	
	호응도	5	
총 점		100	

창의적 사고 역량

02 그림책을 활용한 자아 탐구 수업

이런 고민을 했어요!

아이들이 스스로 철학적·윤리적 질문을 던질 수 있는 환경을 만들어 내는 것은 제 수업의 오랜 목표였습니다. 하지만 쉽지 않았습니다. 특히 교과서는 당위적인 서술로 일관되어 있고 내용의 폭도 좁아서 다양한 질문을 나누기에는 한계가 있었습니다. 그래서 영화나 소설도 활용해 봤지만 시간 관계 상 무리가 많았습니다.

그 와중에 발견한 것이 그림책이었습니다. 처음 소개받은 그림책은 『중요한 사실』(마가릿 와이즈 브라운, 보림출판사, 2005)이라는 책이었습니다. 자아에 대해 탐구해 볼 수 있는 좋은 교재가 되었습니다. 또한 5분에서 10분 정도면 교실에서 함께 읽을 수 있어서 좋았습니다. 많은 삽화들은 수업에 예술성을 부여해 주고 아이들의 흥미도 자극하는 역할을 해 주었습니다.

수업 디자인 과정

일단 교육 과정을 분석하고 그에 따른 그림책들을 찾아보았습니다. 그래서 현 교육 과정 상에 적용해 볼 수 있는 그림책 목록을 추려 냈습니다. 이 과정이 가장 힘들었던 것 같습니다. 그림책 관련 정보는 여러 가지 책들을 참고했습니다. 그림책 구입은 학교 예산을 활용했습니다.

그림책을 읽고 활동지를 만들었습니다. 수업 진행 과정을 활동지로 구성하였습니다. 먼저 그림책을 읽고 주제에 관련된 간단한 활동을 기획했습니다. 예를 들어, 주제가 자아라면, 나와 관련된 여러 이야기들을 나누어 볼 수 있도록 했습니다. 그리고 그림책 표지를 보고 느낌과 감상을 나눕니다. 이후에 그림책을 읽고 내용에 대한 분석, 토론 질문 만들기, 토론하기로 진행했습니다. 그리고 마지막에는 표현 활동을 했습니다. 표현 활동은 토론 과정을 자신의 방식대로 재구성하는 과정이라고 생각하시면 됩니다.

수업 디자인 과정에서 중점을 둔 것은, 아이들이 그림책을 깊이 있게 읽고 이를 교과서 내용과 연계해서 토론해 볼 수 있도록 하는 것이었습니다. 나아가 자신의 삶과 경험 속에서 철학적 질문을 만들어 볼 수 있게끔 하고 싶었습니다.

수업 엿보기

수업 절차	내용
워밍업 활동	① '지금 나에게 가장 중요한 것은?'이라는 질문을 통해 아이들이 자신에 대한 다양한 생각을 말할 수 있도록 함. (예) 게임, 쉬는 시간, 부모님 등과 같은 다양한 답변들이 나옴.)
그림책 소개 및 읽기	② 그림책 표지를 보고 생각나는 것을 말하게 함. 이를 통해 그림책에 대한 흥미를 고조시킴. 이후에는 모둠끼리 돌아가면서 그림책을 소리 내어 읽어 보게 함.
그림책에 대한 내용 공유	③ 그림책을 읽고 생각나는 문장이나 느낌을 나누게 함. 그리고 활동지의 질문에 대해 모둠끼리 이야기를 나누게 함.
토론 질문 만들기	④ 그림책을 읽고 궁금한 점에 대해 개인별로 토론 질문을 만들게 함.
개인 질문 및 전체 질문 선정	⑤ 개인 질문들 중에서 다수결을 통해 전체 토론 질문 선정함.
전체 질문 토론	⑥ 전체 토론 질문으로 자유 토론을 실시함. 이 과정에서 교사는 토론을 이끌어 가는 역할을 함.
평가 및 제언	⑦ 나에게 대한 중요한 사실을 가지고 시를 창작하고 발표함.

○ 모둠별 그림책 토론 수업을 하는 모습

수업 되돌아보기

효과 및 배운 점	아쉬웠던 점
• 그림책이라는 매체에 대해 많은 아이들이 큰 흥미를 보였음. • 독서에 관심이 없는 아이들도 수업에 쉽게 접근할 수 있었음. • 그림책의 종류가 다양하기 때문에 여러 가지 주제의 수업에 활용할 수 있음.	• 1시간 수업만으로 그림책 수업을 진행하기에는 어려움이 많았음. • 장난스럽게 질문을 하거나, 그림책 자체에 대한 선입견을 가진 학생들도 있었음. • 수업 내용과 관련지어 토론을 진행하는 것에 어려움이 있었음.

이 수업 이후에 행복이나 죽음과 같은 어려운 철학적 주제를 다루어야 할 수업인 경우 그림책을 많이 활용하고 있습니다. 『행복한 왕자』(오스카 와일드, 시공주니어, 2003)나 『샬롯의 거미줄』(E. B. 화이트, 시공주니어, 2018), 『'생각'으로 무엇을 할 수 있을까?』(코비 야마다, 주니어예벗, 2015)와 같은 그림책도 도덕 수업에서 활용하기에 아주 좋습니다. 그림책 수업은 감동과 재미, 철학적 성찰을 동시에 제공해 줄 수 있는 매우 좋은 교재입니다. 물론 그림책을 수업에 활용할 경우에는 철저한 사전 토론 계획이 필요합니다. 그렇지 않으면 장난스럽게 수업이 진행될 위험성도 있습니다. 혹시 그림책 수업에 관심이 있으시면 『그림책 읽어 주는 엄마, 철학하는 아이』(제나 모어 론, 한 권의 책, 2013)라는 책도 많은 도움이 될 것입니다.

교사 TIP

❶ 처음부터 너무 무거운 질문으로 수업을 시작하지 않는 것이 좋습니다. 그림책과 관련하여 가볍고 재미있는 질문으로 수업을 시작합니다.
❷ 그림책에 대한 다양한 해석을 허용할 필요가 있습니다. 교사의 의도를 너무 드러내지 않도록 합니다.
❸ 그림책과 관련된 영화나 소설, 애니메이션이 있다면 함께 소개해 주어도 좋습니다.

그림책 『중요한 사실』 활용 수업 활동지

반   번   이름:

생각 열기

1. 지금 나에게 중요한 일에는 어떤 것들이 있나요? 그렇게 생각한 이유는 무엇인가요?

그림책 읽기

2. 제목을 보고 떠오른 생각이나 느낀 점을 나누어 주세요.

3. 그림책을 잘 읽고 아래의 빈칸을 채워 보세요.

	중요한 사실
숟가락	
비	
학교	
엄마	

이야기 나누기

4. 이 세상 모든 것들에는 중요한 사실이 있을까요?

토론하기

5. 이 그림책을 통해 같이 토론해 볼 수 있는 질문을 만들어 봅시다.

나의 질문	
배경 설명	
전체 질문	

6. 토론 과정

심화하기

7. 나에 대한 중요한 사실을 시로 창작해 봅시다.

수업 활용 자료

도덕 수업에 활용할 만한 그림책 목록

제목	지은이	주제
『돼지책』	앤서니 브라운	양성평등
『새가 되고 싶어』	한병호	진로, 꿈
『세 가지 질문』	존 무스	도덕성
『책 도둑』	마커스 주삭	도덕성
『진짜 도둑』	윌리엄 스타이그	의무와 우정
『진짜곰』	송희진	자아탐색
『천둥 치는 밤』	미셸 르미유	자유로운 의문
『샬롯의 거미줄』	엘윈 브룩스 화이트	죽음과 삶
『내가 함께 있을게』	볼프 에를브루흐	죽음
『트리갭의 샘물』	나탈리 배비트	영원한 삶
『네모 상자 속의 아이들』	토니 모리슨	자유와 책임
『엠마』	웬디 케셀만	예술과 감정
『새의 모습을 어떻게 칠할까?』	모디캐이 저스타인	자연과 예술
『네 그림은 특별해』	피터 카탈라노토	예술 평가
『백만 번 산 고양이』	사노 요코	죽음, 사랑
『행복한 왕자』	오스카 와일드	행복
『생각으로 무엇을 할 수 있을까?』	코비 야마다	사고, 생각, 자아
『완벽한 아이 팔아요』	미카엘 에스코피에	완벽, 성찰, 교육

지식 정보 처리 역량

03 고전과 함께 하는 '윤리와 사상' 수업

이런 고민을 했어요

'윤리와 사상' 과목을 가르치다 보면 대부분의 아이들이 추상적인 개념을 이해하기 힘들어 합니다. 연기설, 심즉리, 성즉리, 정명, 제물론, 좌망, 심재, 물아일체 등의 개념을 아이들에게 설명하면, 깊이 고민하여 스스로 그 개념을 터득해 나가기보다는 시험 문제를 맞히기 위해 피상적으로 이해하고 암기하는 현실을 수업하면서 늘 경험하게 됩니다. 그런데 이 개념이 왜 나왔고 어떤 맥락 속에서 이 개념이 존재하는지 고전을 읽으면 답을 찾을 수 있습니다. 고전의 원문 속에 이러한 핵심 개념이 들어 있으니 수업 시간에 고전 텍스트를 직접 읽고 생각 나누기를 해 보았습니다.

또한 『윤리와 사상』 교과서는 학문적인 내용으로 채워져 있을 뿐 사상가들의 이론이 학생들의 삶에 어떠한 연관성을 지니는지에 대해서는 설명을 하지 않습니다. 고전 읽기 수업은 그러한 한계를 벗어나려는 여러 시도 중의 하나라고 생각합니다. 고전에 나와 있는 내용을 일부 발췌해서 함께 읽고 서로의 생각을 나누는 수업을 통해서 교과서의 압축된 내용을 더 깊이 있고 쉽게 이해하기도 하고, 자신의 삶 속에서 다양한 사상의 이론적 측면을 녹여 낼 수 있는 의미 있는 시간이 되었습니다.

🌱 수업 디자인 과정

교사가 먼저 다양한 동서양의 고전을 읽고 핵심이 되는 내용을 발췌하는 작업을 하고, 발췌한 내용을 10장 내외의 읽기 자료 형식으로 만들어서 학생들에게 제공하였습니다. 그리고 학생들에게 읽기 자료를 2주 전에 미리 나누어 주어 충분히 읽어 올 시간을 주었습니다. 그런데 단순히 자료를 읽고 오는 것이 아니라 토론을 하기 위한 질문을 한 가지 이상씩 만들어 오게 하였습니다. 학생들에게 질문을 만들어 오게 하는 것은 고전의 내용을 비판적으로 읽도록 하기 위해서입니다.

본시 수업에서는 모둠 활동으로 질문(토론 주제)을 공유하고 그중에서 가장 선호하는 질문을 다수결로 정하여 모둠별로 토론을 하는 시간을 가졌습니다. 모둠별 토론 후에는 모둠지기들이 돌아가면서 모둠에서 토론했던 내용들을 간략하게 소개하면서 마무리를 지었습니다.

수업 엿보기

수업 절차	내용
고전 활용 수업 안내 (과정형 수행 평가 반영)	① 학기 초에 고전을 읽어야 하는 이유와 토론 방법에 대해서 안내함.
읽기 자료 배부	② 해당 단원 수업 2주 전에 배부하여 충분히 읽을 시간을 제공함.
읽기 자료 함께 읽기	③ 학생들이 돌아가면서 읽게 하고, 어려운 지문은 교사가 부연 설명을 해 줌.
모둠 활동	④ 모둠 토론을 위한 질문을 다수결로 선택하고 토론함.
모둠별 활동 결과 발표	⑤ 모둠 대표가 모둠별 활동 결과를 발표하고, 상황에 따라 전체 토론으로 이어감.

○ 모둠별 토론 및 결과 발표를 하는 모습

▶▶▶ 키케로의 『노년에 관하여』를 읽고 토론하기

제9장(노인도 젊은이와 같이 열정을 가지고 보람된 삶을 살아야 된다는 내용)

(앞의 내용 생략) 웅변가들은 노년이 되면 능률이 떨어지는 게 아닐까 생각한다네. 웅변가로서의 성공은 타고난 재능뿐만 아니라 허파와 체력에도 달려 있기 때문일세. 일반적으로 노년에는 어째서 그런지는 몰라도 목소리가 광채를 발한다네. 내 나이가 얼마인지는 자네들도 알고 있지만 아무튼 나는 아직도 그러한 목소리의 광채를 잃지 않고 있네. 그러나 노인에게 적합한 것은 그 자체로 청중의 호감을 사는 일이 비일비재하다네. 그리고 몸소 그렇게 할 수 없다 하더라도 스키피오나 라일리우스 같은 젊은이에게 그것을 전수할 수도 있을 것이네. 노인이 되어 열성적인 젊은이들에게 둘러싸여 있는 것보다 더 즐거운 일이 어디 있겠는가? 젊은이들을 가르치고 훈련시키고 온갖 종류의 과제와 임무에 대비시킬 수 있는 그런 능력을 우리 노년에 남겨 두고 있지 않은가? 사실 이보다 더 멋있는 일이 또 어디 있겠는가? …… 그런데 그는 고령이 되어서도 청년기가 그립지 않을 만큼 원기가 왕성했다네. 이와 관련하여 나 자신에 관해서는 이야기할 필요가 없겠지. 그렇게 하는 것이 나 같은 노인의 특권이며 내 나이에는 허용되는 일이기는 하지만 말일세.

▶▶▶ 토론 주제: 노인은 반드시 열정적으로 살아야 하는가?

영수 열정을 강요하면 노인에게 부담으로 다가올 수 있다.

영권 노인의 열정은 경우에 따라 사회에 불필요 할 수 있다. 그리고 심신이 쇠약한 상태에서 지나치게 열정적인 삶은 해악을 끼칠 수 있다.

수연 노인뿐만 아니라 누구에게도 열정적인 삶을 강요할 수 없다. 그것은 자유권을 침해하는 것이기 때문이다.

수빈 젊은 사람들이 세금으로 노인을 부양하는데, 그에 상응하여 노인으로서 사회적 역할을 다할 수 있도록 자기 계발에 끊임없이 매진해야 한다.

다빈 열정은 젊은이에게 필요하며 죽음을 준비하면서 사색과 독서, 삶에 대한 관조를 통해서 인생을 차분하게 마무리해야 한다.

수빈 건강을 고려하여 적당한 운동을 해야 한다. 그리고 그들의 지혜를 다음 세대에 전달해 주어야 한다. 영화 「버킷리스트」에 나오는 노인들처럼 자기 계발을 끊임없이 하여 가치 있는 삶을 만들어야 한다.

윤서 나이가 들어도 새로운 지식을 얻을 수 있으므로 계속해서 열정적으로 살아야 한다. 노인도 사회 구성원의 일부이므로 그들의 존재를 보장받기 위해서는 끊임없이 사회 활동에 참가해야 한다.

수빈 지금까지 못했던 것들을 하려고 노력하면서 건강한 삶을 위한 열정을 유지해야 한다.

▶▶▶ 『장자』를 읽고 학생들이 개별적으로 만든 질문 사례

민지 장자의 비유가 현대인들에게 던지는 메시지는 무엇일까?

민서 쓸모없는 나무가 베이는 일 없이 오래 살듯이, 쓸모없는 인간에게도 그와 같은 이치가 적용될 수 있을까?

유정 현대 사회에서 기능적 인간이 되기를 거부하면서 살아갈 수 있을까? 그래서 직장이나 조직에서 인정받지 못하면 감당할 수 있을까?

지연 장자의 말대로 참과 옳음의 절대적 기준은 없는 것일까?

민경 참은 거짓에서 나오고 거짓은 참에서 나온다는 말은 모든 인식이 상대적이라는 뜻을 담은 것 같은데, 그렇다면 참된 진리를 인식하기 위해서 우리는 거짓된 진리(악)를 일정 부분 우리 삶에서 인정해야 하는가?

수지 돌쩌귀(도추)처럼 모든 것에 통하고, 모든 것을 이어 줄 수 있는 존재가 현실에도 있을까? 이쪽과 저쪽의 양극단을 강요하는 사회에서 나는 자유로울 수 있을까?

현수 저것과 이것의 구별은 필요하지 않을까? 시비, 미추, 선악, 고저, 대소, 장단의 구별이 없으면 세상이 혼란스럽지 않을까? 장자의 사상이 실현 가능할까?

수업 되돌아보기

효과 및 배운 점	아쉬웠던 점
• 고전을 자주 접하게 하다 보면 교과서에 나오는 사상에 대해서 제대로 이해할 수 있음. • 윤리 시간에 고전을 읽으면서 자연스럽게 인문학을 접하게 됨. • 고전을 읽음으로써 철학하고 성찰하는 개인을 길러 낼 수 있음.	• 고전에 관심이 있는 아이들과 관심이 없는 아이들로 확연히 나누어지는 경향이 있음. • 아이들에게 어려운 부분이 많아서 관심과 흥미를 유발하기 쉽지 않음. • 학생들 간에 밀도 있는 토론을 위한 질문을 만드는 능력의 편차가 큼.

'윤리와 사상' 과목은 고등학교에서 보통 2단위~3단위로 교육 과정이 편성되어 있는데, 본인이 근무하는 학교는 2단위라 다양한 수업을 하기 위해서는 시간이 절대적으로 부족합니다. 부족한 시간임에도 불구하고 동서양의 고전을 발췌해서 함께 읽고 질문을 만들어 생각을 나누는 과정은 아이들에게 삶에 대한 깨우침과 성찰의 시간을 가질 수 있게 하였습니다. 앞으로는 다양한 고전을 발굴해서 수업에 활용할 수 있도록, 고전 목록도 체계적으로 만들어 보고 고전의 내용을 발췌하는 시간을 계속해서 가져 볼 생각입니다.

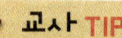 **교사 TIP**

❶ 고전을 활용한 수업을 하기 전에 간단히 게임이나 호기심을 유발하는 활동을 하면 좋습니다. 예를 들어 스마트폰으로 간단한 게임을 합니다. 대부분의 아이들이 스마트폰을 가지고 있습니다. 그래서 단체 대화방을 만들고, 사상가의 중요한 특징이나 어록을 스마트폰으로 검색하여 단체 대화방에 한 문장 정도 짧게 올리도록 합니다. 그러면 서른 명 정도가 조사한 내용을 올리면 서른 개의 다양한 정보를 교실 아이들이 공유하면서 사상가에 대해서 조금이나마 이해하는 데 도움이 됩니다.

❷ 교사가 고전을 읽고 논쟁이 되거나 생각의 여지를 던져 주는 내용을 잘 포착해야 하는데, 고전을 읽다 보면 핵심적인 내용이나 생각의 여지를 던지는 대목이 나오기 마련입니다. 이러한 부분을 잘 살려 읽기 자료를 만든다면 수업에서 학생들의 호기심과 흥미를 유발할 수 있습니다.

❸ 고전을 읽고 토론 수업에 참가한 학생들의 개별적 활동 사항은 학생부 교과 세부 특기 사항에 밀도 있게 기록해 줍니다. 그러면 수업에 더 열심히 참여하여 활동하게 됩니다.

수업에 활용할 만한 고전 목록

고전	저자	관련 단원	인용(발췌) 내용
『논어』	공자	유학 사상	• 학이 편 – 덕행 • 위정 편 – 정치 • 이인 편 – 인(仁) • 안연 편 – 덕과 정치
『장자』	장자	도가 사상	• 소요유 편 – 초월과 자유 • 제물론 편 – 차별 • 양생주 편 – 생명 • 인간세 편 – 쓸모없는 존재에 대하여
『소크라테스의 변명』	플라톤	고대 서양 사상	소크라테스가 자신의 철학적 사명과 생애에 대해 이야기하는 장면
『노년에 관하여』	키케로	고대 서양 사상	5~11장 – 노년이 비참해 보이는 이유에 대한 반박
『자유론』	밀	근대 서양 사상	• 2장 – 사상과 토론의 자유 • 3장 – 복지의 요소인 개성 • 4장 – 개인에 대한 사회적 권위의 한계
『유토피아』	토마스 모어	사회사상과 이상 사회	• 사유 재산이 없는 작은 나라 • 노동을 즐기는 사회 • 황금을 돌 같이 보는 사회 • 최소한의 법률로 유지되는 도덕적 사회
『의산문답』	홍대용	실학사상	• 1장 – 허자와 실옹의 만남 • 5장 – 전통적 믿음에 대한 비판

| 의사소통 역량 |

04 모두가 윈윈(win-win)하는 '비경쟁 토론'을 활용한 수업

이런 고민을 했어요

한때 디베이트(찬반 대립 토론)가 학교 현장에서 유행했습니다. 저도 그런 수업을 일정 기간 해 보았는데 장점도 있지만 교육적 부작용도 많이 발견되었습니다. 이기기 위한 경쟁, 일부 학생들만의 참여로 인한 흥미 저하가 디베이트 토론의 한계가 아닌가 생각됩니다. 그래서 요즘은 원탁 토론, 철학적 탐구 공동체 수업 등 다양한 형태의 토론 수업이 시도되고 있습니다. 비경쟁 토론도 디베이트 토론의 한계를 보완할 수 있는 토론입니다.

비경쟁 토론은 말 그대로 경쟁을 통해서 자신의 주장을 관철시키기보다는 텍스트를 함께 읽고 다양한 질문을 공유하고 토론을 하면서 생각의 폭을 넓히는 데 의미를 두는 토론 방식이라고 할 수 있습니다. 모든 아이들이 다 같이 참여해서 질문을 만들고 토론의 과정에서 생각을 키우고 그 생각이 또 다른 질문을 낳으면서 역동적인 수업을 지향합니다.

도서, 신문 칼럼, 시, 에세이, 영상 자료(영화, 다큐, 애니메이션) 등을 토론을 하기 위한 텍스트로 활용할 수 있습니다. 저는 도서 중에 학생들이 좋아하는 철학적인 주제를 담고 있는 동화책을 선정해서 수업을 해 보았습니다.

수업 디자인 과정

비경쟁 토론은 우연성이 많이 작용합니다. 모둠 구성이나 토론 주제를 미리 정해 놓지 않기 때문이고, 본인이 마음에 맞는 토론 주제를 찾아다닌다는 점에서 그러한 특징이 있다고 볼 수 있습니다. 저는 주로 윤리 동아리 활동 시간에 비경쟁 토론 수업을 했습니다. 수업 시간이 45~50분 정도면 약간 부족할 수 있는데 블록 수업이나 동아리 활동 같이 시간의 구애를 받지 않고 할 때 기대한 효과를 얻을 수 있습니다.

교사는 수업의 형식을 학생들에게 잘 설명해야 하는데 몇 번 하다 보면 학생들도 익숙해질 수 있습니다. 교사가 먼저 제비뽑기를 통하여 모둠을 구성합니다. 모둠이 만들어지면 전체 활동으로 10분 내외로 텍스트(도서나 영상물)를 다 같이 봅니다.

텍스트를 보고 나면 본격적으로 1차 모둠 활동을 하게 됩니다. 모둠 활동에서는 두 가지를 해야 합니다. 첫 번째는 개인별 질문 만들기와 질문 공유를 통해 한

● 비경쟁 토론이란 어떤 쟁점을 가지고 찬성과 반대의 입장에서 경쟁적으로 토론을 하는 것이 아니라 모든 학생들이 다 같이 참여해서 텍스트(책)를 읽고 질문을 만들고 비경쟁적으로 토론하는 방식을 말함. 모든 학생이 함께 평등하게 참여해서 발언하고 질문을 제시하고 그 질문을 가지고 모둠을 옮겨 가면서 토론하는 것이 핵심이라고 할 수 있는데 정형화되고 형식에 얽매인 토론의 형태에서 벗어나 좀 더 역동적이고 다양성을 추구할 수 있는 장점이 있음.

가지 질문을 최종 선택하여, 그 질문을 가지고 돌아가면서 의견을 나눕니다. 두 번째는 토론 질문에 대한 의견 나누기가 끝나면 의견 나누기 활동을 바탕으로 또 다른 토론 주제를 모둠별로 하나씩 만들어 냅니다. 모둠별로 만들어진 토론 주제는 모둠지기가 돌아가면서 전체 학생들에게 소개해서 공유합니다.

모둠지기의 토론 주제 소개가 끝나면 2차 활동을 위해서 모둠지기만 남고 모든 사람들은 원하는 토론 주제를 찾아서 신속히 이동합니다. 물론 특정한 토론 주제에 사람이 몰릴 수도 있는데 먼저 앉는 사람이 임자이기 때문에 자기가 원하지 않는 모둠으로 튕겨 갈 수도 있습니다. 그렇게 해서 새로 만들어진 모둠에서 새로운 토론 질문을 가지고 1차 활동 때와 마찬가지로 의견 나누기 활동을 합니다. 의견 나누기가 끝나면 그것을 바탕으로 새로운 토론 질문을 만들고 모둠지기는 전체 학생들에게 돌아가면서 토론 주제를 소개합니다. 3차 모둠 활동도 1, 2차 활동과 동일한 방식으로 진행하면 됩니다. 그러나 시간이 부족하거나 3차까지 하는 것이 별 의미가 없다고 판단될 때에는 2차 활동까지만 해도 상관없습니다. 3차 활동까지 하게 되면 결국 한 사람당 세 가지 토론 주제를 가지고 세 번의 토론을 하게 됩니다. 3차 활동이 끝나면 토론 활동에 대한 소감 나누기를 하면서 수업을 마무리하면 됩니다.

비경쟁 토론은 어떤 토론 주제에 대한 결론을 도출해 내는 것보다 다양한 질문(토론 주제)을 접하고, 다양한 의견을 들어 보고 말할 수 있다는 것에 의미를 두고 진행하면 됩니다. 이는 토론의 내용과 일정한 형식이 둘 다 중시되는 토론으로, 한 주제에 대해서 심층적으로 토론을 하는 일반적인 토론과는 약간의 차이가 있다고 할 수 있습니다.

수업 엿보기

수업 절차	내용
모둠 구성	① 제비뽑기를 통해서 구성하며 계속해서 모둠이 자유롭게 이동하기 때문에 모둠원이 누구인지는 큰 의미가 없음. 교사가 모둠을 짜 주는 것보다 우연성을 가진 제비뽑기가 더 흥미진진함.
전체 활동	② 선정된 도서를 같이 읽거나 요약된 내용을 읽기 자료로 제시함. ③ 다양한 독서 자료(동화, 에세이, 칼럼)나 영상 자료(영화, 다큐, 애니메이션)를 활용할 수 있음.
질문 만들기 및 1차 토론	④ 모둠별 토론 주제(질문) 만들기를 통해서 다양한 질문을 제시하며 그중에서 가장 의미 있는 질문을 가지고 토론을 진행함. ⑤ 토론 후 2차 핵심 질문을 제시하여 발표함.
2차 토론	⑥ 1차 모둠 활동에서 모둠별로 2차 핵심 질문을 제시함. ⑦ 핵심 질문이 마음에 드는 모둠으로 자유롭게 이동함.(모둠지기는 이동 ×) ⑧ 2차 토론을 하고 토론 후 3차 핵심 질문 만들기를 함.

3차 토론	⑨ 2차 토론에서 모둠별로 3차 핵심 질문을 제시함. ⑩ 핵심 질문이 마음에 드는 모둠으로 자유롭게 이동함.(모둠지기는 이동 x) ⑪ 3차 핵심 질문으로 토론함.
소감 발표	⑫ 원래 모둠으로 돌아가서 활동 소감을 자유롭게 발표함.

수업 되돌아보기

효과 및 배운 점	아쉬웠던 점
• 책을 읽고 다양한 생각을 나누면서 독서에 대한 흥미를 유발함. • 모든 아이들이 원하는 주제를 찾아다니면서 참여하는 토론 방식이므로 구성원들의 다양한 의견을 들을 수 있음. • 토론을 통해 점진적으로 심화된 주제를 선정하여 토론의 질을 높여 나갈 수 있음.	• 핵심 질문의 수준을 높여야 토론이 활발하게 일어나는 데 남녀 간, 학급 간 차이가 존재함. • 모둠지기의 역량에 따라서 모둠의 분위기나 집중력에 차이가 남. • 모둠 이동을 할 때 분위기가 산만해지지 않도록 교사의 세심한 지도가 필요함.

❶ 20명 내외가 수업하기 적당한 것 같습니다. 한두 번 수업할 때는 어색할 수 있지만, 계속하면 교사나 아이들이나 수업 형식을 이해하고 적응하면서 심도 있는 토론 수업이 될 수 있습니다.

❷ 이 수업은 동아리 활동, 자유 학기제 수업에도 적합합니다. 그리고 인원이 너무 많으면 교사가 통제하기가 쉽지 않은 부분도 있습니다. 특히 중학생의 경우 교사의 세심한 지도가 필요합니다.

❸ 질문을 아이들이 스스로 만들어야 토론이 심화되어 도덕적 사고력과 판단 능력이 길러집니다. '왜?'라는 질문을 던지는 수업을 자주하면 아이들도 자연스럽게 텍스트를 읽고 좋은 질문을 만들어 낼 수 있습니다.

❹ 뚜렷한 결론을 내지 못하고 수업을 마칠 수도 있으나 이 수업은 다양한 질문을 경험하고 많은 사람들을 만나서 다양한 생각을 듣고 말하는 과정 자체에 의미를 두는 것입니다. 이러한 과정을 통해서 사유의 폭은 분명 넓혀지리라 생각됩니다.

❺ 『82년생 김지영』(조남주, 2016), 『왜 세계의 절반은 굶주리는가?』(장 지글러, 2016), 『게으름에 대한 찬양』(버틀란드 러셀, 2005) 등의 책을 가지고 비경쟁 토론 수업을 했습니다.

수업 활용 자료

비경쟁 토론 수업 활동지

반   번   이름:

도서명(작가)	『백만 번 산 고양이』(사노 요코, 김난주 역, 비룡소, 2016)
줄거리	『백만 번 산 고양이』는 전 세계 언어로 번역된 베스트셀러 동화책이다. 이 동화는 백만 번 산 얼룩 고양이에 대한 이야기이다. 이 세상 모든 부귀영화와 상상할 수 있는 모든 모험을 한 고양이는 죽을 때마다 애도를 받지만 정작 고양이 자신은 행복함을 느끼지 못한다. 고양이는 백만 번의 죽음을 통해 진실한 사랑을 찾아내고 비로소 삶의 소중함과 죽음의 가치를 깨닫는다.

	모둠 구성	핵심 질문	토론 내용
1차 모둠 토론	〈핑크조〉 모둠지기: 박○화 모둠원: 최○선, 이○민, 조○정	☞ 얼룩 고양이가 백만 번의 삶을 멈추게 된 시점은 어디였을까?	☞ 얼룩 고양이는 '나는 어디어디 살았다.', '나는 무엇 무엇을 해 봤다.'라며 과거 이야기만 했다. 그러나 하얀 고양이를 만난 후 '지금 네 옆에 있어도 돼?'라는 현재의 감정을 말했다. 현재에 오롯이 자기 감정을 드러내면서 온전한 주체가 될 수 있었다. 그때 자기 욕구를 정확히 알아차리진 않았을까? 바로 그때가 주체가 된 때이다.
2차 모둠 토론	〈핑크조〉 서○태, 박○경, 고○성	☞ 사랑은 혼자서도 가능한가, 혹은 서로 간의 소통으로만 가능한가?	☞ 하얀 고양이에게 '네 옆에 내가 있어도 돼?'라고 물었을 때 하얀 고양이가 거절했다면 얼룩 고양이는 어땠을까? 타자의 시선을 통해 거꾸로 자신을 볼 수 있을 때 타자와 소통하는 것이고, 삶의 패러다임을 바꿀 수 있다. 비록 타인이 받아들이지 않는다 할지라도 자신과 타인이 소통하는 시점이 사랑이 이루어지는 때이다.
3차 모둠 토론	〈핑크조〉 서○태, 이○인, 권○필	☞ 일방적인 사랑이 가능하다면 일방적 사랑을 가능하게 하는 조건은 무엇일까?	☞ 대상의 의사 없이도 사랑은 가능하다. 타자와 소통하는 상태가 아니더라도 대상을 향한 자신의 사랑은 가능하다. 대상의 적극적인 태도가 없었지만 얼룩 고양이는 하얀 고양이를 향해 사랑을 한 것이다. 에로스에는 방향성이 없다. 혼자서도 대상을 향한 사랑은 가능하다.

| 지식 정보 처리 역량 |

05 자전적 글쓰기로 '나만의 도덕책' 만들기

이런 고민을 했어요

올해 1학기 저의 수업 목표는 두 가지였습니다. 첫째, 수업과 수행 평가가 자연스럽게 연결되도록 한 학기 수업을 구성하는 것이었습니다. 둘째, 학생들이 학기가 끝날 무렵 도덕에 대한 자신만의 관점을 가질 수 있게 하는 것이었습니다.

그래서 자신의 도덕적 경험을 바탕으로 작은 도덕책을 만들어 봄으로써 자신만의 도덕관을 정리해 보는 시간을 가지면 어떨까 하는 생각이 들었습니다. 도덕책을 만드는 과정에서 자신의 말과 행동에 대해 객관적으로 바라보고 반성할 수 있는 성찰의 눈을 키우기를 바랐습니다.

🌱 수업 디자인 과정

로벡이라는 철학자는 '자서전은 일종의 철학적 일기'라고 했습니다. 자기의 경험을 글로 나타내면서 자신만의 고유한 철학에 다다를 수 있다는 뜻이겠지요. 그래서 학생들이 자신만의 철학을 갖는 데 도움을 주고자 도덕적 경험을 글로 써 보고, 이를 작은 책으로 만들어 보는 활동을 기획하게 되었습니다.

수업 시간에 다루었던 주요 주제는 '삶과 도덕'에 대한 것입니다. 먼저 '도덕은 무엇이고 왜 필요한가?'에 대한 탐구가 이루어졌고, 이어서 학생들이 자신의 도덕적 경험을 바탕으로 스스로를 성찰해 보는 활동이 이루어졌습니다. '양심', '도덕적 성찰' 등의 내용을 학습할 때에도 수업 내용이 학생들의 경험과 연결될 수 있도록 수업을 디자인하였습니다.

이렇게 수업한 내용을 바탕으로 '나만의 도덕책 만들기' 활동을 하였습니다. 책은 4절지를 이용하여 만드는데, 만드는 방법은 다음과 같습니다.

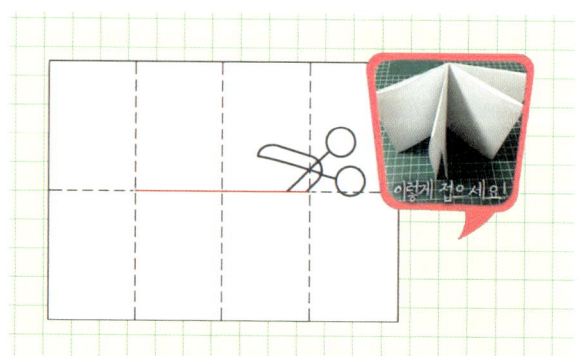

책을 만들고 나면 앞표지와 뒤표지를 제외하고 총 여섯 쪽이 나옵니다. 그래서 두 쪽당 하나씩 총 세 가지 주제들로 책을 구성하도록 하였습니다. 첫 번째 주제는 '내 인생의 10대 사건 써 보기'입니다. 영원히 기억하고 싶은 순간 다섯 가지와 영원히 잊고 싶은 순간 다섯 가지를 씁니다. 이때 가급적이면 도덕과 관련된 사건을 찾아보도록 지도합니다. 두 번째 주제는 자전적 글쓰기입니다. 첫 번째 주제에 적었던 사건들 중 도덕적 경험 하나를 골라 자전적 글쓰기를 합니다. 자신의 행동으로 부끄러움 또는 뿌듯함을 느꼈던 경험을 솔직하게 써 보게 하는 것입니다. 이때 꼭 들어가야 할 내용 요소는 다음과 같습니다.

- 어떤 상황에서 어떤 도덕적 경험을 했는가?
- 그 경험 속에서 나는 어떤 결정을 했는가?
- 이 일을 경험한 후에 나는 어떤 생각을 하게 되었는가?
- 이 생각이 나에게 가져다준 것은 무엇인가?

이때 쓴 글은 도덕 교과서에 나오는 예화나 이야기처럼 1인칭으로도 혹은 3인칭으로도 쓸 수 있습니다. 그리고 도덕 교과서에 나오는 활동 질문처럼 이야기에 대해 성찰할 수 있는 질문도 함께 적도록 합니다.

세 번째 주제는 나의 실천 덕목 정하기입니다. 첫 번째 주제와 두 번째 주제에서 자신이 적은 활동을 참고하여 자신의 과거를 되돌아보고 앞으로의 나에게 필요한 덕목 또는 자신이 삶에서 가장 가치 있게 생각하는 덕목 두 가지를 고릅니다. 그리고 그 덕목이 나에게 중요한 이유를 적고, 덕목의 구체적인 실천 방안을 찾아봅니다. 마지막으로 '나만의 도덕책' 표지를 자신의 개성이 드러나게 제목과 저자를 기록한 후 자유롭게 꾸며 봅니다. 제목도 자유롭게 정하되 '도덕'이 들어가도록 정하게 하였습니다.

시간이 허락되면 전체 공유 활동으로 출판 기념회를 개최합니다. 칠판에 '출판 기념회'라고 적어 놓고 책상을 'ㄷ' 자 형태로 배치한 후 학생들이 만든 책을 전시합니다. 자유롭게 돌아다니며 서로의 책을 감상한 후 모둠별로 앉아 다른 친구의 책 중 마음에 드는 책을 골라 그 책에 제시된 도덕 이야기에 대한 자신의 생각을 공책에 적어 봅니다. 그리고 자신이 책을 만들면서 느낀 점이나 친구의 이야기를 보고 느낀 점을 함께 이야기해 봅니다.

수업 엿보기

수업 절차		내용
1차시	책 만들기	① 색 4절지를 자르고 붙여 책으로 만듦.
	내 인생의 10대 사건(1쪽~2쪽)	② '영원히 기억하고 싶은 순간 BEST 5'와 '영원히 잊고 싶은 순간 BEST 5'를 적음.
2차시	나의 도덕 이야기 (3쪽~4쪽)	③ '내 인생의 10대 사건' 중 하나를 골라 나의 도덕 이야기를 글로 씀.
3차시	나의 실천 덕목 (5쪽~6쪽)	④ 자신의 도덕적 경험에 대한 성찰을 바탕으로 나의 실천 덕목 2가지를 정함. (의미, 나에게 필요한 이유, 실천 방안을 적음.)
	표지 꾸미기	⑤ 제목과 저자를 기록하고 앞표지와 뒤표지를 자유롭게 꾸밈.
4차시	출판 기념회 및 전시회	⑥ 책을 전시하고 전체 공유함.

수업 되돌아보기

효과 및 배운 점	아쉬웠던 점
• 자신만의 도덕책을 만들 수 있다는 것에 즐거워함. 자신의 가치를 공언함으로써 더욱 소중히 여기게 됨. • 자신의 도덕적 경험을 책 속의 이야기로 만들어 봄으로써 자신의 경험을 성찰할 수 있음. • 출판 기념회 및 전시회를 통해 친구들의 도덕관과 도덕적 경험을 자연스럽게 공유할 수 있음.	• 책을 예쁘게 꾸미는 데에만 치중하여 내용을 소홀히 하거나, 반대로 책을 너무 대충 만드는 학생들도 있음. • 덕목의 개념을 이해하기 어려워하는 학생들이 있음. • 자전적 글쓰기에서 쓴 내용 중 공개하고 싶지 않은 부분이나 민감한 내용이 있을 수 있음.

실제 수업 시간에는 학기말이라 시간이 부족하여 전시 및 공유 활동이 제대로 이루어지지 못했습니다. 책을 만드는 것도 중요하지만 그 책에 담긴 자신의 생각을 친구들과 공유하는 것이 더 중요하기 때문에 활동이 미진하게 이루어진 점이 아쉬웠습니다. 시간이 충분하다면 가장 흥미 있는 이야기와 질문을 뽑아 전체 토의를 해 보아도 좋을 것 같습니다.

교사 TIP

❶ 내용과 디자인 등을 모두 갖춘 한 권의 책을 완성할 수 있도록 격려합니다.
❷ 자신의 가치관을 바탕으로 '나만의 도덕책'을 만들어 친구들에게 소개하는 활동임을 설명합니다.
❸ 덕목의 개념을 이해하기 어려워할 경우, 덕목 카드 등을 활용해서 내용을 이해할 수 있도록 합니다.
❹ 자전적 글쓰기에서 쓴 내용 중 공개하고 싶지 않은 부분은 각색하여 쓸 수 있음을 미리 안내합니다.

지식 정보 처리 역량

06 독서 연계 디베이트 수업

이런 고민을 했어요!

저는 도덕 수업 시간에 모든 학생들이 디베이트(찬반 대립 토론)를 경험할 수 있도록 수업을 디자인합니다. 수업 주제들 중에서 찬반 의견이 대립하는 주제들이 자주 나오는데, 그 경우 단순히 자유롭게 이야기하도록 하는 것보다는 좀 더 형식을 갖추어 토론하도록 했을 때 깊이 있는 수업이 이루어지는 경우가 많았기 때문입니다.

보통 디베이트가 지나치게 경쟁적이어서 도덕 수업에 도입하기를 꺼리는 경우가 많습니다. 하지만 저는 학생들에게 디베이트 목적과 취지를 충분히 설명하고, '디베티켓(토론 태도)'의 중요성을 충분히 알린 뒤 실시한다면, 오히려 경쟁에 매몰되지 않고 다른 사람의 입장에서 생각해 볼 수 있는 좋은 기회가 된다고 생각합니다. 특히 디베이트에서는 찬반 입장을 미리 정하지 않고 제비뽑기를 통하여 찬성과 반대를 정하기 때문에 자신의 평소 의견과 다른 입장에서 토론에 참여할 수 있다는 점이 좋았습니다.

그런데 디베이트를 할 때 항상 아쉬웠던 점은 논제에 대한 학생들의 배경지식이 부족하다는 것이었습니다. 교과서 내용을 읽고 질문을 만들어 논제를 도출해 내는 방식으로 디베이트를 진행했습니다. 그런데 교과서에는 사실 근거는 거의 나와 있지 않고 당위적인 서술 위주로 이루어져 있어 토론 개요서를 작성하기가 쉽지 않았습니다.

그래서 수업 주제와 관련 있는 책을 읽고 디베이트를 하면 논제에 대한 충분한 배경지식을 가지고 토론에 참여할 수 있을 것이라는 생각이 들었습니다. 마침 자유 학기제를 앞두고 있었고, 울산시교육청에서 독서 활동 연계 수업을 강조하던 시기였습니다. 학교에 예산을 신청하여 책을 사서 독서 연계 디베이트 수업을 진행하게 되었습니다.

🌱 수업 디자인 과정

먼저 한 학기 동안 다루게 될 단원을 선정하고 각 중단원별로 단원 주제와 관련 있는 책을 2권씩 선정하였습니다. 제가 수업할 중단원은 '가정생활과 도덕', '친구 관계와 도덕', '사이버 윤리와 예절', '이웃에 대한 배려와 상호 협동', 이렇게 네 개 단원이었습니다. 그래서 네 개 주제에서 각각 책 두 권씩을 골랐습니다. 그중 '친구 관계와 도덕' 단원의 세부 주제 중 하나인 '성과 사랑의 의미와 이성 친구와의 바람직한 관계'가 학생들의 흥미를 끌 수 있을 것이라 생각하여 해당 분야의 책 두 권을 추가로 선정하였습니다. 총 열 종류의 책

IV 독서와 글쓰기

을 각 여덟 권씩 한 학기 동안 학교 도서관에서 장기 대여할 수 있도록 연구부에 미리 도서 구매를 신청했습니다. 그리고 교실에 책을 가지고 갈 수 있도록 북 카트도 구매했습니다. (기존의 북 카트는 가격이 비싸서 저는 유아용 이동식 카트를 샀습니다.) 제가 선정한 책 종류는 다음과 같습니다.

관련 단원	도서명	지은이
가정생활과 도덕	『불량한 자전거 여행』	김남중
	『나는 부모와 이혼했다』	라헬 하우스파터
친구 관계와 도덕	『꾸뻬 씨의 우정 여행』	프랑수아 를로르
	『두 친구 이야기』	안케 드브리스
성과 사랑의 의미 이성 친구와의 바람직한 관계	『사랑을 물어봐도 되나요』	이남석
	『첫사랑』	이금이
사이버 윤리와 예절	『휴대폰 전쟁』	로이스 페터슨
	『트루먼스쿨 악플 사건』	도리 H. 버틀러
이웃에 대한 배려와 상호협동	『그 사람을 본 적이 있나요』	김려령
	『핵 폭발 뒤 최후의 아이들』	구드룬 파우제방

먼저 학기 시작 후 두 달 동안은 위의 네 개 중단원의 수업을 진행하였습니다. 그리고 나서 독서 연계 디베이트 수업을 학생들에게 안내하고 모둠과 팀을 구성하였습니다. 3명이 한 팀이 되고, A팀 3명과 B팀 3명이 모여 6명이 한 모둠이 됩니다. 한 모둠 안의 두 팀은 같은 책을 읽고 디베이트에서 찬성 팀과 반대 팀으로 나누어 토론을 진행하게 됩니다. 모둠이 구성되면 모둠별로 의논하여 함께 읽을 책을 선정하도록 한 후 4차시 정도 책을 읽도록 합니다.

책을 다 읽고 난 후에는 팀별로 독서 후 읽은 소감을 나누고 책의 내용과 관련된 자신의 경험이나 사회 문제를 이야기하면서 자연스럽게 논제를 만들어 낼 수 있도록 합니다. 그리고 각 팀별로 나온 논제 2개를 놓고 모둠 구성원 6명이 함께 의논하여 최종 토론할 논제를 선정합니다.

논제가 선정된 이후에는 읽었던 책을 중심으로 토론 개요서를 작성합니다. 토론 개요서에는 논제의 배경 및 개념 정의, 찬반 양측 모두의 입론, 반론, 교차 조사, 요약과 최종 발언 및 토론 준비 과정을 간략히 적을 수 있도록 합니다. 토론 개요서 작성 및 검토가 끝나면 토론을 시작하게 됩니다. 저는 퍼블릭 포럼 디베이트의 방식을 응용하여 토론을 진행하였습니다. 1시간에 1팀씩 디베이트를 진행합니다. 디베이트 후에 토론자들은 돌아가며 소감을 말하게 하고, 교사는 토론에 대한 피드백을 해 줍니다. 청중들에게는 디베이트 심사표를 작성하게 합니다.

수업 엿보기

수업 절차		내용
1차시	모둠 구성 및 책 선정	① 모둠 구성원 각자가 마음에 드는 책을 한 권씩 골라 온 후, 1분씩 돌려 읽기를 통해 6권의 책을 훑어 봄. ② 모둠별 토의를 통해 읽을 책을 선정함.
2~5차시	독서 활동	③ 4차시 동안 독서 활동을 진행함. ④ 수업 마무리 5분은 간단히 독서 내용을 기록하게 함.
6~7차시	독서 후 토의 활동 및 토론 주제 선정	⑤ 팀별 토의 활동을 통해 마음에 드는 책 속 구절과 이유, 책 내용과 관련된 경험이나 세상 일, 책과 관련하여 궁금한 점 등을 이야기하고 활동지를 작성함. ⑥ 그중 궁금한 점에서 나온 질문을 논제 형식으로 만들어 보게 함. ⑦ 각 팀별로 만든 논제 2개 중 팀별 논의를 통해 각 조별 논제를 최종 선정하게 함.
8~9차시	디베이트 안내	⑧ 디베이트 진행 방식을 안내함. ⑨ 디베이트 관련 영상을 보여 주며 진행 순서를 설명함.
10~12차시	토론 개요서 작성 및 토론 준비	⑩ 팀별로 토론 개요서를 작성하게 함. 찬성 / 반대 입장은 토론 시작 직전에 정하므로 찬성 입장과 반대 입장을 모두 작성할 수 있도록 함.
13~17차시	토론 / 자기 평가 및 동료 평가	⑪ 1시간에 1팀씩 디베이트를 진행함. ⑫ 디베이트 후에 돌아가며 소감을 말하게 하고, 청중들에게는 디베이트 심사표를 작성하게 함.

수업 되돌아보기

효과 및 배운 점	아쉬웠던 점
• 모든 학생들이 수업과 관련한 한 권의 책을 읽고 이야기를 나눌 수 있음. • 토론 시 주장을 뒷받침할 근거를 책 속에서 찾도록 할 수 있어 논증 과정이 보다 효과적으로 이루어짐. • 모든 학생이 디베이트에 한 번씩 참여해 봄으로써 자신의 주장을 설득력 있게 펼치는 경험을 할 수 있음.	• 책을 읽는 속도 차이가 많이 나서 주어진 시간 동안 책을 다 읽지 못하는 학생들이 생기게 됨. • 디베이트를 처음 해 보는 학생들이 많아 디베이트 과정을 숙지하는 데 시간이 많이 걸림. • 디베이트의 형식과 절차를 부담스러워 하는 학생들이 생김.

학생들이 생각보다 진지한 태도로 디베이트에 참여하였습니다. 학생들이 책 읽기를 싫어한다고만 생각했는데, 스스로 책을 고르도록 했더니 흥미를 가지고 책을 읽었습니다. 그리고 자신의 모둠에서 선택한 책을 다 읽은 학생들은 남은 시간 동안 다른 모둠이 선택했던 책을 읽기도 하였습니다. 또한 디베이트 과정에서 청중으로 참여하는 학생들의 집중도가 떨어지지 않을까 걱정했습니다. 그런데 오히려 집중해서 토론을 관찰하였고, 청중 질문 때 수준 높은 질문을 많이 던져 토론자들이 미처 하지 못했던 발언을 이끌어 내기도 했습니다. 토론 전 '디베티켓'을 강조하여 서로를 존중하며 디베이트에 임하는 모습도 좋았습니다. 다만, 디베이트 과정이 형식적이고 딱딱한 부분이 있어 이 부분을 부담스러워하는 학생들이 많았던 점이 아쉬웠습니다. 학생들이 보다 적극적으로 토론에 참여할 수 있는 방안을 모색해야겠습니다.

교사 TIP

❶ 독서 시간 동안 모든 학생이 진지하게 독서에 참여할 수 있는 분위기를 조성해 줍니다. 책을 빨리 읽은 학생은 북 카트의 다른 책을 골라서 읽을 수 있도록 합니다.
❷ 논제 선정 과정을 가장 어려워하므로, 교사가 사전에 논제 만드는 방식을 충분히 안내합니다.
❸ 디베이트를 한 번도 해 본 적이 없는 학생들에게는 디베이트 영상을 보여 주면서 설명하면 이해를 도울 수 있습니다.
❹ 최종 발언 전에 청중들의 자유로운 질의응답을 가능하게 하면 디베이트 과정에 대한 학생들의 집중도를 높일 수 있습니다.

수업 활용 자료

독서 연계 디베이트 사례

●●● 독서 연계 디베이트 일정 및 논제

팀명	논제 / 토론 도서	토론 일시
1-A팀	• '사람은 친구 없이도 살 수 있다.'	12/5(화) 1교시
1-B팀	• 『꾸뻬 씨의 우정 여행』 (프랑스아 를로르 글, 열림원, 2011)	
2-A팀	• '방사능에 노출된 아기를 죽게 내버려 둔 아빠를 이해해야 한다.'	12/7(목) 4교시
2-B팀	• 『핵 폭발 뒤 최후의 아이들』 (구드룬 파우제방, 보물창고, 2006)	
3-A팀	• '청소년의 휴대 전화 사용 시간을 제한하여야 한다.'	12/12(화) 1교시
3-B팀	• 『휴대폰 전쟁』 (로이스 페터슨, 푸른숲주니어, 2013)	
4-A팀	• '동재는 엄마의 재혼을 축하해 주어야 한다.'	12/14(목) 4교시
4-B팀	• 『첫사랑』 (이금이, 푸른책들, 2009)	

●●● 퍼블릭 포럼 디베이트 응용 모형(50분)

토론 시작 (5분)

사회자: 개회 선언, 진행 순서 소개, 참가팀 소개 등(1분)

찬반 입장 정하기 및 자료 준비하기(4분)

토론 진행 (40분)

순	■ 입론 ✕ 교차 조사 ▲ 반론 ● 자유 토론 ◻ 최종 발언	시간	찬성측 1	찬성측 2	찬성측 3	반대측 1	반대측 2	반대측 3	비고
1	찬성 측 입론	4	■						
2	반대 측 교차 조사	2					✕		
3	반대 측 입론	4				■			
4	찬성 측 교차 조사	2			✕				
5	찬성 측 반론	3		▲					
6	반대 측 교차 조사	2				✕			
7	반대 측 반론	3					▲		
8	찬성 측 교차 조사	2	✕						
9	쟁점별 자유 토론	8	●	●	●	●	●	●	청중 참여 가능
10	찬성 측 최종 발언	3			◻				
11	반대 측 최종 발언	3						◻	
	※ 숙의 시간	4							팀당 1분/2회
	총계	40							

각 단계의 내용
1. 입론: 팀의 입장을 밝힘.
2. 교차 조사: 상대방의 입론과 반론에 대해 주어진 시간동안 질문을 함.
3. 반론: 상대방의 입론에 대해 반론을 제기함.
4. 쟁점별 자유 토론: 각 팀이 제시한 쟁점에 대해 주어진 시간동안 자유롭게 토론을 진행함.
5. 최종 발언: 전체적인 토론 내용을 요약 및 정리하고 재반박 및 자기 팀의 입장을 강화함.

토론 마무리 (5분)

사회자: 대회 종료 선언 및 소감 발표 안내(1분)

참가자: 토론 소감 발표(배웠던 점, 느낀 점, 다짐 등) / 팀별 1분(총2분)

| 심미적 감성 역량 |

07 자유 글쓰기를 활용한 수업

이런 고민을 했어요

방학을 보내고 온 아이들은 친한 친구끼리 반가움을 표현하며 만남의 기쁨을 나눕니다. 하지만 때로는 오랜만에 보는 선생님과 친구에 대한 낯선 느낌으로 어색해 하기도 합니다. 수업과 공부에 대한 부담으로 긴장감이 넘치기도 합니다. 이런 상황에서 방학 후 첫 도덕 시간을 어떻게 보내면 의미가 있을까 고민하게 되었습니다.

고심 끝에 방학 동안의 경험을 나누는 과정을 통해 친구들과 소통해 보자는 취지에서 자유 글쓰기를 활용한 도덕 수업을 기획하게 되었습니다.

수업 디자인 과정

자유 글쓰기 사전 교육으로 자연스러운 표현과 글쓰기를 가로막는 것이 무엇인지에 대해 학생들 스스로 찾아내어 연습장에 적도록 하였습니다. 그리고 그 연습장을 구겨서 휴지통에 버리게 하였습니다. 이 의식적인 행위가 자신의 생각과 마음을 자유롭게 표현하는 출발점이 됩니다.

글쓰기는 방학 동안 해 보았던 일상적인 경험을 자연스럽게 표현하도록 하였습니다. 방학 중의 '특별한 경험'이나 '가장 기억에 남는 일' 등 강렬한 경험을 쓰게 할 경우 학생들의 사고가 그 틀에 갇히게 되어 자연스러운 글쓰기가 되지 않습니다. 어떤 경험이라도 좋으니 자신의 삶을 표현하도록 하였습니다.

자유 글쓰기는 논리적, 체계적 글쓰기가 아니라 머리에 떠오르는 대로 자유롭게 쓰는 방식입니다. 학생들은 A4 용지에 5분 정도 자유롭게 방학 중 경험을 표현합니다. 이때 시간을 너무 많이 주지 않습니다. 그럴 경우 학생들은 잘 쓰려고 고민에 빠지게 됩니다.

다음으로 전체 돌리기를 통해 나눕니다. 자리 배치를 'ㄷ' 자 형태나 원형으로 만들어 학생 전체를 연결시키고 자유롭게 댓글 달기를 하였습니다. 단 댓글을 달 때 비방이나 욕설은 자제하도록 하였습니다. 교사는 일정한 시간이 지나면 전체 학생이 동시에 다음 친구에게 댓글을 단 활동지를 넘겨주게 합니다. 학생들이 자유롭게 넘겨줄 경우 한 학생에게 활동지들이 모여 진행에 어려움이 있을 수 있기 때문입니다. 그리고 활동지를 다음 친구에게 넘기는 시간은 때로는 짧게, 때로는 길게 조절합니다. 그래야 학생들이 숙고하기보다는 머릿속에 떠오르는 대로 자유롭게 쓰기 때문입니다.

친구의 댓글이 담겨 있는 활동지가 자신에게 돌아오면 '새 학기, 이것만은 꼭 해 보고 싶다.'라는 다짐을 기록하게 하였습니다. 자유 글쓰기를 한 후 이 활동을 할 경우 학생들이 열린 마음으로 자신이 진정 무엇을 하고 싶은지 진솔하게 표현하게 됩니다. 그리고 친한 친구를 찾아가 자기가 꼭 원하는 것을 이룰 수 있도록 힘을 주는 말, 격려의 말을 받도록 하였습니다.

수업 엿보기

수업 절차	내용
자유 글쓰기 사전 교육	① 자유로운 글쓰기를 방해하는 요인을 찾아 연습장에 적고, 그 연습장을 휴지통에 버리게 함.
주제 제시 및 자유 글쓰기 방법 안내	② 학생들이 모두 연결되도록 'ㄷ' 자 형태나 원형으로 자리를 배치함. ③ 학생들에게 '나의 방학 생활'을 주제로 제시하고, 활동지에 자신의 경험을 글로 표현하도록 함.
'나의 방학 생활' 글쓰기	④ 생각이나 마음에 떠오르는 것을 글로 자연스럽게 표현함.
전체 나누기(댓글 달기)	⑤ 활동지를 받은 친구는 내용을 보고 떠오르는 생각이나 느낌을 자연스럽게 댓글로 표현함.
댓글 감상 및 자기 성찰	⑥ 본인의 활동지가 돌아보면 친구들이 표현한 댓글을 감상하고 자신에게 힘이 되거나 도움이 되는 내용은 체크하여 자기 성찰의 도구로 활용함.
새 학기 다짐하기	⑦ 활동지 빈 공간에 새 학기에 꼭 이루고 싶은 것('새 학기, 이것만은 꼭 해보고 싶다.')을 표현함.

◎ 자유 글쓰기를 안내하는 모습

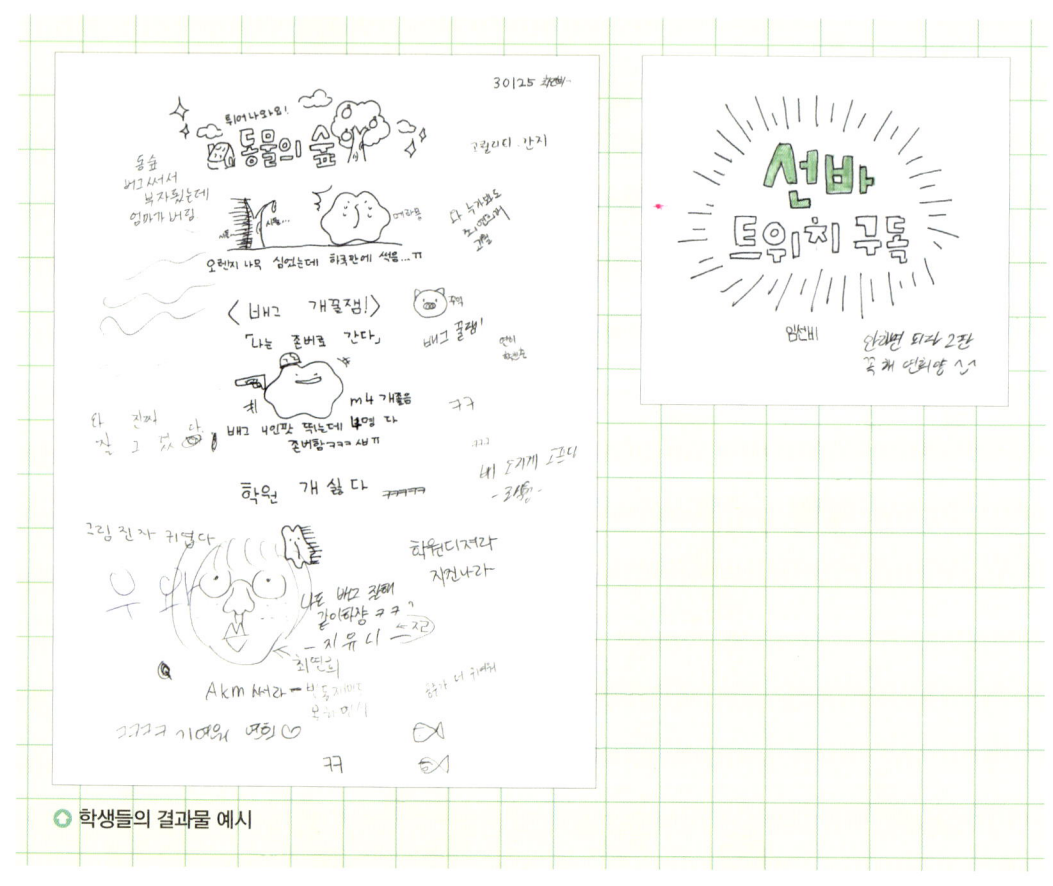

◎ 나의 방학 생활 전체 나누기 모습

◎ 학생들의 결과물 예시

수업 되돌아보기

효과 및 배운 점	아쉬웠던 점
• 깊은 생각이나 가식적인 표현이 아니라 떠오르는 것을 있는 그대로 표현할 때 분위기가 편안해지고 학생들 간 소통이 원만하게 이루어짐. • 학생들마다 생각과 표현 방식이 다양하다는 것을 알게 되고, 그것들을 존중하고자 하는 마음이 생김. • 자기 표현력, 책임감, 배려심, 의사소통 능력, 공감 능력 등을 키울 수 있음.	• '나의 방학 생활' 글쓰기를 부담스럽게 생각하는 학생이 있음. • 학생들이 글을 읽고 댓글을 적을 수 있는 시간을 적절하게 조절하는 것이 어려웠음. • 교사의 억압적인 말투와 분위기, 지나친 개입이 자유 글쓰기의 큰 걸림돌이 되기도 하였음.

　가정에서 긴 방학을 보내고 온 학생들과 개학 후 첫 수업을 바로 진행하기는 힘겨운 일입니다. 교사 또한 마음의 여유가 부족한 상태에서 다급하게 수업을 이끌어 가고자 하면서 새로운 시작의 즐거움을 느끼지 못하게 됩니다. 자유 글쓰기를 통한 관계 맺기와 새로운 시작을 다짐하는 시간을 통해 마음의 여유를 갖는 데 조금이나마 도움이 될 수 있었던 것 같습니다. 교사인 저의 마음도 한결 편안하고 가벼워짐을 느낄 수 있었습니다.

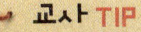 교사 TIP

❶ 글 쓰는 것을 어려워하는 학생들은 그림으로 표현해 보도록 하는 것도 좋습니다.
❷ 활동지를 비워 두었거나 단순한 단어 나열로만 글쓰기를 한 경우에 억지로 적도록 하지 말고 그 상태 그대로 존중해 줍니다. 그리고 댓글 달기에서 다른 친구들이 그 학생에게 힘을 주는 글을 적도록 해 줌으로써 따뜻한 분위기를 조성합니다.
❸ 댓글 감상 및 자기 성찰 시간에서 자신에게 도움이 되는 댓글은 성찰의 도구로 삼고 일방적이고 맹목적인 욕이나 비난의 댓글은 의미를 두지 않도록 지도합니다.
❹ 활동을 마무리한 후 느낌 나누기를 하면 학생들에게 더욱 의미가 있습니다.
❺ 교사가 활동지를 모아 두었다가 학년이 끝나는 마지막 수업 시간에 학생들에게 돌려주면 자기 성찰이 가능해집니다.

창의적 사고 역량

08 내 삶과 도덕을 이어 주는 이야기 쓰기 수업

이런 고민을 했어요

몇 해 전 일입니다. 일반계 고등학교에 근무하면서 '생활과 윤리'를 수업했습니다. 기출 문제를 분석해 수업 내용을 정리하고 쉬운 예를 곁들여 설명했습니다. 학생들은 몰입해서 수업을 들었고, 저 역시 조금이라도 더 많은 지식을 전달하기 위해 열심히 설명했던 기억이 납니다. 보람도 컸지만 마음 한 구석에선 아쉬움이 느껴졌습니다. 입시에 초점을 두느라 학생들의 일상과 수업을 제대로 이어 주지 못했다는 생각이 컸습니다.

그 해를 마지막으로 고등학교 근무를 마치고 중학교로 옮겼습니다. 입시에 대한 부담에서 벗어나 학생들의 일상과 수업을 이어줄 수 있는 방법들을 고민하기 시작했습니다. 특히, 가정과 학교에서 학생들이 자주 겪는 고민들을 도덕 수업과 연결시켜 보고 싶었습니다. '내 삶과 도덕을 이어 주는 이야기 쓰기 수업'은 앞선 고민에 대한 나름의 해답 중 하나입니다.

수업 디자인 과정

'내 삶과 도덕을 이어 주는 이야기 쓰기 수업'은 말 그대로 학생들이 각 차시 수업의 주제와 관련된 자신의 직간접적 경험을 글로 쓰고 발표하는 활동을 뜻합니다. 교사는 학생들이 말하거나 쓴 내용들을 다양하게 활용하여 수업할 수 있습니다. 학생들의 이야기를 가벼운 동기 유발 자료로 활용할 수 있고, 여러 사람들의 이야기를 연결하면서 도덕적 민감성이나 공감 능력을 기를 수도 있습니다. 여러 이야기들 속에서 쟁점을 찾아 토론 수업을 진행해도 됩니다.

토론 수업에 초점을 맞춘 수업 디자인 과정은 다음과 같습니다. 먼저, 학생들은 수업할 단원과 관련된 자신의 직간접적인 경험을 짧은 이야기로 서술합니다. 그런 다음 여러 학생들이 돌아가며 이야기를 발표합니다. 보다 진솔한 이야기를 듣고 싶다면 교사가 학생들이 쓴 이야기들을 취합한 후, 익명으로 몇 개의 이야기를 대신 읽어 줘도 좋습니다.

소개된 이야기들 중 많은 학생들이 공감하고 흥미 있게 생각하는 이야기를 선택합니다. 그런 다음 선택된 이야기에서 함께 토론하고 싶은 주제를 정합니다. 토론 주제가 정해지면 교사가 원하는 다양한 방식으로 토론 수업을 진행해 나가면 됩니다.

수업 엿보기

수업 절차	내용
단원 내용 소개 및 이야기 쓰는 법 안내하기	① 수업할 단원의 대략적인 내용을 소개함. ② 수업 내용과 관련된 직간접적인 경험을 5~6줄 정도의 짧은 이야기 형태로 서술함. 이야기를 쓸 때 도덕적 갈등 상황이나 쟁점이 잘 드러날 수 있도록 쓸 것을 안내함.
이야기 쓰기	③ 수업 내용과 관련된 자신의 직간접적인 경험을 서술함.
이야기 발표하기	④ 학생들이 자신의 이야기를 직접 발표하되, 교사가 취합한 후 몇 가지의 이야기를 골라서 대신 읽어 주는 것도 가능함.
토론 주제 정하기	⑤ 이야기를 바탕으로 학생들이 질문을 만든 후 이를 추려 나가면서 토론 주제를 선정함.
토론하기	⑥ 교사가 원하는 다양한 토론 방식으로 토론 수업을 진행함.
정리하기	⑦ 토론 과정이나 내용에 대하여 학생 간 상호 평가, 교사 평가 및 제언을 함. ⑧ 더 생각해 볼 문제가 있다면 심화 과제로 제시함.

학생들이 쓴 이야기와 질문 예시

▶▶ **관련 단원:** 도덕① Ⅰ- 1. 도덕의 의미

> 버스를 타고 가던 중 생긴 일이다. 내가 버스를 타고 난 뒤 몇 정거장 지나서 노약자 한 분이 타셨는데 내가 양보할까 하는 생각이 들었지만 가야 할 곳이 좀 멀어서 가까이 있는 사람이 자리를 비켜 주겠지 하는 생각으로 계속 앉아 있었다. 그런데 아무도 안 일어나고 서로 눈치만 보는 것 같았다. 버스 기사님이 누가 좀 양보해 주면 안 되겠냐고 해서 결국 제일 가까이 있던 분이 비켜 주셨다. 몸은 편했지만 마음이 불편했다. 지금 생각해도 후회되는 행동이다.

질문 1) 버스 기사가 양보하라고 해서 자리를 양보한 사람의 행동은 도덕적일까?

2) 어떤 일이 도덕적이라고 해서 남에게 명령하는 것은 옳은 일일까?

▶▶ **관련 단원:** 도덕① Ⅱ- 2. 친구 관계와 도덕

> 친한 친구들끼리 만든 단체 채팅방이 있다. 우리끼리 모여 한 달에 한 번 정도는 부산이나 대구 같은 곳으로 놀러 간다. 그럴 때마다 단체 채팅방에서 서로 연락을 하며 놀러 갈 준비를 한다. 그런데 채팅을 하다 보면 주제와 다른 이야기가 나와서 싸울 때가 있다.
> 그리고 친구들과 채팅할 때 자기가 하고 싶은 말만 하는 친구가 있고, 말 같지도 않은 말을 하면 답을 해 주기 곤란할 때도 있다. 그런데 읽고 나서 답장을 하지 않으면 그 친구가 서운해 할 때가 있다. 나는 이럴 때 참 난감하다.

질문 1) 나와 친한 친구들이 서로 다툰다면 어느 쪽 편을 들어 줘야 할까? 아니면 그냥 모른 척해야 할까?

2) 친구가 나를 귀찮게 하면 솔직하게 귀찮다고 말해도 될까?

수업 되돌아보기

효과 및 배운 점	아쉬웠던 점
• 학생들이 평소에 고민하고 갈등하는 일상의 문제를 수업과 연결하여 흥미와 참여도를 높임. • 학생들의 이야기를 다양한 형태로 수업에 활용할 수 있음. • 자신의 직간접적인 경험을 이야기함으로써 표현력과 공감 능력을 기를 수 있음. • 입담 좋은 친구들이 나와서 재미있는 이야기를 들려줄 경우 유쾌한 수업 분위기가 형성됨.	• 이야기 쓰기에 관해 설명하고 이야기를 쓰는 시간이 길어질 경우 수업을 마무리하는 데 시간이 부족한 경우가 생김. • 학생들이 쓴 이야기가 상투적이고 비슷한 내용이 반복되는 경우가 많이 있음. • 학생들이 좋은 이야기를 많이 만들어 내지 못하면 이 후의 수업 진행이 어려워짐.

이야기 쓰기 수업을 진행하면서 학생들이 저마다 이야기를 수줍게 발표하고, 경청하며 웃는 모습을 지켜보는 것이 참 좋았습니다. 중학생 친구들이 모여 다정하게 이야기를 나누는 어느 집 사랑방에 초대된 것 같기도 했습니다. 물론 재미있는 이야기가 샘솟듯 나올 때에만 그렇습니다. 학생들이 쓴 이야기들은 대체로 상투적이었고, 비슷한 이야기들의 연속이었습니다. 그중 잘 쓴 이야기에 살을 붙여 수업을 진행했지만, 못내 아쉬운 마음이 드는 것은 어쩔 수 없나 봅니다. 학생들의 일상과 수업을 이어 주기란 여전히 어려운 일이라고 느껴집니다.

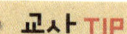 교사 TIP

❶ 글쓰기를 생략한 채 곧장 말하게 할 경우, 학생들이 제대로 말하기 어려워합니다. 글쓰기 과정을 통해 학생들은 자신의 경험에 대해 고민하고, 각자의 생각을 숙성시킬 여유를 주어야 합니다.

❷ 자신이 쓴 글을 직접 발표하게 되면 솔직한 고민을 담아 쓰기 어려울 수 있습니다. 보다 솔직한 고민을 함께 나누고 싶다면, 학생들이 쓴 글을 취합한 후 교사가 몇 개를 골라 대신 읽어 줄 수도 있습니다. 학생들이 쓴 글은 5~6줄 내외의 분량이므로 읽고 고르는 데 많은 시간이 걸리지 않습니다.

❸ 이야기를 쓸 때 다음의 조건들을 숙지시킬 필요가 있습니다. 첫째, 상투적인 이야기가 아니라 각자의 경험을 바탕으로 나만의 이야기를 만들자. 둘째, 식상한 교훈으로 마무리하지 말고, 많은 생각들을 나눌 수 있게 결말짓자. 셋째, 수업의 주제와 최대한 관련지어 쓰자.

❹ 해당 차시의 수업 주제와 관련하여 특별한 경험이 없는 학생의 경우 이야기를 쓰기 힘들어 할 수도 있습니다. 그럴 때에는 간접적인 경험(책, 텔레비전, 인터넷 등을 통해 얻은 지식)을 이야기로 쓰게 할 수 있습니다.

자기 관리 역량

09 '나는 내 인생의 주인공' 자존감 UP 수업

이런 고민을 했어요

우리 아이들은 자기 인생의 주인공으로 살아가고 있을까요? '내가 내 삶의 주인'이라는 것은 자신의 삶의 조건을 스스로 결정하고 선택할 수 있다는 것입니다. 하지만 우리 아이들은 가정, 학교, 사회 등 삶의 바탕이 되는 곳에서 선택의 기회를 누리지 못하고 누군가의 결정에 의하여 맹목적, 타성적으로 움직이는 존재로 살아가고 있지는 않은지 걱정입니다.

자신의 내면적 동력이 아니라 성적, 상벌점, 상장, 용돈 등 외부적 조건에 따라 타성적으로 길들여지는 아이들을 보면 안타깝고 걱정스러웠습니다. 이러한 환경에서 학생들의 주체성을 키우고 삶의 조건을 선택하고 결정하는 능력을 향상시키기 위해서 우선적으로 해야 하는 것이 학생들의 자존감을 높이는 것이라 생각했습니다. 자존감이 높을 때 있는 그대로의 자신을 아끼고 사랑하게 되며 선택과 결정을 두려워하지 않고, 그에 대한 책임도 스스로 질 수 있기 때문입니다. 그리고 닥쳐 올 어려움도 이겨 나갈 수 있습니다.

이런 고민 끝에 학생들이 자신의 소중함과 존재감을 느끼게 할 수 있는 방법을 생각하게 되었습니다. '나는 내 인생의 주인공' 활동을 통해 존재감을 느끼고 친구들의 격려로 자존감을 더욱 키워 주고자 하였습니다.

수업 디자인 과정

아이들은 본인이 누구인지 직접적으로 드러내지 않으면서 자신의 과거, 현재, 미래를 한 편의 영화 스토리 보드(글)로 작성하도록 하였습니다. 자존감은 과거, 현재, 미래의 나에 대한 통합된 인식과 다른 사람의 인정과 격려 속에서 키울 수 있기 때문입니다. 활동지는 다음과 같이 8칸으로 구성되어 있습니다.

가. 현재의 삶의 의미와 소중함을 느끼는 '*죽음의 순간 어떤 유언을*'
나. 현재의 나를 이해하기 위해 과거의 기억을 찾아보는 '*과거의 기억 속으로 장면이 바뀌면서, 가장 어릴 적 기억이 생생하게 떠오른다*'
다. 현재 내가 생각하는 나의 모습을 성찰하는 '*다른 사람에게 나의 이미지를 3개의 단어로 소개 한다면?*'

라. 나에게 일어난 중요한 사건들이 현재의 나에게 어떤 영향을 주는지 알아보는 '*나의 인생 결정적 순간들*'

마. 역경과 어려움을 이겨 내는 내 안의 힘을 느껴 보는 '*혹독한 순간*', '*인생 역전*'

바. 미래의 나의 모습을 꿈꾸어 보는 '*15년 후 나의 명함*'

사. 지금의 나에게 힘을 주는 '*미래의 내가 지금의 나에게 전해 주는 희망의 메시지*'

아이들은 완성된 활동지로 비행기를 접어 교실 앞으로 날립니다. 교사는 다 모은 영화 스토리 보드 활동지 중에서 하나를 선택하여 읽어 줍니다. 그러면 다른 친구들이 그 영화의 주인공을 찾게 하는 게임의 방식을 활용하였습니다. 이러한 과정을 통해 친구들이 서로 관심을 가지게 하여 긍정적인 관계가 형성될 수 있도록 유도하였습니다. 끝으로 활동지를 소개한 친구가 주인공에게 힘을 주는 '미래의 내가 지금의 나에게 전해 주는 희망의 메시지'를 크게 읽어 주면서 프리 허그를 하도록 하였습니다.

수업 엿보기

수업 절차	내용
'나는 내 인생의 주인공' 활동 소개	① 자신의 과거와 현재, 미래의 삶을 한 편의 영화로 제작하고 그 주인공을 찾아 힘을 주는 활동임을 설명함.
영화 스토리 보드 제작	② 본인이 누군지 직접적으로 드러나지 않게 활동지의 8가지 활동을 진행하며 자신의 존재 가치를 느껴 봄.
영화 속 주인공 찾기	③ 학생들은 작성한 활동지를 비행기 또는 공 모양으로 만들어 교실 앞으로 던짐. 그중 하나를 선택하여 소개하고 주인공을 찾음.
친구와 프리 허그	④ 주인공이 찾아지면 그 주인공을 소개한 학생이 '미래의 내가 지금의 나에게 전해 주는 희망의 메시지'를 크게 읽어 주면서 프리 허그를 함. 영화 속 주인공이 다음 활동지를 골라 소개하는 방식으로 진행함.
활동 소감 나누기	⑤ 활동 후 자연스럽게 소감을 나눔.

○ 학생들이 영화 스토리 보드를 제작하는 모습

수업 되돌아보기

효과 및 배운 점	아쉬웠던 점
• 단순하게 글 쓰고 발표하기가 아니라 영화나 드라마 스토리 보드 만들기라는 소재를 활용하였을 때 학생들의 표현력과 상상력이 향상됨. • 자신에 대한 생각을 해 본 경험이 부족한 학생들에게 긍정적으로 자신을 바라볼 수 있는 기회를 제공함. • 자신에게 힘을 주는 한 마디가 삶의 위로가 되고 삶을 살아갈 용기를 줄 수도 있음. • 자신에 대한 긍정, 자기 표현력, 상상력, 관계 형성 능력, 배려심 등을 키울 수 있음.	• 교사가 활동에 대해 자세하게 말로 설명해도 활동 방법을 이해하지 못하는 경우가 있음. • 활동이 많아서 1시간 안에 진행하기가 쉽지 않음. • 글쓰기를 주저하는 학생들이 있어 스토리 보드 작성이 제대로 이루어지지 않는 경우가 있음. • 지나치게 재미 위주로만 흐를 경우 주인공을 찾는 것에만 초점이 맞추어져 활동지의 구체적인 내용을 나누기가 어려워짐.

영화로 만든 학생의 이야기가 소개되고 다른 학생들이 그 주인공을 찾는 모습을 보면서 제가 더 즐겁고 흐뭇했습니다. 학생들은 자신의 존재감이 드러나고, 미래의 자신이 된 친구가 현재의 자신에게 해 주는 희망의 메시지를 듣고 쑥스러워하기도 했습니다. 하지만 얼굴에 맑은 미소가 번지면서 용기를 얻기도 했습니다. 그리고 프리 허그를 통해 서로를 위로하며 서로의 존재감을 느낄 때 우리는 감탄하고 서로에게 박수를 보냈습니다.

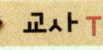 **교사 TIP**

❶ 활동지를 작성하기 전에 파노라마 형식으로 자신의 인생이 연상될 수 있도록 사례를 실감나게 제시하도록 합니다. 교사나 학생들의 활동 사례를 말로 설명하기보다는 영상이나 자료로 직접 제시하면 관심과 이해를 높일 수 있습니다.
❷ 스토리 보드 작성 시에 자신이 누구인지 직접적으로 드러나지 않도록 하고, 주제 중에서 생각이 잘 떠오르는 것부터 작성하도록 안내합니다.
❸ 영화의 주인공을 소개할 때 스토리 보드 주제 중에서 본인이 읽고 싶은 내용을 먼저 소개하도록 합니다. 그리고 스토리 보드 내용을 모두 소개한 후 주인공을 찾도록 유도합니다.
❹ 남녀 합반일 경우 프리 허그를 꺼리는 경우가 발생할 수 있습니다. 그럴 경우 하이파이브를 할 수도 있음을 안내합니다.
❺ 스토리 보드 만들기 / 영화의 주인공 찾기와 나누기로 2시간 활동으로 구성해야 시간의 여유가 생기고 의미 있는 활동이 가능합니다.

 수업 활용 자료

나를 알 GO! 나를 높이 GO! 자기 존중감 UP 활동지

●●● 나의 인생을 한 편의 파노라마 영화로 만들어 보세요. 아래 스토리 보드에 영화의 내용을 써 봅시다. (자신의 이름을 써 넣지 않습니다.)

죽음의 순간 어떤 유언을 ~	과거의 기억 속으로 장면이 바뀌면서, 가장 어릴 적 기억이 생생하게 떠오른다
다른 사람에게 나의 이미지를 3개의 단어로 소개 한다면?	나의 인생 결정적 순간들(행복, 기쁨, 슬픔, 사랑, 분노 등)
혹독한 순간들(다시는 돌아보고 싶지 않은 지옥을 맛보았다!)	인생 역전!(어떻게 혹독한 순간을 극복할 수 있었는가?)
15년 후 나의 명함	미래의 내가 지금의 나에게 전해 주는 희망의 메시지

지식 정보 처리 역량

10 신문을 활용한 수업

이런 고민을 했어요

2017년 대통령 탄핵으로 사회가 어수선해지면서 학생들이 전보다 사회 문제에 많은 관심을 가지게 되었습니다. 그래서 지금 우리 사회에서 일어나고 있는 문제에 대하여 생각해 보는 시간을 가지고 싶었습니다. 마침 '부패 행위의 문제점과 해결책' 단원을 수업할 차례가 되었습니다.

학생들에게 어떤 자료를 제공해야 할지 고민하다 신문을 활용하기로 했습니다. 신문을 활용하면 인터넷으로 찾을 때보다 학생들이 집중하기가 좋을 것 같았습니다. 신문에는 탄핵 기사 말고도 현재 일어나고 있는 다양한 사건들이 있었습니다. 학생들이 직접 기사들을 찾으면서 '이 기사에 실린 사건은 부패 행위일까? 어떤 점이 문제일까?'를 생각해 볼 수 있도록 했습니다.

수업 디자인 과정

4명이 한 모둠을 이루어 교과서에서 부패의 뜻을 찾아보게 합니다. 교과서에서 부패의 뜻을 확인하는 것은 오늘 신문에서 무엇을 찾을지 이해하는 데 큰 도움이 됩니다. 이후 교탁 위에 신문 1면이 보이도록 늘어놓고, 분단별로 각자 나와서 원하는 신문을 1부씩 가져가도록 했습니다. 학생들이 신문을 가져가면 신문을 읽기 시작합니다. 처음 신문을 읽는 학생도 있었고, 모르는 단어에서 막혀서 신문 읽기를 어려워하는 학생도 있었습니다. 모르는 부분이 나오면 모둠 구성원에게 물어보도록 안내했습니다.

신문 읽기가 어느 정도 진행되면 이후에는 부패와 관련된 기사를 찾아서 공책에 붙이도록 했습니다. 그리고 기사와 관련된 간단한 글쓰기를 할 수 있는 질문 세 가지를 칠판에 적어 놓았습니다. 질문 내용은 신문 내용 3줄로 요약하기, 해결 방안 쓰기, 기사문에 대한 나의 생각 쓰기였습니다. 각자 공책 정리가 끝나면 발표하는 시간을 가졌습니다.

Ⅳ 독서와 글쓰기 175

수업 엿보기

수업 절차	내용
모둠 구성(4명)	① 4명이 한 팀이 되도록 구성함.
교과서에서 부패의 뜻 찾기	② 교과서에서 부패의 의미를 찾아봄.
신문에서 부패 관련 기사 찾기	③ 신문에서 부패와 관련된 부분을 찾음.
질문에 답하기	④ 공책에 찾은 기사를 붙이고, 3줄 요약(문제점과 원인이 들어가도록), 해결 방안, 나의 생각을 정리하여 씀.
모둠 공유 및 전체 공유	⑤ 자신이 찾은 기사문과 내용을 모둠 구성원들과 공유하고, 전체 발표함.

수업 되돌아보기

효과 및 배운 점	아쉬웠던 점
• 부패와 관련된 기사가 맞는지 헷갈려 하는 학생들은 친구들의 도움으로 부패의 의미를 알게 됨. • 신문으로 모둠 구성원들과 자연스럽게 대화하고, 우리 사회의 문제점들도 이야기하게 됨.	• 모르는 단어 때문에 신문 읽기를 어려워하는 학생들이 있었음. • 한 시간으로는 신문을 천천히 읽을 시간이 부족함.

처음에는 신문을 활용한 수업이 재미있을 것 같기도 하고, 힘들어 할 것 같기도 했습니다. 한 마디로 확신이 없었습니다. 하지만 막상 해 보니 같이 신문을 읽고 이야기하는 시간을 가질 수 있어서 좋았고, 특히 사회 문제에 관심이 많은 학생이 주인공이 되는 자리가 되어 내심 뜻 깊은 자리라는 생각이 들었습니다. 모두가 같은 기사를 읽고 이야기하거나, 모둠에서 하나의 기사를 선정하여 같이 이야기해 보는 것도 좋을 것 같다는 생각이 들었습니다.

교사 TIP

❶ 본인이 선택한 신문에 더 관심을 가지므로 신문을 각자 선택해서 가져가도록 하면 좋습니다.
❷ 신문에 나와 있는 광고나 스포츠 기사에만 집중한다면, 주제에 집중할 수 있도록 분위기를 유도할 필요가 있습니다.
❸ 노트북이나 스마트폰을 활용하여 학생들이 모르는 단어를 직접 찾아볼 수 있도록 하는 것도 좋습니다.
❹ 학교에서 받아 보는 신문을 모아서 활용하면 신문을 쉽게 구할 수 있습니다.

신문 활용 수업 활동지

1. 부패와 관련된 신문 기사를 오려 붙여 보세요.

2. 신문 기사의 내용을 3줄로 요약해 보세요.

   헌법과 법률 위배 행위의 종류와 성격 및 각각의 중대성, 그것이 미친 영향과 결과, 피청구인이 그 동안 취한 태도, 소추 의결 이후 추가로 드러난 법 위반 사항 등을 고려해 박 대통령을 대통령직에서 파면해야 하며, 대통령도 법 위에 있지 않다고 말하고 있다.

3. 신문 기사에 나타난 부패 문제를 해결할 수 있는 방법을 써 보세요.
   - 부정부패를 일삼은 사람들에게 마땅한 벌을 주기
   - 대통령 지위를 함부로 사용할 수 없도록 법 만들기

4. 신문 시가에 대한 나의 생각과 그 이유를 써 보세요.

   대통령과 그 측근은 법을 어기고 부패 행위를 저질렀기에 벌을 주어야 한다고 생각한다. 부패 행위를 하면 혹독한 대가를 치르게 된다는 것을 보여 주면 부패 행위가 줄어들 것이다. 또 높은 지위를 가진 사람의 잘못을 눈감아 주는 일이 다시는 생기지 않을 것이다.

V 발표와 토론

"논쟁에서는 상하도 신분도 연령도 성명도 없다.
진리 이외에는 아무것도 없고, 진리 앞에서는 만인이 평등하다." (로맹 롤랑)

01 모의 대선 토론 수업

02 매니페스토(정책 평가하기) 수업

03 모두가 참여하는 피라미드 토론 수업

04 철학적 탐구 공동체 수업

05 인물 탐구 공동체 수업

06 원인을 분석하고 해결책을 제시하는 생선 뼈 토론 수업

07 불만 가득한 학생들을 위한 도덕 수업

08 '대한민국, 제 점수는요?' 수업

09 '갤러리 워크'를 활용한 모둠별 발표 수업

10 5분 말하기로 과정형 평가하기

11 LiD를 활용한 도덕 수업

| 공동체 역량 |

01 모의 대선 토론 수업

이런 고민을 했어요

2017년에 대선이 있었습니다. 국가와 정의라는 주제는 수업 시간에도 중요하게 다루고 있었기 때문에 이 이슈를 어떻게든 수업 속으로 끌어 오고 싶었습니다. 하지만 실제 민감한 정치적 이슈를 수업에서 다루는 것에 대한 부담도 적지 않았습니다. 교사의 정치적 의도가 수업 속에 들어가지 않으면서도 단순히 논쟁으로 끝나지 않는 수업을 목표로 삼았습니다. 국가의 본질, 정의, 지도자의 모습 등에 대해 깊이 고민할 수 있는 시간을 만들고자 했습니다.

우선 수업 자료를 찾다 보니 대부분의 대통령 후보 공약집이 아이들의 삶과 괴리된 어려운 정치적 이슈로 나열되어 있었습니다. 그러던 중에 각 후보들의 공약 중 인권과 관련된 공약들만 쉽게 정리된 자료를 찾을 수 있었습니다. 동성애, 최저 임금, 북한 인권 문제, 사회 복지 등과 관련된 공약들이 있었습니다. 이 정도는 평소 도덕 시간에서도 다루었던 주제들이기에 충분히 이해할 수 있을 것으로 생각했습니다.

이 수업을 하기 전에 아이들에게 수업의 취지와 의미에 대해 충분히 설명했습니다. 수업은 중학교 3학년 아이들을 대상으로 총 4차시 분량으로 기획했습니다.

수업 디자인 과정

수업은 우선 각 대선 후보들의 공약집을 아이들에게 모둠별로 배부하고 이를 분석하는 것으로 시작했습니다. 공약 분석 후 모둠별로 지지 후보를 선정하는 토론을 했습니다. 학생들마다 지지 후보를 선정하는 기준이 다를 수 있었기 때문에 이 과정이 꼭 필요했습니다.

모둠별 지지 후보를 선정한 후 2차시에는 자신들의 모둠 후보를 지지하는 연설문을 작성했습니다. 이 연설문은 이 후보가 왜 우리나라 대통령이 되어야 하는지를 설득하는 것을 목적으로 하게 했습니다. 연설문 작성과 논의 과정을 통해 국가의 리더가 갖추어야 할 가치와 능력, 태도 나아가 국가의 존재 의미에 대해서 생각해 보기를 기대했습니다.

3차시에는 각 모둠의 대표 발표자가 나와 연설문을 발표하고 패널 토론을 실시했습니다. 그리고 청중 질의응답 시간을 가졌습니다. 토론 과정에서 피상적으로 다루었던 문제들에 대해 좀 더 근본적인 의문을 가지도록 해 주고 싶었습니다. 패널 토론이 끝난 후에도 풀리지 않는 질문들은 자신들의 개인 노트에 적었습니다. 4차시에는 이 질문들로 토론을 이어 나갔습니다.

수업 중에 나왔던 아이들의 질문들 가운데 몇 가지만 정리하면 다음과 같습니다.

가. 국가에 리더가 꼭 필요한가?
나. 개인의 도덕성이 떨어지면 리더의 자격이 없는 것일까?
다. 핵무기가 있으면 국가의 안보가 더 단단해질까?
라. 국가가 동성애를 허용하는 것과 하지 않는 것은 어떤 차이가 있을까?
마. 사드(THAAD, 고고도 미사일 방어 체계)를 설치하는 것이 올바른 결정일까?
바. 토론을 잘 하는 것과 국가의 리더가 되는 것은 상관이 있을까?

수업 엿보기

수업 절차	내용
지지 후보 선정 토론	① 각 대선 후보 공약집을 모둠별로 읽고 분석함. ② 모둠별로 어떤 후보를 지지할 것인지 토론함.
지지 연설문 작성	③ 모둠에서 선정한 후보를 지지하는 연설문을 작성함. 이때 다양한 자료 및 스마트폰 등의 매체를 활용할 수 있도록 함.
연설문 발표 및 패널 토론	④ 각 모둠의 대표 발표자들이 연설문을 발표하고 패널 토론을 실시함. ⑤ 그 후 청중 질의응답 시간을 가짐.
개인 질문 만들기 및 탐구 공동체 토론	⑥ 패널 토론 이후 풀리지 않는 의문에 대해 개인별 질문을 만들도록 함. ⑦ 개인별 질문으로 탐구 공동체 토론을 실시함.

○ 모의 대선 토론 수업 중 '패널 토론'을 하는 모습

수업 예시

학생 소감문

오늘 우리 반 토론 수업에서 지지 후보로 유○○ 후보, 문□□ 후보가 나왔다. 1번, 3번, 5번 토론자는 유○○ 후보를 지지하였고, 2번, 4번 토론자는 문□□ 후보를 지지하였다. 일단 처음으로 정치에 관심이 많아졌기에 다른 토론자들의 발표에 귀를 기울였다. 사실 여러 부분에서 나는 문재인, 안철수, 홍△△ 후보에게 불만이 많았다. 북한 관련 문제를 토론하는 모습 등에서 대통령감이라고 딱히 생각이 들지 않았다. 오히려 지지율이 낮은 유○○ 후보가 생각이 깊고 마음가짐도 제일 어른스럽다는 생각이 들었다. 이 수업에서 지지 연설문을 쓰면서 정말 많이 깨달았고 미래의 세상을, 그리고 나라를 다시 한 번 진지하게 생각해 볼 수 있는 계기가 되었던 것 같다. 개인적으로 정말 재미있고 마음에 드는 수업이었다.

이 수업을 선거 전에 했으면 더 좋았을 것 같았다. 솔직히 이미 대통령에 당선된 문□□ 후보를 지지하는 친구들 말이 더 유심히 들렸던 것 같다. 내가 비록 수업 끝나기 10분 전에 나가긴 했지만 새로운 것을 알게 되면서 생각을 굉장히 많이 한 것 같다. 같은 후보를 지지하더라도 내용이 완전히 다른 경우도 있었고 비슷한 내용도 있었다. 질문 내용도 생각보다 날카로웠다. 예전에 '사회 정의' 단원 수업에서 투표권을 청소년에게 준다는 것에 나는 반대했었다. 아직 우리는 생각이 어리고 올바른 판단이 쉽지 않을 것 같았기 때문이다. 하지만 오늘 하는 것을 보니 투표권을 주어도 될 것 같았다. 앞에 나간 친구들도, 질문했던 친구들도 제대로 판단하고 투표를 할 수 있을 것 같았다. 도덕 시간이 조금 더 길었다면 더 많은 친구들이 자기 생각을 말할 수 있지 않았을까? 다른 친구들은 어떤 생각을 하며 이 수업을 들었을지 궁금했다.

수업 되돌아보기

효과 및 배운 점	아쉬웠던 점
• 정치적 주제에 대해 아이들의 자발적인 참여를 이끌어 내기에 효과적이었음. • 국가 정의와 관련하여 다양한 도덕적 이슈를 다룰 수 있었음. • 많은 아이들이 자신들을 정치적 주체로서 인식할 수 있는 계기가 될 수 있었음.	• 공약집의 내용에 나와 있는 개념을 어려워하는 학생들이 많았음. • 공약집을 분석하고 이에 대해 공부할 시간이 부족하여 토론 자체의 수준이 높아지지는 못했음.

국가와 정의 단원 수업을 하다 보면 아이들마다 편차가 크다는 것을 알 수 있습니다. 평소 시사 문제에 관심이 많은 학생들과 그렇지 않은 학생들이 나뉘는 편입니다. 그런데 이 수업에서 아이들은 자신들의 대통령을 직접 뽑는다는 것, 실제 진행 중인 대선에 참여해 본다는 것에 큰 의미를 부여하는 것 같았습니다. 공약집에서 이해되지 않는 내용은 직접 스마트폰을 활용하여 찾아보면서 여러 시사 문제들에 대한 이해도 심화시킬 수 있었습니다.

모둠별 대표 토론과 청중 질의응답은 생각보다 치열하게 진행됐습니다. 특히 사드, 핵 문제, 동성애, 복지 등과 관련된 쟁점에 대해서는 서로 양보 없이 토론하는 모습까지 보였습니다. 물론 관련 정보의 부족으로 인해 깊이 있는 논의까지는 이어지지 못했지만 그 자체로 충분하다고 생각했습니다. 국가와 나의 삶이 무관하지 않다는 것, 올바른 국가의 방향이라는 것이 생각보다 복잡하다는 것, 앞으로 더욱 치열하게 고민해 나가야 할 문제라는 것은 충분히 이해할 수 있는 시간이었기 때문입니다.

교사 TIP

❶ 정치적으로 민감할 수 있는 주제인 만큼 교사의 정치적 입장을 드러내지 않아야 합니다.
❷ 아이들이 공약집을 분석하면서 어려운 내용을 찾아볼 수 있는 스마트폰 등의 매체 활용이 꼭 필요합니다.
❸ 극단적인 정치적 편향을 드러내거나 사실과 다른 주장을 하는 경우에는 교사의 신중한 개입이 필요합니다.

공동체 역량

02 매니페스토(정책 평가하기) 수업

이런 고민을 했어요

사람들은 좋은 국가에서 살고 싶어 합니다. 좋은 국가는 복지, 평화, 자유, 인권 등과 같은 바람직한 가치를 추구합니다. 하지만 어떤 가치에 더욱 중점을 두어야 할지에 대해서는 사람마다 생각이 다릅니다.

국가가 추구하는 가치는 정책을 통해 구체적으로 실현됩니다. 사람들은 자신이 더욱 중요하다고 생각하는 가치가 반영된 정책이 실현되기를 바랍니다. 하지만 현실적으로 모든 시민이 정책을 만드는 과정에 직접적으로 참여하기는 어렵습니다. 그래서 선거를 통해 나의 뜻을 대신해 줄 대표를 선택합니다.

학생들도 성인이 되면 투표를 하게 됩니다. 하지만 실제 선거 과정에서 나의 생각과 일치하는 정책이 어떤 것인지, 그 정책이 현실성 있는 것인지 판단하기는 쉽지 않습니다. 그래서 자신이 바라는 국가의 모습을 생각해 보고, 그런 국가를 이루기 위해 필요한 정책이 어떤 것인지 판단할 수 있는 능력을 길러야 한다고 생각했습니다. 그리고 실제 정책들이 내 삶에 어떤 영향을 주는지, 그 정책을 어떻게 평가해야 하는지 고민하는 시간을 마련하고 싶었습니다.

수업 디자인 과정

마침 수업을 준비하던 해에 지방 선거가 있었습니다. 각 당의 후보들은 많은 공약을 준비하고 발표하였습니다. 대다수의 학생들은 선거가 자신들과 관계가 없다고 생각하고 큰 관심을 보이지 않았습니다.

우리를 대표하여 선출되는 사람의 공약과 정책은 우리의 삶에 많은 영향을 주게 됩니다. 학생들의 경우 해당 지역 교육감의 공약 하나에 따라서 학교생활에 많은 변화가 생길 수 있습니다. 이러한 점을 먼저 알리고 수업을 시작해야 학생들이 동기를 가지고 적극적으로 참여할 수 있습니다.

선거 관리 위원회 홈페이지에 들어가면 후보자들의 공약이 잘 정리되어 있습니다. '중앙 선거 관리 위원회 – 선거 정보 도서관 – 후보자 홍보물'로 들어가면 후보자별 공보, 벽보, 공약서가 정리되어 있습니다. 선거가 있는 시기에는 대체로 특별 페이지가 생기고 후보자 토론, 유권자 희망 공

약 등 다양한 자료가 제공됩니다. 가정으로 발송되는 후보자 홍보 자료를 준비하도록 하면 수업을 하는 데 도움이 됩니다.

학생들이 자료를 가져오거나 아니면 교사가 각 후보자들의 정책 자료를 미리 인쇄하여 준비합니다. 학생들은 후보자의 자료를 보고 가장 좋다고 생각되는 정책을 선택합니다. 정책을 선택할 때에는 정책이 왜 필요한지, 어떻게 시행할 것인지, 언제까지 완료할 것인지, 재원은 어떻게 마련할 것인지, 예상되는 결과는 무엇인지를 고려하도록 하였습니다. 각 후보의 핵심 공약들은 대체로 이러한 양식에 맞추어 잘 정리되어 있습니다. 각 후보자들이 만드는 정책 공약서를 참고할 수도 있습니다.

개인적으로 정책을 선택하고 나면 선택한 정책을 모둠 구성원들과 공유합니다. 모둠 구성원들은 합의를 통해 가장 좋은 정책을 모둠 정책으로 채택합니다. 그리고 모둠 정책이 필요한 이유, 정책 이행 절차와 기한, 재원 조달 방안과 예상되는 결과를 정리합니다. 모둠 정책에 대한 논의가 끝나는 대로 모둠 정책에 대한 개인적인 평가를 합니다. 모둠 정책 논의가 끝나면 모둠별로 자신들이 선택한 정책에 대한 분석 결과를 다른 친구들에게 발표하고 가장 좋은 정책에 투표를 합니다.

수업 엿보기

수업 절차	내용
개인 정책 선정하기	① 자신이 가장 중요하다고 생각하는 정책을 선택함.
모둠 정책 선정하기	② 돌아가면서 개인별 정책을 설명하고 논의를 통해 모둠 정책을 선정함.
모둠 정책 발표 준비하기	③ 모둠 정책 논의 과정을 바탕으로 정책의 중요성과 필요성 등을 설명할 준비를 함.
모둠 정책 발표하기	④ 각 모둠별 정책을 발표함.
학급 정책 투표하기	⑤ 모둠 정책 가운데 가장 좋은 정책을 선정함.

수업 되돌아보기

효과 및 배운 점	아쉬웠던 점
• 선거와 후보자들의 정책 공약에 관심을 가지고 적극적으로 참여함. • 실제 정책들이 복잡하지만 우리 삶에 많은 영향을 준다는 점을 알게 됨. • 수업을 통해 뉴스에 조금 더 관심을 가지게 되고 정치에 대한 관심이 증가함.	• 정책에 대한 설명이 구체적이지 않아 학생들이 내용을 파악하는데 어려움을 겪음. • 단어의 뜻을 제대로 파악하지 못하여 내용을 이해하지 못하는 경우가 많음.

　아이들은 생각보다 많은 관심을 보였습니다. 하지만 정책들이 많은 사회적 쟁점과 갈등을 담고 있어서 제대로 이해하기가 어려웠습니다. 제가 진행한 수업에서는 정책 발표 이후 학생들이 궁금한 점을 질문으로 만들어 토론을 하고 자신의 생각을 정리하는 과정을 거쳤습니다. 토론까지는 아니더라도 자신의 생각을 정리하는 과정은 반드시 필요하다고 생각합니다. 토론을 하지 않는 경우에는 '모둠 정책에 대한 나의 평가' 대신에 수업을 하면서 느낀 점을 자세하게 쓰도록 합니다.

　토론을 마치고 학생들이 쓴 글을 읽으면서 생각보다 많은 학생들이 이 수업에 관심을 가졌고 의미 있는 경험으로 평가했다는 점에 놀랐습니다. 시간이 지나 이 학생들이 실제로 투표할 때가 되면 조금 더 성숙한 민주 시민이 될 수도 있겠다는 생각을 했습니다.

　선거가 없는 해에는 지난 선거의 정책들을 활용하거나 당선인 정책 평가, 희망 정책 만들기(중앙 선거 관리 위원회 홈페이지에 실제로 제안 가능)등으로 변형하여 수업을 진행하는 것도 좋습니다.

교사 TIP

❶ 정책들이 우리 삶을 얼마나 바꿀 수 있는지 예를 들어 설명해 주면 학생들이 목적의식을 가지고 수업에 더욱 적극적으로 참여할 수 있습니다.
❷ 학생들이 평소에 뉴스를 보는 경우가 많지 않다는 점을 고려해야 할 것 같습니다. 여러 가지 정책에 대한 이해가 부족한 상황이므로 교사가 충분히 설명하거나 스마트폰을 적절하게 활용하도록 하는 것이 좋습니다.
❸ 학생들에게 정책들을 다 이해시키는 것보다 학생들이 정책의 구체적인 내용에 관심을 가지고 자신의 가치 기준으로 평가할 수 있는 계기를 제공하는 것을 목적으로 삼는 것이 좋습니다.
❹ 모둠별 정책을 선정하고 발표 준비를 하는 데 소요되는 시간이 차이가 납니다. 남는 시간에 모둠 정책에 대한 자신의 평가를 작성하게 하면 됩니다.
❺ 단순히 정책을 검토해 보는 것으로 끝나지 않고 질문을 만들어서 토론을 하는 것이 더 좋습니다.

수업 활용 자료

매니페스토 수업 활동지

반   번   이름:

내가 뽑은 정책	• 정책: 신혼부부 및 사회 초년생 행복 임대 주택 공급 • 이유: 돈이 없어서 집을 구하기 어려운 신혼부부나 사회 초년생에게 살 곳을 마련해 줘서 결혼도 장려하고 사회 초년생의 성장을 도울 수 있을 것 같아서
모둠 정책	신혼부부 및 사회 초년생 행복 임대 주택 공급
문제 상황 (필요성)	가정 형편이 어렵고 결혼하는 데 많은 돈을 써서 살 집을 구하기 힘들다.
이행 절차 및 기한	• 절차: 그린벨트 해제 후 생활 거점별로 1개소씩 건설하여 공급한다. → 환경이 파괴되어 산과 들이 사라져 갈 것이다. • 기한: 2019년 ~ 2022년 → 그린벨트 해제에 반대하는 사람들을 설득할 시간, 건설 부지 확보 및 건설에 드는 시간을 고려할 때 3년으로 부족할 것이다.
재원 조달 방안	151억 원(국가 30%, 울산광역시 30%, 국민 주택 기금 40%) → 울산에 아파트가 많기 때문에 주지 않을 수도 있다. → 그린벨트 해제에 반대하는 시민과의 갈등으로 쓰지 못할 수도 있을 것 같다.
예상되는 결과	• 일부 시민이나 환경 운동가들이 그린벨트 해제에 반대하여 시행하지 못할 수 있을 것 같다. • 주거 문제로 결혼을 하지 못하던 연인들이 결혼을 긍정적으로 생각하여, 결혼이 증가하고 출산율도 증가할 것이다. • 국비를 지원받지 못해서 정책을 시행하지 못할 수도 있다.
모둠 정책에 대한 나의 평가	그린벨트를 해제한다는 것은 건물을 지을 수 있는 장점도 있지만 산과 들을 없애버리고 환경을 훼손한다는 단점이 있다. 우리나라에 환경 오염이 문제가 되고 있는데 산과 들을 없애는 것은 큰 문제가 될 것 같다. 하지만 돈이 없는 신혼부부나 사회 초년생에게는 많은 도움이 될 것이다.

| 의사소통 역량 |

03 모두가 참여하는 피라미드 토론 수업

이런 고민을 했어요

토론 수업을 하면서 많은 고민을 합니다. 어떤 주제를 선택해야 할지, 어떤 방법으로 진행해야 할지, 토론 후 어떻게 마무리를 해야 할지 등 하나같이 쉬운 일은 아닙니다. 하지만 무엇보다 큰 고민은 바로 학생 참여 문제입니다. 토론 과정에서 자신의 생각을 말하지 않는 학생들이 많았습니다.

모든 학생들이 적극적으로 참여하는 토론 수업을 해 보고 싶었습니다. 모두가 주목하는 상황에서 자신의 생각을 말하는 것은 쉬운 일이 아닙니다. 하지만 대부분의 아이들은 자신의 친구들과 이야기를 할 때에는 무척 적극적입니다. 그래서 『토론 수업 레시피』(김혜숙 외, 교육과학사, 2011)를 참고하여 학생들이 친구에게 말하듯이 자신의 생각을 설득력 있게 전개할 수 있는 피라미드 토론 수업을 해 보았습니다.

🌱 수업 디자인 과정

학생들은 도덕 수업을 통해 행복, 우정, 사랑, 국가, 종교 등 다양한 주제들을 다루게 됩니다. 그 과정에서 주제들에 대한 자신의 가치관을 형성해 나가게 됩니다.

피라미드 토론은 여러 가지 가치(방법)가 충돌하는 경우, 혹은 가치들 중에서 몇 가지를 선택하는 수업에 적합합니다. 예를 들어 '행복이란 무엇인가?', '행복해지기 위해 가장 필요한 것은 무엇인가?'와 같은 주제에 활용하면 효과적입니다.

피라미드 토론은 1:1, 2:2, 4:4의 과정을 거치게 됩니다. 우선 2명에게 A4 용지 한 장을 주고 6등분하여 1인당 3장씩 가지도록 합니다. 그리고 주제와 관련하여 자신이 가장 중요하게 생각하는 것을 적게 합니다. 예를 들어 행복 단원이라면 행복해지기 위해 가장 중요한 것 3가지를 쓰게 하는 것입니다.

그리고 서로가 가진 6장의 종이를 확인하고 그 가운데 3장의 종이를 선택하도록 합니다. 3장의 종이는 서로 합의를 통해 선택해야 합니다. 합의 과정에서 상대방에게 자신이 가지고 있는 종이가 더욱 필요함을 설득해야 합니다. 하지만 상대방의 의견이 나의 의견보다 더 타당하다면 그 의견을 인정하는 태도도 중요하다고 알려 줍니다.

1 : 1 토론에서 합의를 통해 3장을 선택하면 토론을 했던 두 사람이 새로운 팀이 됩니다. 그리고 다른 팀과 2 : 2 토론을 하게 됩니다. 마찬가지로 2 : 2 토론에서도 대화를 통해 3장을 뽑고 4명이 새로운 하나의 팀이 됩니다. 다른 4명 팀과 4 : 4 토론을 통해 최종적으로 3가지를 선택합니다. 4 : 4 토론을 마치면 각 팀(8명)별로 최종 선택한 3가지와 그 이유를 발표합니다.

피라미드 토론을 할 때 각 단계별 소요 시간을 미리 정해 주는 것이 좋습니다. 팀별로 합의에 이르는 속도가 많이 다르기 때문입니다. 어떤 팀은 3분 만에 합의에 이르기도 하지만 어떤 팀은 10분이 지나도 1 : 1 토론이 끝나지 않기도 합니다. 저는 1 : 1은 5분, 2 : 2는 6분, 4 : 4는 7분을 주었습니다. 정해진 시간보다 먼저 끝나는 팀은 다음 단계의 토론을 하도록 하고 모자라는 팀은 1분 정도 시간을 더 주기도 하였습니다.

수업 엿보기

수업 절차	내용
팀 구성	① 1 : 1, 2 : 2, 4 : 4의 토론이 이루어질 수 있도록 자리를 배치함.
나의 생각 쓰기	② 1인당 3장의 종이를 나누어 주고 주제에 맞는 내용을 1장에 1가지씩 씀.
피라미드 토론	③ 1 : 1 토론을 실시함. ④ 1 : 1 토론이 끝나면, 2 : 2 토론을 실시함. ⑤ 2 : 2 토론이 끝나면, 4 : 4 토론을 실시함.
발표하기	⑥ 4 : 4 토론에서 최종적으로 선택한 3가지를 팀별로 발표함.

○ 1 : 1 토론을 하는 모습

○ 4 : 4 토론을 하는 모습

수업 되돌아보기

효과 및 배운 점	아쉬웠던 점
• 손을 드는 발표에 어색해 하는 학생들도 적극적으로 참여하게 되어 전체 학생들의 참여율이 높아짐. • 자신의 생각만 옳다고 밀고 나가는 것이 아니라 토론을 통해 상대방의 의견을 수용하게 됨.	• 평소 다른 친구들에게 주장하듯이 말하다 보니 목소리가 커지거나 우기는 경우가 생김. • 상대방이 고집을 부리면 토론을 포기하는 경우가 생김. • 전체 공유를 하는 과정에서는 여전히 어색해 하는 학생들이 있었음.

아이들은 무척 적극적이었습니다. 평소 토론 수업 때 한 번도 말하지 않던 학생이 자신의 주장을 적극적으로 표현하기도 하였습니다. 다수의 학생이 적극적으로 참여하는 수업을 하자는 목표는 어느 정도 달성하였다고 생각했습니다. 하지만 어떻게 하면 토론의 질을 높일 수 있을지는 여전히 고민하고 있습니다.

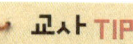 교사 TIP

❶ 목소리가 커져서 옆 반에 방해가 될 정도로 시끄러워질 수 있으므로 조용히 토론하도록 지도합니다.
❷ 가능하면 정해진 시간 안에 합의를 하도록 하고, 합의가 다 되지 않아도 합의된 것만 가지고 다음 토론에 임하도록 합니다.
❸ 4 : 4 토론은 4명이 서로 마주보도록 자리를 잡는 것이 좋습니다. 4명씩 일렬로 마주보지 않으면 가까이 있는 4명만 토론에 참여하고 나머지 4명은 토론을 구경만 하는 경우가 생깁니다.
❹ 4 : 4 토론의 인원이 정확하게 배치되지 않을 경우에는 4 : 3 등으로 인원을 조정할 수 있습니다.
❺ 1 : 1, 2 : 2 토론이 먼저 끝났지만 다음 단계의 토론을 하기 어려운 경우 다른 팀의 토론을 참관하도록 하는 것도 좋습니다.
❻ 전체 공유 이후 자신의 생각을 정리하도록 해야 합니다.

지식 정보 처리 역량

04 철학적 탐구 공동체 수업

이런 고민을 했어요

예전에는 강의식 수업만 했습니다. 그렇게 몇 년을 수업하다 보니 교사인 저도 수업이 지루해졌습니다. 또 같은 내용으로 여러 반에서 수업하다 보니 교과서의 내용을 다 외우게 되었습니다. 여러 반의 학생들과 돌아가며 같은 이야기, 같은 농담, 같은 내용의 수업을 하는 것이 너무 힘들었습니다. '교과서의 내용을 이해하고 외워서 시험을 치르는 것이 무슨 의미가 있나.' 하는 생각도 들었습니다. 그리고 이런 수업을 남은 교직 생활 동안 반복해야 한다고 생각하니 '이렇게 해서는 안 되겠다.'는 생각이 들었습니다.

그래서 학생들과 디베이트 수업을 해 보았습니다. 교사가 수업과 관련된 논제를 제공하면 학생들이 입론을 작성하여 이를 바탕으로 찬성, 반대 토론을 하는 것이었습니다. 그런데 디베이트 수업을 진행하면서 몇 가지 문제점이 발생했습니다. 우선 학생들이 입론을 작성하도록 지도하는 것부터 쉽지 않았습니다. 입론 작성 방법을 가르쳐 주고 입론 작성 과정을 확인하는 것은 교사에게 많은 에너지를 요구하였습니다. 그리고 토론의 형식상 참여 기회가 적거나 주제와 관련된 지식이 부족하여 참여하지 못하는 학생이 생겼습니다. 마지막으로 학생들이 토론을 통해 서로 성장하기보다는 승패를 가리고 남을 이기는 것에 집중하였습니다.

많은 학생들이 자연스럽게 참여할 수 있고 의미 있는 수업을 하고 싶었습니다. 남을 이기는 것이 목적이 아니라 삶의 문제를 깊이 있게 고민하고 근본적인 개념에 대하여 묻도록 하고 싶었습니다. 그래서 울산의 이호중 선생님의 도움을 받아 고차적 사고력과 합당한 판단을 중요시하는 철학적 탐구 공동체 수업을 하게 되었습니다.

🌱 수업 디자인 과정

① 교재 읽기

교재를 읽으면서 수업을 시작합니다. 철학적 탐구 공동체에서는 철학 소설을 교재로 사용합니다. 철학 소설은 이야기를 통해 학생들에게 여러 가지 의미 있는 문제들을 제공합니다. 그리고 등장인물의 대화와 행동을 따라가며 자연스럽게 오류를 발견하고 더 나은 사고에 이르게 됩니다. 하지만 학교에서는 기본적으로 교과서를 활용합니다. 단원에서 다루어야 할 성취 기준이 담겨 있기 때문입니다. 경우에 따라서는 다른 책을 읽거나, 영상을 보거나, 교과 내용과 관련되는 활동을 하는 것으로 교재 읽기를 대신할 수도 있습니다.

저의 경우에는 교재를 읽을 때 'Go-Back-Jump'를 활용하여 읽었습니다. 'ㄷ'자로 모여 앉아 한 명씩 돌아가면서 읽습니다. 1문장 이상 읽고 나서 Go(다음 사람 읽기)나 Back(이전 사람 읽기) 또는 Jump(다음다음 사람 읽기) 중 하나를 선택하여 다음 사람에게 책 읽는 순서를 넘깁니다. 간단한 게임을 통해 교재를 읽으면 읽기 속도의 차이로 인한 문제를 해결하면서 조금 더 재미있게 읽을 수 있습니다. 그리고 함께 읽는 공동의 학습 경험을 제공하게 됩니다.

② 질문 만들기

교재를 읽고 나면 질문을 만드는 과정을 거칩니다. 교재를 읽으면서 드는 의미 있는 질문, 함께 고민해 볼 만한 질문 등을 만들게 합니다.

학생들이 질문을 만드는 것에 익숙하지 않기 때문에 함께 질문 만드는 연습을 해 보는 것도 좋습니다. 간단하게 활용할 수 있는 방법은 '까 바꾸기'가 있습니다. 교재에 제시되어 있는 평서문의 뒷부분을 '까'로 바꿔서 질문으로 만드는 것입니다. 예를 들어 '인간은 사회적 존재이다.'를 '인간은 사회적 존재일까?'로 바꾸는 것입니다. 학생들이 처음에는 어색해 하지만 나중에는 크게 어렵지 않게 질문을 만들어 냅니다. 그리고 다른 친구들이 발표하는 질문을 통해 어떤 질문이 좋은 질문인지 보고 배우게 됩니다.

③ 질문 발표하기

질문을 만들고 나면 질문을 만든 이유와 함께 발표하도록 합니다. 모둠별로 질문을 논의하여 모둠 질문을 발표할 수도 있고, 개인별로 발표할 수도 있습니다. 모둠별로 논의를 하면 엉뚱한 질문이 어느 정도 정리가 되지만 개인 질문을 발표하는 것보다 시간이 조금 더 걸리게 됩니다. 이 단계는 수업을 하는 과정에서 교사가 적절하게 선택하면 됩니다.

④ 질문 분석하기

발표한 질문은 질문 분석하기의 과정을 거치게 됩니다. 질문 가운데 비슷한 것은 없는지, 답이 명확한 것은 없는지, 질문의 의도가 잘 이해되지 않는 것은 없는지 확인합니다. 이 과정에서 타당하지 않은 질문이 한 번 걸러집니다. 그리고 지지(공감)하는 질문이 있다면 손을 들고 그 이유를 발표하게 합니다. 질문 분석이 끝나면 논의하고 싶은 질문에 손을 들어 가장 많은 표를 얻은 질문을 선택합니다. 그래서 각 반마다 다른 주제로 수업을 하게 됩니다. 그렇기 때문에 교사도 매 수업이 새롭고 수업을 하면서 성장하게 됩니다.

⑤ 토론하기

탐구는 선택된 전체 질문으로 실시합니다. 학생들이 질문에 대한 자신의 생각을 발표하고 다른 친구들의 생각을 보충 및 반박하는 과정을 통해 탐구가 진행됩니다. 처음에는 너무 막연할 것 같고 막막해 보이지만 막상 시작하면 학생들은 꽤 적극적으로 참여합니다. 몇 가지의 탐구 유형들을 파악해 놓거나 탐구가 진행되는 과정에서 참고하면 탐구 진행에 도움이 됩니다. 초기에는 교사가 어느 정도 중심이 되어 탐구가 진행되지만 탐구가 성숙해질수록 학생들이 주도하게 됩니다.

학생 활동 자료 예시

- 개념 탐구: 전형 사례와 반대 사례 찾기 – 개념 검토하기 – 개념 재정의하기
  - 예) 행복이란?: 행복이나 불행의 사례 찾기 - 공통점 추출하기 - '행복이란 ~ 이다.'
- 문제 해결 탐구: 가설 혹은 해결책 찾기 – 가설 검토 및 비교하기 – 최선책 찾기
  - 예) 차별을 없애려면?: 대안 찾아보기 - 대안들의 결과를 비교하기 - '최선은 ~ 이다.'
- 찬반 주제 탐구: 찬성과 반대 측 각각의 장단점 찾기 – 비교하기 – 대안 구성하기 – 재검토하기

⑥ 탐구 평가하기

탐구가 끝나면 학생들은 탐구에 대한 평가를 하게 됩니다. 탐구에 진전과 의미가 있었는지를 평가하고, 그 이유를 간략하게 쓰도록 합니다. 탐구의 진전은 탐구를 하는 과정에 대한 자기 성찰입니다. 탐구를 하는 과정에서 자신이 성장한 부분을 찾아보는 것입니다. 자신의 태도, 생각과 같은 부분에서 지난 시간보다 나아진 부분이 있다면 어떤 부분인지 왜 그런지, 나아진 부분이 없다면 왜 그랬는지를 쓰도록 합니다. 의미의 경우 '이 탐구가 나와 무슨 관계가 있는가?'에 대한 답을 생각하며 쓰도록 합니다. 이 과정을 통해 탐구가 내 삶에 줄 수 있는 의미에 대하여 생각해 볼 수 있습니다.

⑦ 심화·표현하기

탐구 평가가 끝나면 심화 또는 표현 과정을 거칩니다. 탐구를 통해 알게 된 점을 내면화하는 과정입니다. 이 과정에서 정지극, 포토 스탠딩, 비쥬얼 싱킹 등 다양한 표현 방법을 활용할 수 있습니다. 저의 경우 '성찰적 글쓰기'를 기본적으로 하고 있습니다. 수업 시간에 자신이 보고, 듣고, 느끼고, 생각하고, 행동한 것을 자세하고 정직하게 쓰도록 합니다. 그리고 아이들이 어느 정도 익숙해지면 탐구 내용과 자신의 삶이 어떤 관련이 있는지 생각해 보게 하거나 사고 기술을 활용하여 쓰도록 합니다.

수업 엿보기

수업 절차	내용
질문 발표하기	교사: 모둠별로 질문을 발표하는 시간입니다. 각 모둠별로 질문과 이유를 발표해 주시면 됩니다. 나경: 저희 모둠 질문은 '타인을 존중하지 않고 나만 존중하는 사회가 된다면 어떨까?'입니다. 타인을 존중해야 한다고 하는데 반대로 사람들이 자신만 존중하게 된다면 어떤 사회가 될지 궁금했기 때문입니다. 건영: 저희 모둠 질문은 '타인 존중을 지나치게 할 경우의 불이익도 있지 않을까?'입니다. 왜냐하면 …… 진아: 저희 모둠의 질문은 '타인 존중을 하지 않고 살아가게 된다면 살면서 어떤 문제점이 일어날 수 있을까?'입니다. 질문을 만든 이유는 ……
질문 분석하기 전체 질문 선정하기	교사: 친구들이 발표한 질문을 보고 비슷한 것이 없는지, 답이 명확한 것은 없는지 그리고 질문의 의도를 파악하기 어려운 것은 없는지 즉 '무슨 말인지 잘 모르겠다거나 어떤 뜻인지 궁금하다.'라고 생각되는 것이 있다면 손을 들고 발표해 주시기 바랍니다. 그리고 지지하는 의견이 있다면 그 이유를 발표해 주시면 됩니다. 수연: 제 생각에는 나경이 모둠의 질문과 진아 모둠의 질문이 비슷하다고 생각합니다. 왜냐하면 둘 다 다른 사람을 존중하지 않는 경우에 대해서 이야기하는 것이기 때문입니다. 교사: 나경이와 진아 모둠은 어떻게 생각합니까? 나경: 저희는 합쳐도 된다고 생각합니다. 진아: 저희도요. 교사: 좋습니다. 그럼 두 질문은 하나로 합치도록 하겠습니다. 또 다른 의견 있나요? 나연: 저는 건영이의 의견에서 답이 좀 명확한 것 같다고 생각합니다. 왜냐하면 뭐든 지나치면 좋지 않기 때문입니다. 교사: 혹시 또 다른 생각이 있나요? 없으면 투표하겠습니다. 한 사람당 손은 두 번씩 들 수 있습니다. 자신이 생각하기에 가장 의미 있는 질문에 손을 들어 주시면 됩니다. …… 전체 질문은 '나를 존중하지 않는 타인도 존중해 주어야 하나?'로 선정되었습니다.
탐구하기	교사: 주제에 대한 여러분의 생각은 어떤가요? 효린: 나를 존중하지 않는다고 해도 내가 존중하다 보면 그 사람도 나를 존중해 줄 수 있다고 생각합니다. 왜냐하면 상대방도 계속 존중받다 보면 기분이 좋아져서 변할 수 있지 않을까요? 진아: 제 생각에는 그렇게 하면 오히려 나를 깔볼 수 있다고 생각합니다. '내가 상대방을 존중하지 않아도 상대방이 나를 존중해 주는구나.'라고 생각하면서 아예 다른 사람을 존중할 필요가 없다고 생각할 것 같아요. 그래서 나를 존중하지 않는 사람을 존중하면 안 된다고 생각합니다.

탐구하기

지연: 저는 존중한다는 것을 조금 다른 의미로 생각했는데요. 나를 존중하지 않는다는 것은 나와 안 맞는다는 뜻인 것 같습니다. 안 맞는 사람을 억지로 맞출 필요가 없으니 나를 존중하지 않는 사람을 존중할 필요는 없다고 생각합니다.

나연: 네가 나를 존중하지 않으므로 나도 너를 존중하지 않겠다고 생각하고, 실제로 그렇게 하게 되면 서로 싸우게 될 것 같아요. 그러면 사회가 제도로 돌아가지 않을 것 같아요.

나경: 그렇다고 상대방을 존중하기만 하면 오히려 내가 상처받을 수 있다고 생각합니다. '나는 저 사람을 존중하는데, 왜 저 사람은 나를 존중하지 않는 거지?'라고 생각하면 상처받게 될 것 같아요.

수연: 저는 다른 관점에서 생각해 봤는데요. 상대방이 나를 존중하지 않는다고 나도 상대방을 존중하지 않으면 똑같은 사람이 된다고 생각합니다. 그래서 다른 사람을 존중해야 한다고 생각합니다.

수민: 그런데 저는 존중받는다는 것이 어떤 뜻인지 궁금합니다.

교사: 그러면 여러분들이 존중받거나 존중받지 못한다고 느꼈을 때가 있다면 어떤 경우였는지 한 번 이야기해 보는 것은 어떨까요?

호영: 저는 선생님께 공손히 인사를 했는데 선생님이 고개만 까딱하고 지나가실 때 존중받지 못한다는 느낌이 들었어요.

가영: 저는 다른 사람이 저에게 존댓말을 쓰며 물어볼 때 존중받는다고 느꼈어요.

승연: 저도 비슷한 경험을 했는데요. 저에게 선택권을 주고 의견을 물어볼 때 그랬던 것 같아요.

수연: 저도요. 제 의견을 물어봐 주고 경청해 줄 때 존중받는다고 생각했어요.

지영: 그리고 예의를 지킬 때 존중받는다고 생각해요.

교사: 그렇다면 존중한다는 것은 어떤 것일까요?

수민: 다른 사람을 존중한다는 것은 상대를 인정하고 예의를 갖추는 것 같은데요.

호영, 지영, 수연: 그런 것 같아요.

교사: 그렇다면 나를 인정하고 예의를 갖추지 않는 사람에게 나는 어떻게 대해야 할까요? 아까 호영이와 같은 경우에는 어떻게 해야 할까요? 호영이는 어떻게 했나요?

호영: 저는 그 선생님께는 인사를 잘 안 하게 되더라고요.

효린: 저 같아도 인사를 안 할 것 같아요. 기분이 나쁘잖아요.

은수: 저런 경우는 괜찮지만 상황이 달라지면 또 달라질 것 같아요.

교사: 예를 들자면 어떤 상황이 있을까요?

은수: 그 사람이 직장 상사라면 그렇게 무시하기는 어려울 것 같아요.

교사: 오늘은 시간 관계상 여기까지만 해야겠네요. 오늘 수업에 대한 의미와 진전을 먼저 작성하고 에세이를 쓰면 되겠습니다. 아마도 살아가면서 은수 이야기처럼 나를 존중하지 않지만 무시하기 어려운 상황이 있을 수도 있겠네요. 그렇다면 우리는 그럴 때 어떻게 행동해야 할까요? 에세이를 쓰면서 생각해 보기 바랍니다.

> **글쓰기 사례**
>
> ### 타인과 나
>
> '내'가 살아가는 사회는 무수한 타인들과 유일한 나로 이루어져 있다. 적어도 내가 바라보는 사회는 그렇다. '타인'이라 규정되는 무리를 '가족'이나 '친구' 혹은 '지인' 등으로 그 가까운 정도에 따라 나눌 수는 있겠지만, 기본적으로 나에게 가장 중요한 것은 다름 아닌 나 자신이다. (물론 타인을 위해 살아가는 사람이 있을지도 모른다. 하지만 글쎄? 나는 내 15년 인생에서 그런 사람은 단 한 번도 본적이 없다.) 그럼에도 불구하고 우리는 타인을 배려하는 것을 필수적인 것으로 여긴다. 확실히 타인 존중과 배려 뭐 그런 것들이 법적으로 완벽히 규정되는 것은 아니다. 그렇지만 도의적인 측면에서, 혹은 인간적인 측면에서 어느 정도 이타적일 필요가 있다는 것 또한 사실이다. 그렇게 하지 않으면 비난받기 때문이다. 혹은 자신에게 불이익이 돌아올 수 있다. 흥미롭지 않은가? '나'를 생각하는 사람들이 '타인'을 생각해야만 돌아갈 수 있는 사회가. 누구나 이기적임에도 불구하고 이기적으로 굴면 비난받는다는 사실이. 나는 줄곧 생각해 왔다. 왜 이기적이어서는 안 되는지. 혹은 왜 타인을 존중해야만 하는지에 대해서. 그러나 그럴 때마다 나는 한 가지의 결론 밖에 도출해 내지 못했다. 결국 타인을 존중하고 배려하는 것은 나를 위한 일이기 때문이라고 말이다. 내가 결론지은 것들은 과연 나에게만 해당되는 일일까? 내 사고방식이 지나치게 자기중심적이고 이기적인 것이 아닐까?

 수업 되돌아보기

효과 및 배운 점	아쉬웠던 점
• 학생들이 삶 속에서 의미 있게 생각하는 내용에 대해 진지하게 생각해 볼 수 있음. • 의미를 추구하는 과정에서 재미를 느낄 수 있음. • 실제 삶에서 도덕적 행동의 이유를 물어보는 등 삶을 보다 깊이 있게 바라보게 됨. • 친구들을 경쟁자가 아니라 자신의 생각을 키워 주는 협력자로 바라보게 됨.	• 핵심 질문의 수준을 높여야 토론이 활발하게 일어나는 데 남녀 간, 학급 간 차이가 존재함. • 모둠지기의 역량에 따라서 모둠의 분위기나 집중력에 차이가 남. • 모둠 이동을 할 때 분위기가 산만해지지 않도록 교사의 세심한 지도가 필요함.

같은 단원이라도 반마다 다루는 주제가 달랐습니다. 학생들은 자신들이 선택한 주제에 대하여 더 큰 책임감과 흥미를 느끼는 것 같았습니다. 모든 학생들이 적극적으로 참여하는 것은 아니었지만 학급의 대부분이 수업에 참여하였습니다.

학년 말에 학생들을 대상으로 설문 조사를 실시하였습니다. 탐구 과정에서 친구들이 어떤 존재였는지를 묻는 항목에 많은 아이들이 '내 생각을 보충해 주는 사람', '내가 모르는 것을 가르쳐 주는 사람', '내 생각을 더 완전하게 만들어 주는 사람'과 같이 비판과 보충을 통해 자신을 더 성숙하게 해 줄 수 있는 존재로 생각하였습니다. 탐구의 내용을 통해서 성장하는 것도 중요하지만 이런 공동체를 만들어 가는 수업을 하게 되어 참 좋았습니다.

교사 TIP

❶ 학생들이 발표를 하지 않을 때도 있습니다. 그럴 때는 '특집'을 활용하시면 됩니다. '안경 특집'이면 안경을 낀 학생들에게 발표 기회를 먼저 줍니다. 그러면 학생들은 재미있어 하며 발표를 합니다.

❷ 교사가 생각하는 주제가 선택되지 않을 때도 있습니다. 그래도 학생들의 선택을 존중하여 탐구를 진행해야 합니다.

❸ 교사가 의도하는 탐구 주제가 있다면 학생들이 그와 관련된 질문을 만들 수 있도록 교재와 사전 질문 등을 준비하는 것이 도움이 됩니다.

❹ 탐구 평가 과정에서 진전과 의미를 어떻게 쓰는지 학생들이 쉽게 이해하지 못하는 경우가 많습니다. 그럴 때는 '진전은 수업을 통해 네가 성장한 부분을 찾도록 하는 것이고, 의미는 탐구가 너의 삶에 어떤 영향을 줄 수 있는지 생각해 보는 것이다.'라고 말해 주면 도움이 됩니다.

❺ 탐구 과정에서 발표된 학생들의 생각을 칠판에 쓰는 경우 항상 끝에 이름을 적어 줍니다. 공동의 탐구 과정에서 개별 학생들이 발표를 통해 기여하였다는 점을 알리기 위해서입니다.

❻ 학생들은 글쓰기에 많은 어려움을 겪습니다. 그럴 때는 그런 학생에게 가서 왜 글쓰기를 못하는지 물어보면 '뭐라고 써야 할지 모르겠다.' 또는 '어렵다.'라고 말하는 경우가 많습니다. 그럴 때 '뭐라고 써야 할지 모르겠다.'라는 그 생각부터 쓰도록 하면 됩니다. 이렇게 이야기하면서 자신의 머릿속에 있는 생각을 솔직하게 쓰는 것부터 시작하라고 하면 대부분 쉽게 시작할 수 있습니다.

※ 철학적 탐구 공동체 수업에 대한 궁금증(평가 방법 등)이 있으시거나 함께 배워 가며 실천하실 선생님께서는 포털 사이트 다음(DAUM) 카페 '윤리적 탐구 공동체와 도덕 수업'에 가입하시면 됩니다.(http://cafe.daum.net/moral11)

지식 정보 처리 역량

05 인물 탐구 공동체 수업

이런 고민을 했어요

고등학교 '윤리와 사상' 과목은 학생들이 많이 어려워하고 지루해 하는 경향이 많습니다. 그래서 보다 재미있게, 알기 쉽게, 스스로 의미를 깨닫게 하는 수업이 무엇인지 늘 고민하게 됩니다. 이러한 과정에서 발표식 수업과 토론 수업을 병행하고 있습니다. 그렇다고 인문계 특성상 윤리 수업을 전적으로 토론 및 발표식으로 하기는 현실적으로 어렵습니다. 발표식 수업과 강의식 수업을 적절히 섞어서 수업하면 학생 중심의 수업도 하면서 지필 평가도 해결할 수 있습니다.

그리고 요즘 대학 입시에서 창의적, 자기 주도적 학습 능력을 학생 선발의 중요한 기준으로 삼고 있는데, 발표 수업은 이러한 요구에 부합하고 생활 기록부 교과 세부 특기 사항에 그 학생의 성향과 도덕적 사고 능력을 밀도 있게 적어 줄 수 있는 장점이 있기 때문에 이 수업은 꼭 필요하다고 생각됩니다. 그리고 무엇보다 발표식 수업을 통해서 발표 능력은 물론이고 이해력과 비판적 사고 능력을 키울 수 있습니다. 이렇듯 인물 탐구 공동체 수업은 다양한 목적을 달성하는 데 효과적인 수업임을 매번 느끼고 있습니다.

수업 디자인 과정

'윤리와 사상'에 등장하는 다양한 인물을 학생들 스스로 탐구하고 발표를 하며 나중에는 전체 토론으로 이어 가는 활동을 하기 때문에 '인물 탐구 공동체 수업'이라는 이름을 붙여 봤습니다. '대화와 토론이 있는 학생 중심의 발표 수업'이라고 생각하면 될 것 같습니다. 그리고 이 수업은 사상가에 대해서 2인 1조(한 명은 생애, 한 명은 사상)의 학생이 충분히 연구하고 발표할 시간을 주고, 그 과정을 교사는 면밀히 챙겨야 합니다. 그러한 사전 준비 과정을 통해서 좋은 발표가 나올 수 있습니다.

전지에 사상가의 생애와 사상에 대해서 적도록 하는데, 전지에 적게 하는 이유는 전지를 칠판에 붙이면 아이들이 일목요연하게 발표 내용을 파악할 수 있기 때문입니다. 그리고 학생들이 발표 후 교실 복도(필자가 근무하는 학교는 복도를 수업 갤러리로 활용하고 있음.)에 게시해서 다 같이 공유해서 볼 수 있도록 하고 지필 고사 문제에도 반영하는 등 여러 용도로 활용하자는 의도에서 그렇게 하고 있습니다. 이 수업을 오랫동안 해 오면서 교사의 역할이 무엇보다 중요한 것 같다는 생각이 들었습니다. 발표를 아이들에게 맡겨 놓고 '잘 하겠지.'라고만 생각하지 않고, 꼼꼼하게 챙겨 보고 발표가 잘 이루어질 수 있도록 관심을 가지는 것에 수업의 성패가 달려 있다고 생각합니다.

수업 엿보기

수업 절차	내용
사전 인터뷰	① 발표자는 발표 수업 전(발표 일주일 전)에 반드시 윤리 교사에게 와서 발표문 초안을 제출하고, 발표 내용에 대해서 교사의 지도를 받아야 함. 교사는 발표 내용을 살펴보고 부실한 부분이 있으면 보충하여 다시 검사받도록 함.
발표와 질의응답, 토론	② 50분 수업은 '발표(10~15분) → 질의·응답(5~10분) → 발표자가 뽑아온 토론 주제 3개 중에서 다수결에 의해서 한 주제를 선택하여 전체 토론(25분)'의 구조로 진행함. ③ 발표 내용은 반드시 교과서의 내용을 바탕으로 작성하고, 이해가 되지 않으면 교사에게 묻거나 관련 도서와 인터넷 검색 등을 통해 자료를 찾아 제대로 이해하도록 안내해서 밀도 있는 발표가 되도록 함. ④ 발표 후 사고의 확장을 요하는 질문을 많이 하도록 유도해서 활발한 토론이 이루어지도록 함.
전체 토론	⑤ 발표와 질의응답이 끝난 후 발표자가 만들어 온 세 개의 토론 주제 중에서 가장 많은 학생들이 선호하는 토론 주제를 가지고 자유 토론을 함.

◦ 롤스의 생애와 사상을 발표하는 모습

◦ 발표 후 질의응답을 하는 모습

◦ 발표자 주도로 전체 토론을 하는 모습

수업 되돌아보기

효과 및 배운 점	아쉬웠던 점
• 스스로 공부해서 발표하는 과정에서 배움이란 스스로 해결하고 답을 찾는 것이라는 새로운 인식을 하게 됨. • 듣는 사람의 눈높이에 맞추어 발표가 진행되므로 교사가 설명하는 것보다 더 잘 이해하고 친근하게 받아들이게 됨. • 대학 입시 면접에서 발표 능력을 많이 보는데, 학생들 앞에서 발표해 봄으로써 말하는 기술, 태도, 자세 등이 자연스럽게 향상됨. • 발표자는 학생(청중)들의 질문에 답변하는 과정에서 자신의 생각을 더 확실히 정리할 수 있음. • 질문에 답하지 못했을 때는 다시 조사해서 답변하는 과정을 밟게 됨으로써 발표자와 질문자가 서로 가르치고 배우면서 성장하는 기회를 가지게 됨.	• 일부 학생들은 '윤리와 사상'에 나오는 개념(단어)이 추상적이다 보니 문장이나 전체 내용을 이해하는 것을 매우 어려워 함. • 학생마다 수준 차가 있어서 발표자에 따라 발표의 질에서 차이가 날 수 있음. • 발표 후 발표자에게 단편적 지식을 묻는 질문이나 내용과 직접적인 관계가 없는 질문을 하는 경우도 있음. • 1년 과정으로 발표 수업이 진행되어 2학기 고사 과정 평가에 넣게 됨. 평가 상의 불편함이 존재함. • 파워포인트(PPT)로 발표하기를 원하는 학생들이 있는데 전지 발표로 통일하다 보니 학생들의 다양한 발표 방식을 수용하지 못하는 아쉬움이 있음.

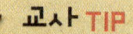

❶ 학생들의 지적 수준, 발표 역량이 저마다 다르기 때문에 격려와 칭찬을 통해 모든 학생들이 잘할 수 있는 환경을 조성해 주어야 합니다. 그 과정에서 교사의 격려와 인내심이 요구됩니다.

❷ 초반에 발표하는 학생이 중요합니다. 잘하는 학생을 먼저 발표시켜서 모델링이 되도록 합니다.

❸ 앵무새처럼 발표 내용을 읽어 나가는 학생은 교사가 심도 있는 질문을 통해서 약간의 긴장감을 불어넣어서 자신의 성의 없는 발표 태도를 스스로 깨우치게 만들고 다른 학생들에게 반면교사로 삼도록 합니다.

❹ 사전 인터뷰 시간에는 학생들이 어려워하는 내용은 스스로 깨닫도록 하되 도움을 요청할 시에는 적극적으로 개입해서 도와줍니다. 그래야 포기하지 않고 자신감을 얻어서 발표를 잘할 수 있게 됩니다.

❺ 사전 인터뷰 과정에서 많은 학생들을 만나야 하며 교사가 자기 시간을 빼앗기는 경우가 생기는데, 이 상황은 좋은 수업을 위해 긍정적으로 받아들이면 반대로 즐거울 수도 있다고 생각합니다.

수업 활용 자료

사상가 발표자 조사 양식

순서	영역	발표 주제(사상가 및 관련 도서)	교과서(천재교육)	발표자(이름,번호)
1	인간의 삶과 이상사회	토마스 모어, 『유토피아』	p.22	
2	동양 윤리 사상	공자, 『논어』	p.56, p.73	
3		맹자, 『맹자』	p.57	
4		순자	p.59	
5		석가모니	p.77	
6		노자, 『도덕경』	p.98	
7		장자, 『장자』	p.98, p.109	
8		주자	p.60	
9		왕양명	p.61	
10	한국 윤리 사상	최치원	p.117	
11		이이, 『성학집요』	p.51, p.67	
12		정약용	p.70	
13		원효	p.88	
14		의천	p.90	
15		지눌	p.90	
16		최제우	p.118, p.123	
17	서양 윤리 사상	소크라테스	p.140, p.135	
18		플라톤, 『향연』, 『국가』	p.141, p.29	
19		아리스토텔레스, 『니코마코스 윤리학』	p.163, p.171	
20		베이컨	p.149	
21		데카르트	p.151	
22		칸트	p.155, p.159	
23		벤담	p.154	
24		밀, 『자유론』	p.155	
25		쇼펜하우어	p.191	
26		사르트르	p.194	
27		키르케고르	p.192	
28		듀이	p.200	
29	사회사상	마르크스, 『자본론』	p.252, p.263	
30		아담 스미스, 『국부론』	p.263	
31		롤스, 『정의론』	p.260	

수업 활용 자료

〈「윤리와 사상」 인물 탐구 공동체 수업〉 수행 평가 안내문

1. 수행평가 분류

    발표 수행 평가(2인 1조 형태로 발표)

2. 활동 내용

    수업 중 「윤리와 사상」에서 다루는 사상가에 대해서 조사해서 발표하기

3. 강조 사항

    1) 사상가에 대해서 교과서, 관련 도서 및 인터넷 등을 통해 사상가의 생애와 윤리설을 조사해서 발표할 것
    2) 발표자는 미리 초안을 작성해서 교사에게 검사(인터뷰)를 받고, 발표 전지에 작성하여 발표할 것
    3) 발표 전지에 중요한 내용이나 강조하고 싶은 내용은 색깔이 다른 매직펜으로 구분해서 작성함. 발표를 듣는 사람들이 잘 이해할 수 있도록 사상가에 대한 모든 내용을 정확히 숙지하고 이해한 상태에서 발표를 할 수 있도록 할 것

4. 발표 전지에 필수적으로 담아야 할 내용

    1) 분량: 전지 3장 이상(생애 1장+사상 2장)
    2) 필수적으로 담아야 할 내용
        - 사상가의 생애
        - 사상가의 윤리설, 윤리 이론(교과서를 중심으로 관련 참고 도서나 인터넷을 통해 살을 붙일 것)
        - 사상가의 윤리설이 현대 사회에 미친 영향, 우리에게 던져 주는 메시지
        - 토론 거리(3개 이상): 사상가에 대해서 발표 준비하다가 생기는 의문점이나 토론이 될 만한 내용을 질문의 형태로 적음. 발표 후 많이 선택한 토론 거리를 가지고 토론을 함.

5. 감점 사항(다음 사항에 해당되거나 미흡하면 감점될 수 있음.)

    - 발표 날짜를 준수하지 않은 경우
    - 교과서를 그대로 옮겨 발표 내용을 구성한 경우
    - 내용을 제대로 이해하지 않고 발표해서 효율적으로 설명하지 못했을 경우
    - 사상가의 생애가 일목요연하게 제대로 기술되어 있지 못할 경우
    - 해당 사상가의 윤리설을 나열하기만 하고 설명을 하지 못한 경우

지식 정보 처리 역량

06 원인을 분석하고 해결책을 제시하는 생선 뼈 토론 수업

이런 고민을 했어요

교과서를 살펴보면 '원인 분석 – 해결(예방)책 제시'의 형식으로 구성된 단원이 많습니다. 가정과 친구 사이에서 생겨나는 갈등의 원인과 해결 방안, 폭력의 원인과 예방 및 대처 방안 등 잠시만 생각해 봐도 제법 많은 단원들이 머릿속에 떠오릅니다. 교과서에 서술된 원인과 해결책들을 첫째, 둘째, 셋째로 정리하여 설명하자니 교사나 학생 모두 불만스럽긴 마찬가지입니다. 생각이 잠들어 있어 생동감이라곤 찾아볼 수 없는 수업, 어떻게 바꿔야 할까요? 더 나은 수업 방법을 고민하던 중 '생선 뼈 토론 수업'을 기획했습니다.

🌱 수업 디자인 과정

생선 뼈 토론은 원인 – 결과 그림(cause and effect diagrams) 그리기 활동으로 어떤 문제의 원인을 분석하기 위해 여럿이 협력하여 생선 가시 형태로 구조화된 그림을 그리는 수업 활동입니다. 함께 머리를 맞대고 문제의 원인을 정확히 분석하면, 원인에 대한 해결 방안도 자연스럽게 찾아낼 수 있습니다. 생선 뼈를 그리는 과정에서 동료들 간의 활발한 의사소통과 협력이 이루어지는 것 또한 생선 뼈 토론 수업의 매력 중 하나입니다.

생선 뼈는 혼자서 그려 낼 수 없기에 모둠 구성이 우선되어야 합니다. 모둠이 구성된 다음 토론을 통해 생선 뼈를 그립니다. 생선 뼈는 원인과 해결 방안이 위아래로 대칭을 이루게 그려야 합니다. '학교 폭력의 원인과 해결 방안'을 예로 들어 보겠습니다.

우선 학교 폭력의 원인에 대해 토론한 후 생선 뼈의 위쪽 가시에 결과를 기록합니다. 브레인스토밍을 통해 학교 폭력이 발생하게 된 원인을 최대한 많이 생각한 다음, 비슷한 것들끼리 모아 하나의 범주로 묶습니다. 이 방법이 어려우면 학교 폭력의 대표적인 원인들을 3~4개 정도로 찾아낸 다음, 각각에 대한 세부적인 원인들을 구체적으로 찾아보게 할 수도 있습니다. 예를 들어 폭력의 대표적인 원인 중 하나로 잘못된 학교 문화를 선택했다면, 세부적인 원인으로 경쟁적인 입시 문화, 서로 배려하고 나누는 공동체 활동의 부족 등의 내용을 생각해서 적을 수 있습니다. 이 과정에서 교사가 직접 시범을 보이거나, 완성된 결과물을 보여 주면 생선뼈 토론에 대한 이해도가 높아집니다.

다음으로 학교 폭력의 해결 방안에 대해 토론한 후 생선 뼈의 아래쪽 가시에 결과를 기록합니다. 앞에서 밝혀낸 각각의 원인에 대한 맞춤형 해결 방안을 하나씩 찾아 생선 뼈의 위아래가 대칭을 이루도록 만들면 생선 뼈 토론이 마무리됩니다. 여기까지가 1차시 수업입니다. 다음 차시에서는 각 모둠별로 완성된 생선 뼈 토론 결과를 발표합니다. 학생 상호 간 질의응답과 교사의 총평도 빠질 수는 없습니다. 필요하다면 학생들의 투표를 통해 가장 잘 만든 생선 뼈를 뽑는 것도 좋습니다.

수업 엿보기

수업 절차		내용
1차시	모둠 구성(4명)	① 4명 내외로 모둠을 구성함.
	토론 주제 안내	② 토론 주제를 안내함.(개념 정의, 등장 배경, 중요성 등)
	생선 뼈 토론 안내	③ 생선 뼈 토론 방법을 안내함. • 활동지에 생선의 머리와 꼬리, 등뼈를 그림. • 등뼈의 윗부분에 큰 가시를 3~4개 그림. 이 가시에는 문제의 포괄적인 원인을 기술함. • 큰 가시에서 시작하는 작은 가시를 3~4개를 그림. 이 가시에는 문제의 세부적인 원인을 기술함. • 등뼈의 아랫부분에 큰 가시를 3~4개 그림. 이 가시에는 문제의 포괄적인 해결책을 기술함. • 큰 가시에서 시작하는 작은 가시를 3~4개를 그림. 이 가시에는 문제의 세부적인 해결책을 기술함. ※ 등뼈의 윗부분과 아랫부분이 대칭을 이루게끔 구조화함.
	모둠별 생선 뼈 토론하기	④ 토론 주제 중 원인 분석부터 시작함. ⑤ 문제의 원인을 최대한 찾아본 다음 이를 3~4개의 범주로 묶거나 3~4개의 주요 원인을 찾은 후 각각에 대한 세부 원인을 찾음. 찾아낸 원인들을 생선 뼈 윗부분에 정리함. ⑥ 각 원인에 해당하는 맞춤형 해결 방안을 찾아 생선 뼈의 아랫부분에 정리함. ⑦ 내용을 완성한 모둠은 창의적인 방법으로 생선 뼈를 꾸밈.
2차시	모둠별 발표	⑧ 5분 내외로 완성된 생선 뼈에 대해 발표함. ⑨ 수행(과정형) 평가와 연계할 경우 교사는 생선 뼈의 완성도, 발표 태도, 역할 분담, 토론 과정 등에 대한 평가를 실시함.
	질의응답	⑩ 모둠별 발표 내용에 대해 질의응답 시간을 가짐.
	교사 평가 및 제언	⑪ 긍정적인 내용을 중심으로 모둠 활동에 대한 평가를 실시함. ⑫ 학생들의 질의응답에서 더 생각해 볼 문제가 있으면 이를 심화 과제로 제시함.

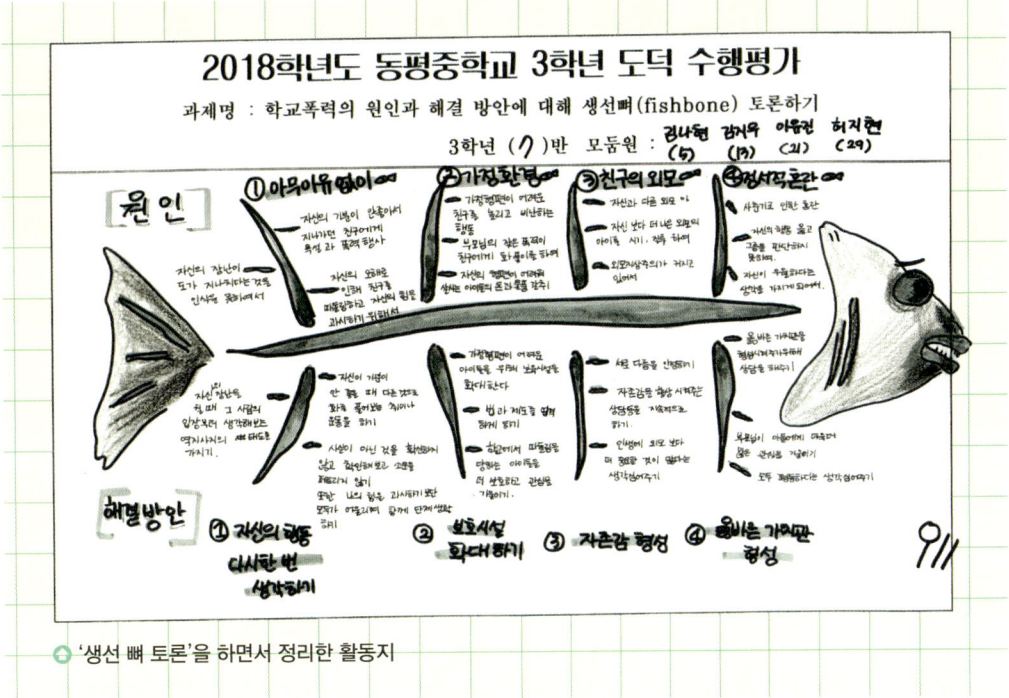

○ '생선 뼈 토론'을 하면서 정리한 활동지

수업 되돌아보기

효과 및 배운 점	아쉬웠던 점
• 토론 주제에 대해 학생들이 스스로 생각하여 원인과 해결책을 찾아내는 학생 중심 수업이 가능함. • 틀에 박힌 생각에서 벗어난 창의적인 아이디어가 샘솟음. • 아이디어가 많은 학생, 정리를 잘하는 학생, 표현을 잘하는 학생 등 각자의 재능과 적성에 맞추어 자연스레 역할을 나누고 협력하여 과제를 완성하는 경험을 함. • 질의응답 과정을 통해 각 모둠에서 만들어 낸 결과물을 공유하고, 쟁점을 만들어 심화된 수업을 진행할 수 있음.	• 교과서에 서술된 내용을 생선 뼈에 그대로 옮겨 적는 경우가 있음. • 원인을 분석하고 해결책을 제시하는 과정에서 주제에서 벗어난 내용을 다루고 있거나, 비현실적이고 실현 불가능한 내용, 지엽적인 내용들을 중요하게 다루는 경우가 있음. • 토론 활동이 1~2명의 학생에 의해 주도되거나, 무임승차하는 학생이 나타나기도 함. 모둠 구성원 간 소통과 협력이 원활하지 않을 경우 갈등과 다툼이 생겨나기도 함.

'과정은 즐거웠고 결과는 탁월했다.' 생선 뼈 토론 수업에 대한 저의 한 줄 평입니다. 생선 뼈 토론은 토론 결과를 생선 뼈 형태로 표현하는 과정까지 포함하기 때문에 생선 뼈를 개성 있게 표현하는 활동도 중요합니다. 평소 수업에 무기력했던 학생들이 생기 넘치는 얼굴로 생선 뼈를 열심히 꾸미는 모습을 지켜보는 일이 즐거웠습니다. 원인과 해결책을 많이 찾아야 하니 아무 말 대잔치가 벌어져 곳곳에서 웃음이 터져 나왔습니다. 누군가의 핀잔에 어색해지기도 하지만 이내 활기찬 분위기가 교실을 가득 채웠습니다. 교과서의 상투적인 내용을 뛰어넘은 알찬 내용들이 생선 뼈에 가득 담겨 있어 놀라울 때도 많았습니다.

물론 모둠 활동이 제대로 이루어지지 않을 때도 많습니다. 의견이 엇갈려 다투는 학생들도 있고, 노골적으로 무임승차를 바라는 학생들 때문에 1~2명의 학생들만 고생하는 경우도 자주 봅니다. 수업 주제에 따라 활용할 수 있는 단원이 제한적이라는 한계도 있습니다. 생선 뼈를 완성한 뒤 적절한 평가와 심화 활동이 없을 경우 재미는 있으나 의미가 적어 기억에 오래 남지 않는 수업이 됩니다. 즐거운 수업이 끝나고 나서도 제 고민은 계속됩니다.

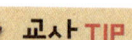

❶ 생선 뼈 토론을 어떻게 해야 하는지 분명하게 설명해야 합니다. 제일 확실한 방법은 완성된 결과물을 보여 주는 것입니다. 예전에 했던 결과물도 좋고, 제일 먼저 시작한 반에서 괜찮은 작품을 골라서 보여 줘도 됩니다.
❷ 완성된 결과물을 보여 줄 때는 시간을 적절하게 조절할 필요가 있습니다. 학생들이 생선 뼈 토론이 무엇인지 이해할 수 있을 정도로 보여 주면 충분합니다. 너무 오랫동안 보여 주면 모방하게 되며, 너무 짧게 보여 주면 생선 뼈 토론의 형식을 제대로 이해하지 못합니다. 토론을 진행하다가 한 번 더 보고 싶다고 말하는 경우도 있는데, 짧은 시간 동안 다시 보여 주면 학생들의 이해와 참여도가 높아집니다.
❸ 수업을 진행해 보면 활동 시작 후 한참이 지나도 넋을 놓고 앉아 있는 모둠이 있는데, 흔한 모습이니 너무 다그칠 필요는 없습니다. 다만 몇 가지 힌트를 제공해서 학생들의 활동을 자극하는 것이 좋습니다. 필요하다면 스마트폰 등을 이용해서 자료를 검색해 볼 수 있게 합니다.
❹ 토론 내용이 산으로 가 있을 때도 많습니다. 교사가 지적하지 않아도 모둠별 발표와 질의응답시간에 무엇이 문제인지 자연스레 알게 됩니다. 일단 무엇이든지 생각해서 생선 뼈를 완성할 수 있도록 격려해 주시는 것이 좋습니다.
❺ 발표 및 질의응답 과정에서 자연스레 심화 주제가 만들어집니다. 이때 버리기 아까운 알찬 내용들이 많이 나옵니다. 다음 차시 수업 주제, 개인별 과제로 활용해도 좋습니다.

수업 활용 자료

수행(과정형) 평가 시 평가 척도표

평가 영역	평가 기준	배점
생선 뼈 만들기	1. 주제에 대해 적절한 내용으로 구성하였는가? 2. 주제와 관련된 중요한 내용을 다루고 있는가? 3. 폭넓고 깊이 있는 내용을 다루고 있는가? 4. 정확하고 명료하게 표현하였는가? 5. 진단한 원인과 제시한 해결책이 논리적이고 실현 가능한가?	• 상: 70점 (5가지 기준을 만족) • 중: 60점 (3~4가지 기준을 만족) • 하: 50점 (0~2가지 기준을 만족)
발표 및 질의 응답하기	1. 체계적이고 논리적으로 발표하였는가? 2. 질문에 성실하게 답변하였는가? 3. 학생들의 호응과 관심을 이끌어 냈는가?	• 상: 30점 (3가지 기준을 만족) • 중: 20점 (2가지 기준을 만족) • 하: 10점 (0~1가지 기준을 만족)

의사소통 역량

07 불만 가득한 학생들을 위한 도덕 수업

이런 고민을 했어요

지난 2년간 학생 생활 지도 업무를 담당했습니다. 학교 규칙이나 생활 지도 규정을 무시하고 어기는 학생들을 지도하기란 짐작 이상으로 고된 일이었습니다. 치기 어린 마음으로 시비 걸 듯 반항하는 학생들 때문에 끓어오르는 마음을 다스리느라 힘들 때가 많았습니다. 또 어떤 학생들은 나름의 이유와 근거를 내세워 자신의 행동을 정당화하기도 하는데, 그들의 주장을 꺾고 그들을 논리적으로 설득하기란 여간 어려운 일이 아니었습니다. 납득하기 어려운 교사의 잔소리에 어쩔 수 없이 고개 숙이며 수긍하는 학생들의 표정에는 불만이 가득해 보였습니다.

그런데 이런 불만 가득한 모습들이 일부 말썽꾸러기 학생들만의 것은 아닙니다. 청소년기를 겪는 많은 학생들은 기존의 규범이나 관습, 어른들의 가르침이나 학교에서 배우는 많은 것들에 대해 불만이 가득합니다. '불만 가득한 학생들을 위한 도덕 수업'은 불만을 속 시원하게 이야기하고, 이를 바탕으로 의미 있는 도덕 수업을 진행하기 위해 고안된 수업 방법이라 하겠습니다.

🌱 수업 디자인 과정

이 수업은 PMI 토론을 도덕과의 특성에 맞게 활용한 수업 방법입니다. PMI 토론은 어떤 문제의 긍정적인 면과 부정적인 면을 모두 생각해 보고, 흥미로운 대안을 찾아봄으로써 보다 신중한 의사 결정을 하기 위한 토론입니다. PMI 토론의 과정은 하나의 문제를 긍정과 부정의 관점에서 교차 검토하고 이를 높은 차원에서 종합하는 변증법적 지양(止揚)이기도 합니다.

이 수업 방법은 지나치게 당위적인 내용으로 구성되어 학생들이 지루하게 느낄 수 있는 단원이나, 평소 학생들이 개인적·사회적으로 많은 불만을 토로하는 주제를 대상으로 활용할 수 있습니다. 예를 들어 학생들이 시험에 대한 불만이 많을 경우 '학교 시험이 사라진다면?'이라고 수업 주제를 정해 볼 수 있습니다. 수업 주제를 정한 다음 먼저 '학교 시험이 사라졌을 때' 생기는 장점들을 각 모둠별로 생각해 정리해 보게 합니다. 5~10분 정도의

시간이 지난 다음 생각의 방향을 반대로 뒤집습니다. 이제부터는 '학교 시험이 사라졌을 때' 생기는 여러 문제들을 함께 생각하고 정리합니다.

모둠별 활동이 끝나면 각 모둠별로 발표의 시간을 가집니다. 이때 교사는 각 모둠별 발표 내용을 종합하여 학급 전체의 의견을 완성한 뒤 이를 칠판에 적습니다. 그 후 장점을 살리고 단점을 보완할 수 있는 흥미로운 대안을 함께 생각해 보는 시간을 가집니다. 칠판에 적힌 내용을 살펴보면서 장점을 극대화하고 단점을 줄일 수 있는 다양한 대안들을 말하고, 이를 구체화해 봅니다. 더 생각해 볼 문제가 있다면 심화 과제로 제시할 수도 있습니다.

수업 엿보기

수업 절차	내용
토론 주제 및 수업 방법 안내하기	① 학생들이 불만을 바탕으로 토론 주제를 정함. ② 토론 주제에 대한 장점과 단점을 차례대로 생각할 수 있도록 안내함.
장단점 생각하기	③ 토론 주제에 대한 여러 장점들 생각하고 정리함. ④ 토론 주제에 대한 여러 단점들 생각하고 정리함.
모둠별 토론 내용 발표하기	⑤ 각 모둠별로 토론 내용을 발표함. ⑥ 교사는 발표된 내용을 정리하고 비슷한 내용들은 서로 연결함.
대안 만들기	⑦ 발표된 내용을 바탕으로 장점을 살리고, 단점을 보완할 수 있는 다양한 대안들을 발표함. ⑧ 제시된 대안이 설득력 있고 실천 가능한지 학생 모두가 숙고하여 검토함.

| 토론하기 예시 |

▶▶▶ **단원:** 도덕 ❶ Ⅰ - 4. 공부와 진로

▶▶▶ **토론 주제:** 만약 학교에서 모든 시험이 사라진다면?

▶▶▶ **장점(긍정적인 면)**

가. 부모님들의 잔소리가 사라질 것이다.

나. 시험에 대한 학생들의 부담이 사라질 것이다.

다. 자신의 꿈(소질, 적성)을 탐구하고 가꿀 기회가 늘어날 것이다.

라. 시험 기간에 늦게까지 공부할 필요가 없다.(학생들이 훨씬 여유로워진다.)

마. 학업 스트레스로 자살과 같은 극단적인 선택을 하는 학생들이 줄어든다.

바. 사교육비에 대한 부담이 크게 줄어든다.

▶▶ **단점(부정적인 면)**

가. 자신의 현재 실력(학업 수준)을 정확히 확인하기 어렵다.

나. 학생들이 고등학교로 진학할 때 자신의 실력이나 능력에 맞추어 적합한 학교로 진학하기 어렵다.

다. 공부를 안 하는 학생들이 늘어나 전반적으로 학력이 떨어질 것이다.

라. 학부모들의 불만과 항의가 늘어날 것이다.

마. 스스로 공부하는 학생과 그렇지 않은 학생들 사이의 실력 차가 커질 것이다.

바. 시험 기간에 집에 일찍 갈 수가 없다.

사. 고등학교에 올라가면 적응하기 어려워진다.

▶▶ **대안 만들기**

가. 시험 횟수를 줄이자. (예) 1년에 한 번)

나. 시험을 지필 평가 0%, 수행 평가(과정형 평가) 100%로 하자.

다. 희망하는 학생들만 선택해서 시험을 칠 수 있도록 하자.

라. 학부모 참관 수업을 확대해서 학생들의 학업 부담을 학부모들도 알게 하자.

마. 시험을 치르지 않더라도 학생들이 공부할 수 있도록 하는 다양한 유인책(장학금, 상장 등)을 제공하자.

바. 학생들의 흥미를 이끌어 낼 수 있는 수업을 하자.(시험 없이도 학생들의 지식이 쌓일 것임.)

수업 되돌아보기

효과 및 배운 점	아쉬웠던 점
• 학생들이 평소에 쌓였던 불만들을 적극적으로 발표하는 등 수업에 활발히 참여함. • 특정한 사안에 대해 장단점을 번갈아 가며 생각해 봄으로써 하나의 주제에 대해 입체적이고 폭넓게 사고하는 경험을 함. • 대안 만들기를 통해 창의적이고 실천 가능한 다양한 대안들을 만들어 보는 기회를 제공함.	• 주제에 따라 학생들의 의견이 장단점 중 어느 한쪽으로 치우칠 가능성이 있음. • 토론 주제에 대해 명확한 정의(definition)와 구체적인 설명이 없을 경우 각 모둠별 토론 내용이 제각각일 수도 있음. • 학생들이 자유롭게 생각하고 창의적인 내용을 발표하기보다는 일반적이고 식상한 내용들을 고민 없이 발표할 수 있음. • 대안 만들기 과정을 힘들어 하는 경우가 종종 발생함.

시험(공부와 진로), 화장과 교복 규제(욕구와 당위), 상벌점 제도(자율과 타율) 등 평소 학생들이 학교생활에서 가졌던 불만들을 주제로 토론을 진행했습니다. 토론 주제에 대해서 긍정적인 것과 부정적인 것을 동시에 생각해 보고, 대안까지 마련하는 과정을 한 차시에 마무리하자니 시간이 부족했습니다.

또 긍정적인 부분들에 대해서 열심히 이야기하던 학생들이 부정적인 부분 말하기를 지나 대안 만들기로 이어지는 과정에서 수업에 대한 흥미와 참여가 조금씩 떨어지는 모습도 보였습니다. 토론이 끝난 후 학생들의 생각은 크게 달라지진 않았습니다. 물론, 단 한 번의 수업으로 생각이 바뀐다는 것은 불가능에 가까운 일이겠지요.

다만, 학생들의 여러 가지 불만들을 무시하지 않고 그것에 대해 다양한 관점에서 생각해 보는 자리를 마련할 수 있었기 때문에, 결과를 떠나 그 자체로 의미 있는 수업이었다고 생각합니다. 학생들의 목소리에 귀 기울이고 그것을 수업에 활용할 수 있다면 더 풍요롭고 몰입도 높은 도덕 수업이 될 수 있으리라 생각합니다.

교사 TIP

❶ 토론 주제에 대해 구체적인 설명이 필요합니다. 예를 들어 '생활 지도 규정이 사라진다면?'이라는 주제로 토론할 때에는 우리 학교만 규정이 사라지는지, 모든 규정이 다 사라지는지 등에 대해서 구체적으로 설명할 필요가 있습니다. 학생들과 대화를 통해서 주제의 범위를 구체적으로 정하면 더 좋은 수업이 됩니다.

❷ 장점과 단점의 개수를 대략적으로 정하는 것이 좋습니다. 개수에 제한 없이 적으라고 하면 장점 혹은 단점 중 어느 한 쪽에 대해서만 일방적으로 적을 수도 있습니다.

❸ 대안을 만들 때에는 모두가 실천할 수 있는 현실적인 대안을 만들도록 지도해 주세요. 학생들이 제시한 대안에 대해서 다른 학생들이 함께 검토하고 수정, 보완할 수 있도록 토론을 진행한다면 수준 높은 대안이 만들어집니다.

공동체 역량

08 '대한민국, 제 점수는요?' 수업

이런 고민을 했어요

도덕 교과서에는 바람직한 국가가 지녀야 할 가치로 자유, 정의, 평등, 복지, 평화, 인권 6가지를 소개하고 있습니다. 그런데 이 가치의 의미를 설명하였을 때 학생들은 가치의 의미를 추상적인 지식으로만 이해하였습니다. 시험을 잘 치르기 위해 가치의 의미를 단순히 암기할 뿐 자신의 삶과 긴밀하게 연결시키지도 못하였습니다.

가치의 의미를 강의식으로 수업하기보다 다양한 가치를 기준으로 우리나라를 직접 평가해 본다면 가치의 개념을 구체적으로 이해할 수 있을 것이라고 생각했습니다. 나아가 그러한 가치들이 자신들의 삶과 긴밀히 연관되어 있다는 점도 깨닫게 할 수 있을 것이라고 생각했습니다. 이러한 경험은 사회를 바라보는 안목과 민주 시민의 자질을 함양할 수 있는 좋은 기회도 될 수 있습니다.

수업 디자인 과정

수업 도입 부분에서 학생들이 지난 시간에 배운 바람직한 국가가 추구해야 할 가치를 간단하게 정리합니다. 가치의 의미를 기본적으로 알고 있어야 모둠별 토론이 원활하게 이루어질 수 있기 때문입니다.

이 수업에서 학생들의 주요 활동은 이러한 가치들이 대한민국에서 얼마만큼 실현되고 있는지 모둠별로 근거를 제시하며 점수를 매겨 보는 것입니다. 이때 모둠 구성원 간의 적극적인 대화와 토론이 이루어지는 것이 중요합니다. 이를 통해 다양한 가치가 삶 속에서 실현되는 구체적인 모습을 찾아보고, 이를 합당하게 평가할 수 있기 때문입니다.

다음으로 모둠별 발표를 합니다. 모둠 발표에서 다른 모둠의 점수와 비교해 보면서 학급에서 가장 낮은 점수를 받은 가치와 그 이유를 확인합니다. 그리고 우리나라에서 그 가치의 점수를 높이기 위한 구체적인 방안을 탐색합니다.

수업 엿보기

수업 절차	내용
바람직한 국가가 지녀야 할 가치 정리하기	① 바람직한 국가가 지녀야 할 가치의 정의와 의미를 간단히 정리함.
각 가치에 따라 대한민국의 점수 매기기	② 모둠 구성원끼리 논의하여 각 가치를 기준으로 대한민국의 점수를 매김. ③ 최종 점수를 부여하게 된 이유를 상세히 작성함.
가장 낮은 점수를 받은 가치 찾기	④ 가장 낮은 점수를 부여한 가치를 찾음. ⑤ 최하점을 받은 가치의 점수를 높이기 위한 방안을 모색해 봄.
발표하기	⑥ 모둠별로 점수와 이유를 발표함. ⑦ 다른 모둠과 점수를 비교해 보며 발표를 경청함. ⑧ 학급에서 가장 낮은 점수를 받은 가치를 찾음. ⑨ 학급 전체 논의를 통해 대안을 모색함.

활동 사례

▶▶ **관련 단원:** 도덕❶ I - 1. 도덕의 의미

가치	점수	이유
정의	40	우리 사회는 아직 능력보다 학연이나 지연으로 취업하는 경우가 많다. 그리고 재벌들은 잘못을 해도 마땅한 처벌을 받지 않는 반면, 돈 없고 가난한 사람들만 처벌을 받는 것 같다.
자유	90	직업을 가지는 일이나 여행하는 것이 자유롭고 에스엔에스(SNS)에서 자신이 하고 싶은 말을 자유롭게 할 수 있다. 학교에서 두발이나 복장의 자유가 없어서 조금 감점했다.
평등	80	노예 제도도 없고 사람들이 평등하게 살아간다. 과거와 달리 여자도 똑같이 교육받고 취업할 수 있어 80점을 주긴 했지만, 여전히 차별이 남아 있는 것 같다.
복지	90	중학교에서 무상 급식을 시행하고 있고, 기초 생활 수급자를 지정하여 경제적으로 형편이 어려운 사람들을 많이 도와주는 것 같다.
인권	60	많은 사람들이 인권을 누리지만 외국인 노동자나 장애인을 위한 배려가 부족한 것 같다.
평화	20	남북한이 분단되어 있어 언제 전쟁이 일어날지 모르고, 정신이 이상한 사람이 살인을 저지르기도 해서 불안하다.

• 가장 낮은 점수를 받은 가치는 무엇인가요?   평화
• 위의 가치를 실현하기 위해 대한민국이 노력해야 할 점은 무엇일까요?

　　남한과 북한이 교류도 많이 하고, 대화도 자주 해서 빨리 통일을 한다. 이를 위해 친선 축구 경기도 하고 콘서트도 하면 좋을 것 같다. 또 정신이 이상한 사람이 많이 안 생기도록 국가에서 정신 상담을 무료로 해 주거나 경제적 지원을 한다.

수업 되돌아보기

효과 및 배운 점	아쉬웠던 점
• 가치를 구분하여 점수를 매기는 과정에서 가치의 의미를 보다 명확히 이해하게 됨. • 국가의 모습을 평가할 수 있는 비판적 안목을 기를 수 있음. • 모둠 활동을 통해 학생들의 협력과 참여를 이끌어 낼 수 있음. • 우리나라에 대한 평가 과정에서 본인의 삶을 성찰하게 되므로 매우 흥미 있어 함.	• 토론을 하지 않고 모둠 활동을 주도하는 학생의 의견을 무조건 따르는 경우가 발생함. • 가치의 의미를 명확하게 이해하지 못한 경우 전혀 다른 내용의 활동 결과가 나오기도 함. • 정의와 평등과 같이 서로 관련성이 높은 가치의 경우 학생들이 각각의 가치를 구분하여 점수 매기는 것을 어려워함.

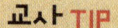 교사 TIP

❶ 교사가 돌아다니면서 학생들이 어떻게 점수를 부여했는지 질문하여, 그 이유를 구체적으로 찾도록 도와줍니다.
❷ 한 사람의 의견이 아니라 토론을 통해 점수가 정해지도록 합니다.
❸ 학생들이 매긴 점수의 근거를 중간중간 살펴보며 가치와의 연관성을 확인합니다. 연관성이 없을 경우 다시 생각해 볼 수 있도록 안내합니다. 이를 통해 보다 명확하게 가치의 개념을 인식하게 할 수 있습니다.

| 의사소통 역량 |

09 '갤러리 워크'를 활용한 모둠별 발표 수업

이런 고민을 했어요

'윤리와 사상' 과목에 등장하는 사상가들에 대한 발표 수업을 하면서 항상 고민이 되었던 것은 학생들이 자기 모둠의 발표 내용만을 이해하고 있다는 것이었습니다. 그리고 자기 모둠의 발표가 끝나면 다른 모둠의 발표를 잘 듣지 않거나, 들은 내용을 금방 잊어버리는 경우가 많았습니다. 심지어 모둠 안에서도 자신의 발표 부분만 이해하고 친구들의 역할과 발표 내용에 대해서는 무관심하기도 했습니다.

이를 해결하기 위해 다른 모둠의 발표 시, 발표 내용 관련 질문지를 만들게 하거나 자신의 역할 수행 정도를 체크 리스트로 점검하게 하였습니다. 또한 각 모둠별 발표 내용을 간단하게 요점 정리하고 그 수행 정도에 따라 가산점을 주는 등 다양한 방법을 적용해 보았습니다. 그러나 생각만큼 큰 효과는 없었습니다.

그러던 차에 통합 사회 연수에서 '갤러리 워크'를 활용한 수업을 경험하게 되었습니다. 갤러리 워크를 활용한 발표 수업은 갤러리처럼 모둠별 발표지를 교실에 전시하고 다른 모둠 구성원들에게 설명하는 것입니다. 제가 고민하고 있는 많은 부분을 해결할 수 있을 것이라는 생각이 들어 수업에 적용하였습니다.

수업 디자인 과정

'갤러리 워크'를 활용한 모둠별 발표 수업에서 발표 자료를 다양한 방식으로 만들어 발표하는 것은 여느 모둠 발표 과정과 비슷합니다. 마인드 맵 형식의 발표, 주제 중심 형식의 발표, 비주얼 싱킹 형식의 발표 등 다양하게 적용하면 좋습니다. 발표 주제가 주어지면 4명씩 한 모둠이 되어 다양한 형식으로 발표 자료를 만듭니다.

이 과정에서 발표 주제를 이해하기 위해 충분한 토의 과정이 필요합니다. 모둠이 구성되고 발표할 내용이 완성되면 각 모둠에서 '설명이, 칭찬이, 지적이, 제안이'의 역할을 정합니다. 물론 이 역할은 모둠 구성원이 한두 번씩 돌아가며 모두 경험하면 좋습니다.

역할이 정해지면 갤러리처럼 교실 벽면에 모둠별로 발표할 내용을 붙입니다. 그리고 각 모둠에서 '설명이' 역할을 맡은 학생이 자신들의 발표 자료 앞에서 다른 모둠 구성원들(칭

찬이, 지적이, 제안이)을 기다립니다. 다른 모둠 구성원들 3명(칭찬이, 지적이, 제안이)에게 자신들이 만든 발표지의 내용을 열심히 설명합니다. 그러면 다른 모둠의 칭찬이, 지적이, 제안이들은 각자 자신의 역할에 맞게 옆에 있는 붙임쪽지에 자신의 생각을 적고 발표지에 붙입니다. 그리고 다시 다음 모둠의 설명을 듣기 위해 이동합니다.

전체 모둠 구성원들이 갤러리를 한 바퀴 돌 수 있도록 충분한 시간을 제공합니다. 모둠 발표가 모두 끝나고 나면 다른 모둠의 칭찬이, 지적이, 제안이들의 의견이 기록된 붙임쪽지를 책상으로 가져옵니다. 그 내용을 참고로 하여 발표 자료 내용을 수정 및 보완하여 마무리합니다. 수정된 발표 자료는 학교 갤러리 장소나 복도 등에 전시하여 다른 반 학생들이 공유할 수 있도록 합니다.

수업 엿보기

수업 절차	내용
모둠 구성(4명)	① 4명이 한 모둠이 되도록 구성함.
발표지 작성하기	② 토의를 통하여 다양한 형식을 활용하여 발표 자료를 만듦.
모둠 구성원의 역할 정하기	③ '설명이, 칭찬이, 지적이, 제안이' 4가지로 역할을 정함. ④ 이 역할은 돌아가며 골고루 한 번씩 해 볼 수 있고, 때로는 한 역할로 계속 진행할 수도 있음.
갤러리 워크 활동	⑤ 교실 벽에 각 모둠별 발표 내용을 전시하고 설명이, 칭찬이, 지적이, 제안이의 역할에 맞게 활동함.
발표지 수정·보완·성찰	⑥ 전체 모둠 구성원들이 갤러리를 한 바퀴를 다 돌고 나면, 자신들의 발표지 내용을 수정 및 보완함.
별 스티커 붙이기	⑦ 가장 잘 표현한 모둠의 발표 자료에 별 스티커를 붙임. 모둠의 발표 자료는 학교 갤러리 게시판이나 복도에 전시함.

▶▶▶ **역할 분담**

역할 명	역할 내용
설명이	모둠에서 만든 발표 내용을 설명함.(5~7분)
칭찬이	설명이의 설명을 듣고 잘된 점을 칭찬함.
지적이	잘못된 설명이나 오류가 있는 부분을 지적함.
제안이	설명이의 설명을 듣고 보충하거나 새로운 아이디어가 있으면 보태어 제안함.

수업 되돌아보기

효과 및 배운 점	아쉬웠던 점
• 다른 모둠 구성원에게 설명하면서 자신의 오류를 찾아낼 수 있고, 발표 내용을 오래 기억할 수 있음. • 모든 구성원에게 역할이 주어져 적극적 활동이 가능함. • 다른 모둠의 발표를 갤러리 워크로 들어 보면서 보다 다양한 내용과 형식에 즐거워 함. • 각 학급의 발표 자료를 복도나 학교 갤러리 게시판에 전시하여 다른 학급과 공유할 수 있음.	• 설명이와 지적이의 역할을 특히 부담스러워함. • 교실이 약간 소란스러울 수 있음. • 생각보다 시간이 오래 걸릴 수 있으므로 시간 배분에 신경을 써야 함. • 모둠원이 4명으로 구성되지 않을 때 보완할 다른 방법이 필요함.

교사 TIP

❶ '갤러리 워크'를 활용한 모둠별 발표 수업은 시간 배분을 계획적으로 해야 합니다.
❷ 학생들이 설명이와 지적이의 역할을 부담스럽게 생각하여 지원하지 않으려고 합니다. 따라서 교사가 적절히 예시를 들어 주면서, 지적이와 설명이의 역할에 대해 안내하는 시간이 필요합니다. 교사가 종을 치면(혹은 음악 등 어떤 신호를 보내면) 전체 학생들의 역할이 바뀝니다.
❸ 다른 모둠의 설명을 들은 칭찬이, 지적이, 제안이는 자신의 생각을 구체적으로 붙임쪽지에 적어 다른 모둠 설명이에게 제출해야 합니다. 교사는 이를 보고 개인 평가에 반영할 수 있습니다.
❹ 4명으로 한 모둠을 만들 수 없을 때에는 각각의 역할을 2명씩 두고 돌아가며 역할을 수행하도록 할 수 있습니다.

| 의사소통 역량 |

10 5분 말하기로 과정형 평가하기

이런 고민을 했어요

고등학교 3학년 수업을 몇 년간 계속하면서 생각보다 아이들이 공식적인 말하기(공적인 담화)를 잘 하지 못한다는 생각을 했습니다. 다양한 소재의 글을 읽고 이해하는 것은 곧잘 하면서도 자신의 생각을 공식적인 자리에서 말하는 것은 잘 되지 않았습니다. 하지만 이 능력은 대입 면접(심층 면접)을 준비해야 하는 고3 학생들에게 꼭 필요한 능력이라고 생각이 되었습니다. 그래서 5분 동안 친구들 앞에서 자신의 생각을 말하는 수업을 기획하였습니다. 그리고 친구들의 이야기를 적극적으로 경청하는 능력을 키우도록 하기 위해 댓글 달기를 추가하였습니다.

수업 디자인 과정

학기 초에 학생들에게 '5분 말하기' 수업에 대해 설명하고, 발표 순서와 말하기 주제를 정합니다. 가능한 '생활과 윤리' 교과서에서 한 가지 주제를 결정하도록 합니다. '생활과 윤리' 교과서에 있는 주제들은 자신의 생각을 공식적으로 말하기에 충분하다고 판단됩니다. 발표 순서가 정해지면 학생들의 발표 날짜와 말하기 주제 등을 간단하게 정리하여 학급에 공지합니다. 학생들은 '5분 말하기' 발표 전에 자신이 말할 내용을 글로 작성하여 교사에게 제출합니다. 교사는 수업 시간에 이를 참고하여 학생들의 5분 말하기를 경청합니다.

본 수업에 들어가기 전에 5분 동안 친구들 앞에서 말하기를 실시합니다. 듣는 학생들은 댓글 달기를 통해 자신의 생각과 느낌을 적어 봅니다. 이때 댓글은 선플이나 지지의 글을 쓸 수 있도록 안내합니다. '5분 말하기' 활동이 끝난 후 댓글을 모아 다시 피드백을 합니다.

'5분 말하기' 활동을 과정형 평가와 연계해 보았습니다. 학생들은 좀 더 신중하게 말하기 준비를 하게 되고, 미리 심층 면접 연습도 할 수 있었습니다. 더불어 교사는 바쁜 고3 수업에 대입 준비와 수행 평가를 함께 진행할 수 있어 부담이 줄어듭니다.

수업 엿보기

수업 절차	내용
발표 순서와 주제 정하기	① '5분 말하기' 수업에 대해 충분히 설명하고, 각자 발표 순서와 주제를 정하도록 하여 반에 공지함.
5분 말하기 내용 사전 제출	② 5분 말하기를 위해 자신이 말할 내용을 먼저 글로 적어 제출함.
5분 말하기	③ 5분 동안 친구들 앞에서 발표함.
댓글 달기 및 피드백	④ 듣는 학생들은 댓글 작성하고, 댓글을 모아서 피드백해 줌.
과정형 평가와 연계하기	※ 과정형 평가와 연계하여 평가를 시행함.

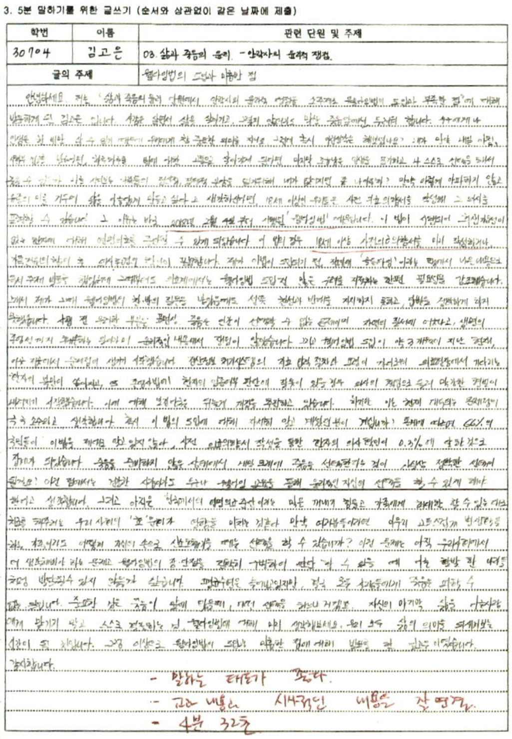

○ 말하기 전 글쓰기 사례

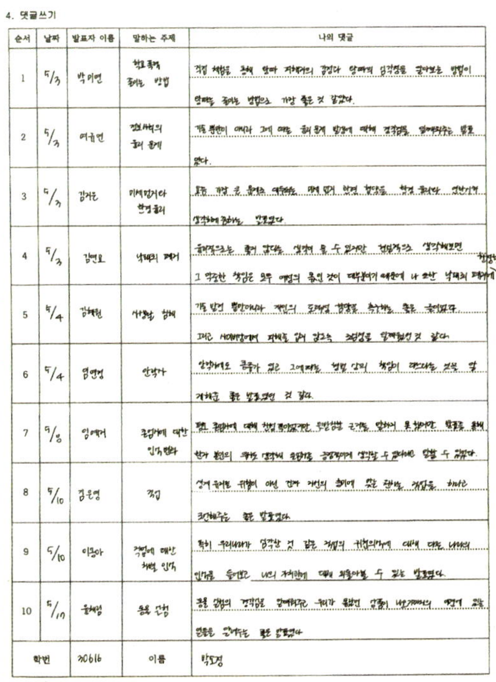

○ 댓글 달기 사례

수업 되돌아보기

효과 및 배운 점	아쉬웠던 점
• 대입을 위한 심층 면접에 도움이 됨. • 친구들의 말하기를 들으며 즐거워함. • 말하기를 위해 다양한 자료를 조사하고 고민하는 기회를 가짐. • 공식적으로 말하는 경험을 함. • 공감 능력이 향상됨.	• 학생 간 관계 형성이 잘 되어 있지 않을 경우 힘듦. • 글쓰기를 하고 그 자료를 가지고 말하기 때문에 말하기가 아닌 읽기가 될 수 있음. • 말하기를 위한 준비가 길어지면 본 수업 시간이 짧아짐. • 공식적으로 말하기를 너무 힘들어 하는 친구들이 포기하기도 함. • 말하는 사람의 태도(말의 속도, 크기, 시선 처리 등)에 대한 정보가 없음.

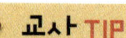 교사 TIP

❶ '5분 말하기' 수업 때문에 본 수업이 많이 줄어들지 않도록 해야 합니다. 이를 위해 사전에 활동 설명지를 제공하거나, 교사가 먼저 '5분 말하기'를 직접 시연합니다.

❷ 교사와 학생, 학생들 간의 관계가 편안하고 평등할 때 효과적입니다. 중간고사가 끝난 후 바로 실시하면 좋습니다.

❸ 글쓰기를 제출한 후 말하기를 하다 보니 학생들이 말하기가 아닌 읽기를 하는 경우가 있었습니다. '5분 말하기' 내용을 글쓰기가 아닌 마인드맵 혹은 몇 가지의 단어로만 정리하여 제출하게 하면 말하는 내용도 정리되고 읽기도 예방할 수 있을 것 같습니다.

❹ 공적인 말하기에 대해 심한 공포감을 가지는 학생들이 있었습니다. 그래서 '5분 말하기' 활동을 포기할 정도였습니다. 이런 학생들을 위해 말하기를 대체할 수 있는 활동(예) 그 수준에 버금가는 PPT 만들기, 영상 제작하기, 일정 분량의 글쓰기)을 추가하면 포기하는 것을 막을 수 있습니다.

❺ 댓글을 쓰기 전에 학생들에게 비방하는 글이나 악플보다는 선플 중심의 지지하는 댓글을 쓰도록 지도합니다. 댓글을 모아 마지막에 피드백 합니다.

❻ '5분 말하기' 활동은 과정형 평가와 연계하여 실시하면 좋습니다. 교사 입장에서 고3 수업에서의 과정형 평가에 대한 부담도 많이 줄어듭니다.

수업 활용 자료

'5분 말하기' 과정형 평가 자료

평가 영역	관련 성취 기준	평가 방법	세부 영역	평가 기준	배점
5분 말하기와 댓글 달기 (100점 /20%)	전체 관련	(5분 말하기 / 80점) 1. 생활과 윤리에 나오는 주제와 관련된 시사적 이슈 혹은 신문 기사, 관련 도서, 경험에 대해 자신의 생각을 5분 동안 친구들 앞에서 말하기로 발표한다. 2. 자신의 생각에 대한 글쓰기를 먼저 제출한 후 자신의 순서(제비뽑기)가 되면 말하기를 한다. 3. 본 영역은 학생 1인당 1회를 실시한다.	글쓰기 (30점)	생활과 윤리 교과서의 주제와 자신의 말하기 내용이 잘 연결되어 논리적이고, 자신의 생각이 명확하게 드러나 있음.	30
				생활과 윤리 교과서의 주제와 자신의 말하기 내용이 잘 연결되어 논리적이고, 자신의 생각이 명확하게 들어나 있으나 분량이 적음.	20
				생활과 윤리 교과서에 나오는 주제와 자신의 말하기 내용이 잘 연결되었지만, 글이 논리적이지 않음.	10
				생활과 윤리에 나오는 주제와 자신의 말하기 내용이 잘 연결되었지만, 글이 논리적이지 않고 분량이 적음.	5
				글쓰기를 제출하지 않음.	1
			5분 말하기 (50점)	생활과 윤리 교과서의 주제와 직접 관련된(신문 기사, 뉴스, 직간접적인 경험, 관련 도서, 시사 잡지 등) 이야기를 연결하여 큰 목소리로 논리적으로 4~5분 범위에서 발표함.	50
				생활과 윤리 교과서의 주제와 직접 관련된(신문 기사, 뉴스, 직간접적인 경험, 관련 도서, 시사 잡지 등) 이야기를 연결하여 큰 목소리로 논리적으로 발표했으나 시간이 부족하거나 넘침.(4분 미만 / 5분 이상)	40
				생활과 윤리 교과서의 주제와 직접 관련된(신문 기사, 뉴스, 직간접적인 경험, 관련 도서, 시사 잡지 등) 이야기를 연결하였으나, 말하기 태도가 미흡함.(목소리가 작고, 소극적인 태도) 시간도 부족하거나 넘침.(4분 미만 /5분 이상)	30
				생활과 윤리 교과서의 주제와 직접 관련된(신문 기사, 뉴스, 직간접적인 경험, 관련 도서, 시사 잡지 등) 이야기를 연결하는 것이 자연스럽지 못하고, 말하기 태도가 미흡.(목소리가 작고, 소극적인 태도)하며, 시간이 부족하거나 넘침.(4분 미만 /5분 이상)	20
				5분 말하기를 하지 않음.	1
		(친구 이야기에 댓글 달기 / 20점) 친구들의 5분 말하기를 듣고 자신의 느낌을 1~2줄로 적어 낸다.		친구들의 5분 말하기를 듣고 댓글(자신의 생각, 느낌)을 1~2줄 써서 제출한 것이 10개 이상이다.	20
				친구들의 5분 말하기를 듣고 댓글(자신의 생각, 느낌)을 1~2줄 써서 제출한 것이 5개 이상이다.	10
				친구들의 5분 말하기를 듣고 댓글(자신의 생각, 느낌)을 1~2줄 써서 제출한 것이 2개 이상이다.	5
				친구들의 5분 말하기를 듣고 댓글(자신의 생각, 느낌)을 1~2줄 제출한 것이 1개 이하이다.	1

| 자기 관리 역량 |

11　LiD를 활용한 도덕 수업

이런 고민을 했어요

　　도덕 수업에서는 여러 가지 추상적, 철학적 개념들이 자주 등장합니다. 사랑, 우정, 정의, 평화, 아름다움 등등. '과연 내 수업을 들은 아이들은 이 개념들 중에 하나라도 제대로 알고 이해하는 걸까?' 이 수업은 이런 의문에서부터 시작되었습니다. 2015~2016년에 대학원에서 배웠던 'LiD'라는 수업 방법론이 이런 문제의식에 대한 하나의 대안이 될 수 있을 것이라고 생각했습니다.

　　'LiD'는 'Learning in Depth'의 줄임말로 깊은 학습이라고 할 수 있습니다. 캐나다의 교육학자인 키런 이건(Egan, K.) 교수에 의해 고안되었습니다. 한국에서는 『깊은 학습』이라는 제목으로 번역서가 출간되어 있습니다. LiD는 학생들이 각자 한 가지 주제를 정해서 자기 나름의 방식으로 장시간에 걸쳐 공부해 나가는 방식입니다. 각자의 수업 주제는 아이들의 상상력이 작동되는 방향에 따라 무한히 확장되어 갑니다. 이건 교수는 한 가지 주제에 대해 깊이 알면 앎의 넓이도 넓어진다고 했습니다. 저는 이 방법을 통해 아이들이 도덕적 개념의 다양한 결을 상상해 보고 느껴볼 수 있기를 기대했습니다.

🌱 수업 디자인 과정

　　중학교 도덕과 교육 과정을 분석해서 중요한 개념 35가지를 선정했습니다. 그리고 각각의 주제를 편지 봉투에 넣어서 포장했습니다. 왜냐하면 아이들이 이 주제를 받을 때 선물을 받는 느낌을 주고 싶었기 때문이다. 이 과정은 실제 LiD 수업에서도 중요하게 다루어지고 있는 부분입니다.

　　아이들은 각자 원하는 연구 주제를 받지 않습니다. 주제가 가려진 상태에서 무작위로 뽑는 것입니다. 어떤 주제이든 그것을 깊게 연구해 나가면 많은 것들을 발견할 수 있을 것이라고 생각하기 때문입니다. 이런 마음가짐은 아이들이 앞으로 공부를 해 나가는 과정에서도 매우 중요합니다.

학생들은 각각 1년간의 연구 주제를 받으면 반 친구들 앞에서 자신의 주제를 발표하는 시간을 가집니다. 그리고 각자 포트폴리오를 만들어서 자신의 연구 주제에 대해 연구 결과물을 정리하기 시작합니다. 교사는 아이들이 질문을 할 경우에만 도와줍니다. 그리고 한 달에 1번 연구 발표회를 가집니다. 각자 1달 간 어떤 연구를 했는지, 연구에 어느 정도의 진전이 있었는지 확인할 수 있습니다.

　여름 방학에는 LiD를 진행하면서 생각하고 느낀 점을 글로 써서 발표하게 합니다. 그리고 12월에 LiD 최종 연구 발표회를 가졌습니다. 교사는 매 발표회 시에 아이들을 격려해 주고 연구 방향에 대해 함께 논의하는 시간을 가집니다.

수업 엿보기

수업 절차	내용
연구 주제 선정하기	① 교사가 준비해 온 편지 봉투를 뽑아서 1년간 연구할 주제를 확인함.
공언하기	② 자신이 뽑은 연구 주제를 반 아이들 앞에서 말하고, 이 주제에 대한 느낌이나 생각을 간단하게 발표함.
개인 연구하기	③ 자신이 뽑은 연구 주제를 각자의 방식대로 자유롭게 연구하기 시작함. 자신의 생각 써 보기, 인터넷이나 서적을 활용하여 조사하기, 그림 그리기, 스크랩하기 등 다양한 방식을 활용할 수 있음. ④ 연구를 하면서 문제가 생기면 담당 교사에게 질문을 할 수 있음.
월별 연구 발표회	⑤ 1달에 1번 도덕 시간을 활용하여 자신이 연구한 주제에 대해 반 친구들 앞에서 발표를 함. ⑥ 우선 모둠별 발표를 하고 모둠별로 대표 발표자를 선정하여 반 전체에게 발표를 함. 이때 대표 발표자는 돌아가면서 해야 함. ⑦ 자신의 주제에 대해 새롭게 알게 된 점, 연구 방향, 연구 방법 등을 다른 학생들에게 소개하는 시간이 됨.
LiD 글쓰기 및 발표하기	⑧ 여름 방학 기간을 통해 1학기 동안 LiD를 진행하면서 생각하고 느낀 점을 글로 써서 발표하는 시간을 가짐.
12월 LiD 최종 발표회	⑨ 12월에는 최종 발표회를 함. 이때는 1년 동안 연구한 결과물을 전시하도록 하고 다과를 준비하여 축제 분위기로 수업을 진행함.

○ 자신이 뽑은 연구 주제를 공언하는 모습

○ 중간 발표회에서 자신의 연구 내용을 발표하는 모습

LiD 활동을 한 후 학생이 작성한 글

　나의 LiD 주제는 '국가'이다 처음에 주제를 받았을 때는 너무 광범위한 주제이고, 딱히 연구할 내용도 없다고 생각했다. 하지만 주제에 관해 조사를 하다 보니 생각이 달라졌다.

　처음에 국가에 대해 조사를 할 때 먼저 우리나라 지도를 그림으로 그렸다. 그리고 여러 나라들의 랜드마크나 특징을 조사하면서 시작하였다. 계속해서 새로운 목표나 주제를 선정하기가 힘들어서 선생님의 도움을 받기도 하였다. 계속 진행을 해 나갔고 어느 정도 틀이 잡혀졌다.

　Lid를 하면서 러시아에 대해서 조사를 하게 되었다. 음악이나 음식 등 대중적인 문화를 먼저 조사하였다. 러시아의 역사에 관심이 갔고, 최초의 사회주의 국가라는 점을 바탕으로 조사를 해 나갔다.

　지금까지는 러시아에 대해 관심이 없었다. 하지만 조사를 하면서 여러 가지를 알게 되었다. 레닌이라는 사람의 혈액에 방부제를 넣어 그 시신을 오랫동안 보존하고 있다는 것도 알게 되었다. 이 사람이 러시아 혁명을 이끈 사람이라는 것을 알고 난 후 러시아 혁명을 조사할 때 가장 흥미로웠다. 또 브나로드 운동이나 계몽사상 등이 우리나라에까지 영향을 주었다는 것이 신기하였다. 역시 역사를 잘 알아야 한다는 생각이 들었다.

　그 뒤를 이어서 러시아 혁명을 조사하면서 러시아가 최초의 사회주의 국가이고, 러시아에서 사회주의 혁명이 성공하면서 쿠바, 동독, 북한 등 여러 나라에 영향을 주었다는 것을 알게 되었다.

　Lid 발표를 할 때 받은 질문 중 사회주의와 민주주의를 헷갈려 하는 애들이 많았다. 이와 관련하여 정치나 경제 분야와 관련된 정보를 제대로 수집한 후, 대표적인 자본주의 국가인 미국에 대해 여러 가지를 조사하고 싶다고 생각했다.

수업 되돌아보기

효과 및 배운 점	아쉬웠던 점
• 추상적인 도덕적 주제나 개념들을 자기만의 방식대로 탐구해 나가는 모습을 볼 수 있었음. • 아이들은 서로의 발표를 듣는 것을 좋아하고 흥미 있어 했음. 서로 탐구하는 방식이 다양하여 발표에 더욱 집중하는 효과를 볼 수 있었음. • 도덕 수업에서 배우는 다양한 개념들이 우리의 삶과 관련되어 있다는 것을 발견해 나갈 수 있는 시간이었음.	• 연구 방향 자체가 개인의 자발성에 기초한 것이기 때문에 개인별 편차가 많이 나는 편이었음. • 객관적인 평가 기준을 적용하는 것이 힘들었음. • 종종 스스로 연구 방향을 잡지 못하는 아이들을 어떻게 지도해야 할지 곤란한 경우가 있었음.

교사 TIP

❶ 아이들이 연구 방향을 설정해 가는 데 도움을 주되, 연구 내용에 관한 개입을 최소화해야 합니다. 무엇보다 절차적으로 도움을 줄 수 있는 방법을 생각해야 합니다.
❷ 아이들이 진행하는 LiD는 개개인마다 천차만별입니다. 교사는 아이들의 LiD를 보면서 적극적으로 의미를 발견해 주고 격려해 주어야 합니다.
❸ 연구 방향에 대한 조언은 질문 형식으로 하는 것이 좋습니다.

LiD 연주 주제와 평가표

●●● LiD 연구 주제

우정	이상 사회	남북통일	예술	양심
사랑	종교	양성평등	자유	천사
효	동물 권리	인권	시민 불복종	도덕
국가	가족	생명 윤리	토론	세계화
민주주의	다문화 사회	로봇 윤리	대한민국	기아 문제
난민	컴퓨터 게임	스포츠 정신	평화	행복

●●● LiD 평가표

평가 기준	점수	1차	2차	3차
1. 자신의 주제에 대해 꾸준히 포트폴리오를 정리하고 있는가?	5			
2. 자료의 출처가 다양하고 독창적인가?	5			
3. 주제 탐구에 대한 자신의 창의적인 관점이나 표현이 돋보이는가?	5			
4. 자신의 언어로 정리하고 있는가?	5			
5. 스스로가 충분히 이해하고 있는가?	5			
총점	25			

집필진 소개

이해규 (leehekyu@hanmail.net)
울산 화암고등학교 교사, 『도덕 수업, 책으로 묻고 윤리로 답하다』(공저)

권숙자 (95dayeon@hanmail.net)
울산 현대청운중학교 교사, 울산 배움의 공동체 연구회 회장

남대호 (td1976@hanmail.net)
울산 동평중학교 교사, 2015 개정 교육과정 중학교 도덕 교과서 집필

박상욱 (parksw777@hanmail.net)
울산 약사중학교 교사, 2015 개정 교육과정 중학교 도덕 교과서 집필, 『십대들을 위한 생각 연습』(공저)

박진호 (jhopark@hanmail.net)
울산 천상중학교 교사, 2015 개정 교육과정 중학교 도덕 교과서 집필, 『도덕 수업, 책으로 묻고 윤리로 답하다』(공저)

박혜선 (hjhs326@naver.com)
울산 호계중학교 교사

이언주 (dltkdalsg@hanmail.net)
울산 중앙중학교 교사

이연수 (sooyaco@hanmail.net)
울산 화암중학교 교사, 2015 개정 교육과정 중학교 도덕 교과서 집필, 『도덕 수업, 어떻게 해야 할까?』(공저)

이호중 (socurites@hanmail.net)
울산교육정책연구소 교육연구사, 2015 개정 교육과정 중학교 도덕 교과서 집필, 『도덕 수업, 책으로 묻고 윤리로 답하다』(공저)

장보영 (wkdqh0123@hanmail.net)
울산 신일중학교 교사, 『도덕 수업, 책으로 묻고 윤리로 답하다』(공저)

전선영 (moral78@naver.com)
울산여자고등학교 교사

정창규 (ultraminam@hammail.net)
울산 매곡중학교 교사, 2015 개정 교육과정 중학교 도덕 교과서 집필, 『도덕 수업, 책으로 묻고 윤리로 답하다』(공저)